Dirk Pankow

Betriebswirtschaftliche Einführung in die Anwendungskomp
schaft des Systems SAP R/3 mit Praxisbezug auf ein mittelstän

Dirk Pankow

Betriebswirtschaftliche Einführung in die Anwendungskomponente Personalwirtschaft des Systems SAP R/3 mit Praxisbezug auf ein mittelständisches Unternehmen

Diplom.de

Bibliografische Information der Deutschen Nationalbibliothek:

Bibliografische Information der Deutschen Nationalbibliothek: Die Deutsche Bibliothek verzeichnet diese Publikation in der Deutschen Nationalbibliografie; detaillierte bibliografische Daten sind im Internet über http://dnb.d-nb.de/ abrufbar.

Copyright © 1997 Diplomica Verlag GmbH
Druck und Bindung: Books on Demand GmbH, Norderstedt Germany
ISBN: 978-3-8386-4006-8

http://www.diplom.de/e-book/219641/betriebswirtschaftliche-einfuehrung-in-die-anwendungskomponente-personalwirtschaft

Dirk Pankow

Betriebswirtschaftliche Einführung in die Anwendungskomponente Personalwirtschaft des Systems SAP R/3 mit Praxisbezug auf ein mittelständisches Unternehmen

Diplomarbeit
an der Fachhochschule Bielefeld
Fachbereich Wirtschaft
Lehrstuhl für Prof. Dr. rer. Pol. Gunter Bertelsmann
6 Monate Bearbeitungsdauer
Oktober 1997 Abgabe

Diplom.de

Diplomica GmbH
Hermannstal 119k
22119 Hamburg

Fon: 040 / 655 99 20
Fax: 040 / 655 99 222

agentur@diplom.de
www.diplom.de

ID 4006

ID 4006
Pankow, Dirk: Betriebswirtschaftliche Einführung in die Anwendungskomponente
Personalwirtschaft des Systems SAP R/3 mit Praxisbezug auf ein mittelständisches
Unternehmen
Hamburg: Diplomica GmbH, 2001
Zugl.: Bielefeld, Fachhochschule, Diplomarbeit, 1997

Diplomica GmbH
http://www.diplom.de, Hamburg 2001
Printed in Germany

$E/012/98$ I

Inhaltsverzeichnis

Aufgliederung der Diplomarbeit

Die Diplomarbeit gliedert sich gemäß § 23 Abs. 4 Diplomprüfungsordnung für den Studiengang Wirtschaft an der Fachhochschule Bielefeld (i.d.F. der Änderung vom 21.11.1989) in folgende Abschnitte auf:
(Martina Gänßler = G / Dirk Pankow = P)

Abkürzungsverzeichnis

Abkürzung	Bezeichnung
ABAP/4	Advanced Business Application Programming /4. Generation
AFG	Arbeitsförderungsgesetz
AG	Aktiengesellschaft
ArbZG	Arbeitszeitgesetz
BDSG	Bundesdatenschutzgesetz
BetrVG	Betriebsverfassungsgesetz
BildscharbV	Verordnung über Sicherheit und Gesundheitsschutz bei der Arbeit an Bildschirmgeräten
CBT	Computer Based Training
CD	Compact Disc
CeBIT	Welt-Centrum Büro . Information Telekommunikation
CO	Controlling
COPIZ	Commerzbank Personalcomputer Inlands-Zahlungsverkehr
Corp.	Corporation
DATEV	Datenverarbeitungsorganisation des steuerberatenden Berufes in der Bundesrepublik Deutschland
DÜVO	Datenübermittlungsverordnung
DV	Datenverarbeitung
dv-	datenverarbeitungs-
EC	Unternehmenscontrolling
EDV	Elektronische Datenverarbeitung
EMPLDATA	Employee-Data
EStG	Einkommensteuergesetz
FI	Finanzwesen
GG	Grundgesetz
GS	Geschäftsstelle
GmbH	Gesellschaft mit beschränkter Haftung
HGB	Handelsgesetzbuch
HR	Human Resource
IDES	International Demo and Education System
IM	Investitionsmanagement

IMG	Implementation Guide
inc.	Incorporated
IS	Industrial Solution
IT	Informationstechnologie
JArbSchG	Jugendarbeitsschutzgesetz
KSchG	Kündigungsschutzgesetz
KUMA	Kunden-Mitarbeiter
LStR	Lohnsteuerrichtlinien
MM	Materialwirtschaft
MS	Microsoft
MuSchG	Mutterschutzgesetz
PA	Personaladministration und -abrechnung
PC	Personalcomputer
PD	Personalplanung und -entwicklung
PM	Instandhaltung
PP	Produktionsplanung und -steuerung
PS	Projektsystem
QM	Qualitätsmanagement
R	Realtime
SAP	Systeme, Anwendungen, Produkte
SD	Vertrieb
MIS	Mardi-Informations-System
SV	Sozialversicherung
TR	Treasury
WF	Workflow

Abbildungsverzeichnis

Glossar

Begriff	Definition
ABAP/4	'Advanced Business Application Programming' ist die SAP-Programmiersprache der 4. Generation
Anwendungskomponente	Betriebswirtschaftliches Anwendungsprogramm, das entweder einen kompletten Funktionsbereich (z.b. Personalwirtschaft) oder einzelne Teilbereiche eines Funktionsbereiches (z.B. Zeitwirtschaft) abdeckt
Arbeitszeitplan	Bestandteil der Zeitwirtschaftskomponente, der die Arbeitszeiten und die Pausenzeiten eines Mitarbeiters abbildet
Benutzeroberfläche	Der für den Anwender sichtbare Teil des Software-Systems, mit dem die Arbeit am Computer durchgeführt wird
Berechtigung	Beschreibt das spezielle Zugriffsrecht einer Person auf ein System (z.B. Lese-/Schreibberechtigung)
Client-Server-Architektur	Systemarchitektur, in der die Anwendungen zwischen Servern, die bestimmte Dienste bereitstellen, und Clients, die diese Dienste in Anspruch nehmen, aufgeteilt werden
Customizing	Anpassung der unternehmensneutral ausgelieferten Funktionalitäten an die spezifischen betriebswirtschaftlichen Anforderungen eines Unternehmens
Datenbank	Logisch verknüpfte Menge von Informationen, auf die die verschiedenen Module zugreifen können
Datensatz	Menge von zusammenhängenden Informationen oder Feldern
DATEV	Datenverarbeitungsorganisation des steuerberatenden Berufes in der Bundesrepublik Deutschland

Hauptgruppe	Die einzelnen betriebswirtschaftlichen Module werden zu den Hauptgruppen Rechnungswesen, Logistik und Personal zusammengefaßt.
Historienfähigkeit	Neu eingegebene Daten werden von den bereits vorhandenen Daten zeitlich abgegrenzt, wodurch eine Chronologie entsteht
Human Resource	Englische Bezeichnung für das Modul 'Personalwirtschaft' (Kurzform: HR)
Implementierung	Arbeitsvorgang, durch den eine Komponente realisiert wird
Informationstyp	Logische Zusammenfassung von Daten in der Personaldatenbank
Infotyp	Kurzform für Informationstyp
Integration	Zusammenspiel einzelner Komponenten zu einem Ganzen
Integrierter Einsatz	Beim integrierten Einsatz einer Komponente bestehen Verbindungen zu anderen SAP-Anwendungen, wobei die einzelnen Komponenten über Funktionsketten miteinander verbunden sind.
Ist-Konzept	Bestandsaufnahme der gegenwärtigen Geschäftsprozesse und EDV-Verfahren
Kennwort	Ein nur dem Anwender bekanntes Wort oder Zeichenfolge, die zum Anmelden am R/3-System eingegeben werden muß
Komponente	siehe Anwendungskomponente
Lohnschein	Eingabemaske der Komponente 'Leistungslohn', in die die Leistungslohndaten erfaßt werden
Lohnscheintyp	Ausprägungen des Lohnscheins, z.B. Prämienoder Zeitlohnschein
Mandant	Juristisch und organisatorisch eigenständiger Systemteilnehmer (z.B. Konzern)
Matchcode	Hilfsmittel zum Suchen von Datensätzen
Menü	Liste von Untermenüs/Anwendungen, aus denen der Benutzer eine Auswahl treffen kann

Menüpfad	Weg über die Menüs zu den einzelnen Anwendungen
Modul	siehe Anwendungskomponente
Negativerfassung	Erfassungsmethode in der Komponente 'Zeitwirtschaft', mit der lediglich die Abwesenheitszeiten erfaßt werden
Online-Dokumentation	Funktionsbeschreibungen für die einzelnen Komponenten, die dem Anwender durch Aufruf am System sofort zur Verfügung stehen
Organisationseinheit	Einheit, die eine bestimmte Funktion in einem Unternehmen wahrnimmt (z.B. Abteilung)
Planstelle	Konkretisierung einer Stelle durch eine individuelle Zuordnung zu einem Mitarbeiter (z.B. Personalleiter)
Positiverfassung	Erfassungsmethode in der Komponente 'Zeitwirtschaft', mit der sowohl die Abwesenheits- als auch Anwesenheitszeiten erfaßt werden
Redundanzen	Mehrmaliges Vorhandensein derselben Informationen in einem Datenbestand
SAP	'Systeme, Anwendungen, Produkte'
Schnittstelle	Übergangsstelle zwischen zwei abgegrenzten Komponenten bzw. Systemen
MIS	Mardi-Informations-System; Individualsoftware der Mardi GmbH
Sollkonzept	Stellt das Ziel eines Verbesserungsprozesses dar und enthält die Anforderungen an die neue Software, die Neugestaltung und Verbesserung der derzeitigen Geschäftsprozesse sowie den anschließenden Abgleich mit der SAP-Funktionalität
Stammdaten	Daten, die über einen längeren Zeitraum unverändert bleiben
Stammsatz	Datensatz, der Stammdaten enthält

stand-alone-Einsatz	Die Anwendungskomponente ist unabhängig von weiteren Komponenten des gleichen Funktionsbereiches oder anderen Funktionsbereichen einsetzbar (Gegenteil: siehe integrierter Einsatz).
Standardsoftware	Softwareprodukte, die eine Vielzahl von Anwendungsproblemen lösen, die in gleicher oder zumindest ähnlicher Form bei unterschiedlichen Benutzern auftreten
Stelle	Zusammenfassung von Aufgaben bzw. allgemeine Klassifikation von Tätigkeiten in Form von Berufsbzw. Tätigkeitsbeschreibungen (z.B. Abteilungsleiter)
Systemadministrator	Person, die neue Benutzer anlegt, Berechtigungen vergibt und das System einrichtet
Systemverwalter	siehe Systemadministrator.

Quellen: SAP AG: Online-Dokumentation, Glossar, Walldorf 1997;
Schneider, Prof. Dr. Hans-Jochen: Lexikon der Informatik und Datenverarbeitung, 3. Auflage, München/Wien 1991;
Eigene Darstellung

1.0 Einleitung

1.1 Begründung für die Themenauswahl

Der zunehmende internationale Wettbewerb, kürzere Produktlebenszyklen, Verringerung der Hierarchie-Ebenen und die verstärkte Kundenorientierung sind nur einige Gründe dafür, daß die Unternehmen sowohl einer organisatorischen als auch wirtschaftlichen Veränderung bzw. Umstrukturierung der Geschäftsprozesse unterliegen. Diese Entwicklungen der letzten Jahre verdeutlichen, daß die Organisationsstrukturen der Unternehmen nicht mehr nur aus funktionaler Sicht, sondern prozeßorientiert betrachtet werden. Diese prozeßorientierte Denkweise bedeutet, daß die Aktivitäten in einem Unternehmen nicht mehr ausschließlich auf eine Organisationseinheit ausgerichtet sind. Vielmehr werden die Grenzen durchbrochen und funktionsübergreifende Denkweisen und Handlungen treten in den Vordergrund. Im Mittelpunkt dieser Maßnahmen steht die Kundenzufriedenheit.[1]

Auf Grund dieser Umorientierung zur prozeßorientierten Sichtweise unterliegen die Unternehmen ständigen Anpassungszwängen. Deshalb ist es nicht ungewöhnlich, daß immer mehr Konzepte entwickelt werden, die diesen Anforderungen mit einer völlig neuen Gestaltung der Geschäftsprozesse entsprechen wollen. Daher wird es immer schwieriger, diese Begriffe gegeneinander abzugrenzen und aus der Fülle von Ansätzen das richtige Konzept für ein Unternehmen herauszufinden.[2]

Der Begriff Business Reengineering tritt in diesem Zusammenhang immer mehr in Erscheinung. In der Literatur besteht noch keine einheitliche Definition für Business Reengineering. Die Autoren Hammer und Champy verstehen beispielsweise unter Business Reengineering eine grundlegende Neugestaltung des Unternehmens und dessen Geschäftsprozesse. Dabei wird nicht von einer Verbesserung der bestehenden Abläufe ausgegangen, sondern vielmehr ein völlig neuer Weg zur Erreichung der Unternehmensziele beschritten. Traditionelle Organisationsformen und Methoden des Unternehmens können hierbei durchaus verworfen werden. Ferner besteht oftmals die Notwendigkeit, die Software-

---

[1] Vgl.: Brenner, Walter; Hamm, Volker: Business Reengineering – Eine Herausforderung für die Unternehmensführung, in: Brenner, Walter; Keller, Gerhard (Hrsg.): Business Reengineering mit Standardsoftware, Frankfurt/Main 1995, S. 19 f
[2] Vgl.: Pastowsky, Marc; Grandke, Sven: Voraussetzungen für eine funktionierende Prozeßorganisation, in: Personalführung, Juli 1997, S. 634 ff

Infrastruktur einem Reengineering zu unterziehen, um sie für den Einsatz im neuen Geschäftsprozeßablauf besser nutzen zu können.[3]

Diese prozeßorientierte Sichtweise betrifft nicht nur Großunternehmen, sondern auch mittelständische Unternehmen müssen sich auf diese Denk- und Handelsweisen einstellen. Dabei ist eine klare Trennung zwischen Groß- und mittelständischen Unternehmen nicht ohne weiteres möglich. Zu den gebräuchlichen Kriterien für die Zuordnung zum Mittelstand gehören die Umsatz- und Mitarbeitergröße sowie die Bilanzsumme, die beispielsweise dem Handelsgesetzbuch[4] entnommen werden können. Aber nicht nur diese Kriterien kennzeichnen ein mittelständisches Unternehmen. Auch die Organisations- und Kapitalstruktur können Charakteristika des Mittelstandes sein. Doch gerade die Organisationsstrukturen entsprechen häufig hinsichtlich ihrer prozeßorientierten Sichtweise nicht mehr den aktuellen Anforderungen. Um auch zukünftig im Konkurrenzkampf gegenüber anderen Unternehmen bestehen zu können, ist es für mittelständische Unternehmen wichtig, ihre Organisationsstrukturen flexibel zu gestalten. Am Ende dieses Gestaltungsprozesses soll der zufriedene Kunde stehen.

Unter Kunden wird nicht nur der Abnehmer außerhalb des Unternehmens, sondern auch der eigene Mitarbeiter verstanden. Die Konsequenz ist, daß das Business Reengineering ebenso das Personalwesen betrifft. Somit wird auch hier eine Anpassung der personalwirtschaftlichen Geschäftsprozesse erforderlich. Beschränkte sich die Tätigkeit des Personalwesens in der Vergangenheit nur auf die reine Personalverwaltung, gewinnen zunehmend Personaldispositions- und Personalplanungsaktivitäten sowie die Informationsbedürfnisse der Mitarbeiter an Bedeutung. Um diesen Anforderungen gerecht zu werden, wird ein umfassendes Informationsmanagement unentbehrlich.

Ein wichtiger Faktor für das Business Reengineering ist die Nutzung der Informationstechnologie. Die Umgestaltung der Geschäftsprozesse kann vielfach nur durch den Einsatz von Softwareprodukten effizient unterstützt werden. Hierbei ist insbesondere der Einsatz von Standardsoftware hilfreich, die bereits ein Angebot standardisierter Geschäftsabläufe enthält. Im Hinblick auf die

---

[3] Vgl.: Hammer, Michael; Champy, James: Business Reengineering – Die Radikalkur für das Unternehmen, Frankfurt/Main 1995, S. 48
[4] Vgl.: § 267 HGB

Personalwirtschaft haben sich dabei computergestützte Personalinformationssysteme herausgebildet, die sich mit den personalwirtschaftlichen Geschäftsprozessen befassen. Diese Systeme ermöglichen die Erfassung, Speicherung, Verarbeitung, Weitergabe und Ausgabe von Informationen, die zur Bearbeitung personalwirtschaftlicher Aufgaben notwendig sind. Das Ziel dieser Personalinformationssysteme liegt darin, den Anwender bei der Abwicklung seiner Aufgaben zu unterstützen, um letztendlich die Zufriedenheit des Mitarbeiters zu erlangen.

Im Laufe der Zeit hat sich ein breites Angebot an Personalinformationssystemen entwickelt. Zahlreiche Hersteller bieten Personalinformationssysteme entweder als eigenständiges System oder als Bestandteil eines umfassenden betriebswirtschaftlichen Informationssystems an. Dabei ist aus Kosten/Nutzen-Gesichtspunkten nicht jedes Personalinformationssystem für ein mittelständisches Unternehmen geeignet.

Ein betriebswirtschaftliches Informationssystem, das immer stärker in den Vordergrund tritt, ist die Standardsoftware SAP R/3. Mit dieser Software werden neben Groß- auch gezielt mittelständische Unternehmen angesprochen. Die SAP R/3-Standardsoftware besteht aus einer Reihe von betriebswirtschaftlichen Anwendungskomponenten, wobei die Komponente 'Personalwirtschaft' das integrierte Personalinformationssystem darstellt. Diese Komponente kann entweder als eigenständiges Personalinformationssystem oder im Gesamtsystem in Verbindung mit weiteren betriebswirtschaftlichen Komponenten eingesetzt werden.

Die Personalwirtschaft hat wegen dieser Umorientierung zur Prozeßsicht zunehmend an Bedeutung gewonnen. Damit verbunden ist ebenfalls der stärker werdende Einsatz von Personalinformationssystemen und insbesondere auch des Moduls 'Personalwirtschaft' der Software SAP R/3. Diese Entwicklung ist auch der Grund, weshalb dieses Thema zum Gegenstand dieser Diplomarbeit gewählt wurde.

1.2 Zieldefinition und inhaltlicher Aufbau

Das Ziel dieser Diplomarbeit ist, dem Leser einen grundlegenden Einstieg in das System SAP R/3 und insbesondere in die Anwendungskomponente 'Personalwirtschaft' zu vermitteln. Auf Grund der Komplexität der Software erhebt die Diplomarbeit jedoch keinen Anspruch auf Vollständigkeit.

Die Diplomarbeit richtet sich nicht nur an erfahrene SAP-Anwender, sondern ebenso an betriebswirtschaftlich orientierte Leser, die über keine SAP R/3-Kenntnisse verfügen. In der Diplomarbeit wird Wert darauf gelegt, daß auch ein Leser ohne SAP R/3-Kenntnisse mit Hilfe von Bildschirmausdrucken und weiteren visuellen Darstellungen ein Verständnis für die Software entwickeln kann. Um ein besseres Verständnis zu vermitteln, wird das parallele Arbeiten am Bildschirm empfohlen. Für diese parallele Arbeitsweise werden dem Anwender die Schritte zur Erreichung der jeweiligen Bildschirmausdrucke im Anhang aufgezeigt.

Zur Veranschaulichung der theoretischen Arbeit wird ein Praxisbezug zu einem mittelständischen Unternehmen hergestellt. Dieser praktische Teil beschreibt die Einführung von SAP R/3, wobei die Beschreibung von einer passiv beobachtenden Betrachtungsweise ausgeht.

Der inhaltliche Aufbau dieser Diplomarbeit kann, wie bereits anhand der Zielsetzung ersichtlich ist, in einen theoretischen und praktischen Teil aufgegliedert werden.

Der theoretische Bestandteil dieser Diplomarbeit erstreckt sich im Anschluß an diese Einleitung von Kapitel 2 bis Kapitel 4.

Im 2. Kapitel wird dem Leser zunächst die SAP AG und deren Software SAP R/3 vorgestellt. Im Rahmen der Softwarebeschreibung erhält der Leser einen Überblick über die Leistungs- und Bedienmerkmale sowie den strukturellen und inneren Aufbau der Software. Die Anwendungskomponente 'Personalwirtschaft' wird an dieser Stelle nur kurz erläutert. Darüber hinaus werden sowohl die datenschutz- als auch betriebsverfassungsrechtlichen Gesichtspunkte, die bei der Einführung eines Personalinformationssystems in Betracht kommen, aufgezeigt.

Nachdem der Leser einen allgemeinen Überblick über die Software erhalten hat, wird im 3. Kapitel die Anwendungskomponente 'Personalwirtschaft' mit ihren

Unterkomponenten ausführlicher beschrieben. Dieses Kapitel ist der Mittelpunkt der Diplomarbeit. Hier erfolgt die Beschreibung der jeweiligen Komponenten und im Anschluß daran deren kritische Würdigung. Mit dieser Würdigung sollen insbesondere nicht berücksichtigte betriebswirtschaftliche und rechtliche Aspekte herausgestellt werden, die in Verbindung mit der Nutzung der einzelnen Anwendungen stehen.

Mit dem 4. Kapitel werden die theoretischen Grundlagen einer Software-Einführung vermittelt. Hierfür wird der Einführungsprozeß auf zweierlei Weise betrachtet. Zum einen geht die Betrachtung darauf ein, wie groß der Umfang der Geschäftsprozeßoptimierung bei der Einführung sein kann. Zum anderen wie die ablauforganisatorische Gestaltung des Einführungsprozesses durchgeführt werden kann. Mit diesem Kapitel wird der theoretische Teil der Diplomarbeit abgeschlossen und zugleich die Struktur des anschließenden Praxisteils verdeutlicht.

Der praktische Teil der Arbeit umfaßt die Kapitel 5, 6 und 7 und beschreibt die Einführung der SAP R/3-Software in einem mittelständischen Unternehmen.
Als Ausgangsbasis für die Einführung der Software wird im 5. Kapitel zunächst die derzeitige Ist-Situation des Unternehmens dargestellt. Dabei werden die eingesetzten EDV-Verfahren und Geschäftsprozesse näher beschrieben. Am Ende des Kapitels werden die Schwachstellen dieser Ist-Situation herausgestellt. Resultierend aus der Schwachstellenanalyse wird das Einführungsziel formuliert, das mit der neuen Software erreicht werden soll.
Diese Zieldefinition dient als Grundlage für das Sollkonzept, das Gegenstand des 6. Kapitels ist. In diesem Kapitel werden die in der R/3-Software abgebildeten Geschäftsprozesse des mittelständischen Unternehmens in der Form dargestellt, wie sie nach der Einführung von SAP R/3 ablaufen sollen.
Das folgende 7. Kapitel beschreibt die Realisierung der Software-Einführung. Dieses Kapitel besteht sowohl aus einem theoretischen als auch praktischen Teil. Zunächst wird der Vorgang der Realisierung theoretisch dargestellt und anschließend mit Bezugnahme auf das mittelständische Unternehmen in die Praxis umgesetzt.

Die Schlußbetrachtung im 8. Kapitel greift die Zieldefinition der Einleitung wieder auf und verdeutlicht, inwiefern die gesetzten Ziele erreicht wurden. Daneben werden die Probleme aufgezeigt, die im Verlauf der Zielerreichung entstanden sind und Ansätze, wie diese Probleme in Zukunft beseitigt werden können.

2.0 Vorstellung der Standardsoftware SAP R/3

Die Kurzform SAP steht synonym für „Systeme, Anwendungen, Produkte"[5]. Sie ist zum einen die Bezeichnung für die gleichnamige Aktiengesellschaft und zum anderen der Name für deren Softwareprodukt. Um sowohl die Software als auch das Unternehmen näher kennenzulernen, erfolgt zu Beginn dieses Kapitels die Vorstellung der SAP AG und daran anschließend die Beschreibung der Software SAP R/3.

2.1 Unternehmen SAP AG

Das Unternehmen SAP AG ist ein deutsches Softwarehaus und wurde 1972 von fünf ehemaligen Mitarbeitern der IBM in Mannheim gegründet[6]. Heute hat die Gesellschaft ihren Firmensitz in Walldorf bei Heidelberg[7].
Ziel der Gründer war und ist es, eine Standardsoftware mit Echtzeitverarbeitung zu entwickeln, in die alle betrieblichen Abläufe eines Unternehmens integriert sind.

Die erste Vorstufe dieser Zielsetzung war das System 'R/1'[8], wobei 'R' für Realtime (Echtzeitverarbeitung) steht. Diese Form der Verarbeitung bewirkt eine sofortige Verbuchung und Aktualisierung der erfaßten Daten. Das 'R/1'-System basierte noch auf dem Lochkartenprinzip und bot lediglich ein Programm für die Finanzbuchhaltung an.
Anschließend folgte im Jahr 1979 die Software R/2, die für den Einsatz auf Großrechnern konzipiert wurde und noch heute installiert wird. Zur Kundengruppe dieser Software gehören insbesondere Großfirmen und Konzerne, da R/2 für eine große Anzahl möglicher Endbenutzer entwickelt wurde.
Seit 1992 wird das Produkt R/3 angeboten. Diese Software soll mittel- bis langfristig als Nachfolger von R/2 fungieren. Das bedeutet, daß zukünftig der

---

5 Vgl.: CDI: SAP R/3 Einführung - Grundlagen, Anwendungen, Bedienung, Haar 1996, S. 19
6 Die SAP AG war bis 1988 in der Rechtsform der GmbH eingetragen.
7 Vgl.: SAP AG: Geschäftsbericht 1996, Walldorf 1997, S. 10 f
8 'R/1' ist keine offizielle Bezeichnung, sondern wird nur SAP-intern genutzt.

Großteil der Unternehmen, die derzeit noch R/2 nutzen, dieses System durch die R/3-Software ersetzen werden. Dieser Übergang wird als Migration[9] bezeichnet. Sowohl R/2 als auch R/3 decken im Gegensatz zum System 'R/1' weitgehend alle betriebswirtschaftlichen Funktionsbereiche eines Unternehmens ab. Während mit dem R/2-System gezielt die Großkunden angesprochen werden, ist die derzeit aktuelle Software R/3 auf Grund der Client-Server-Technologie[10] für große sowie für mittelständische Unternehmen konzipiert worden.

Seit ihrer Gründung hat sich das Unternehmen in den vergangenen zweieinhalb Jahrzehnten weltweit mit der Qualität ihrer integrierten betriebswirtschaftlichen Anwendungen eine führende Marktposition geschaffen. Die SAP ist auf nahezu allen wichtigen Märkten mit eigenen Landesgesellschaften vertreten, da ihre Internationalisierung entsprechend der Globalisierung ihrer Kunden[11] zugenommen hat. Zum Kundenstamm der SAP gehören renommierte Unternehmen wie z.B. IBM, Microsoft, Coca-Cola und Daimler-Benz.

Die zunehmende Internationalisierung der SAP spiegelt sich gleichermaßen in der Entwicklung der Mitarbeiterzahl wider, die sich in den letzten Jahren deutlich vergrößert hat.

Abb. 2-1: Mitarbeiterentwicklung in den letzten fünf Jahren

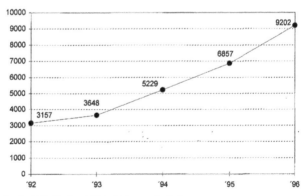

Quelle: SAP AG: Geschäftsbericht..., a.a.O., S. 1;
Eigene Darstellung

---

[9] Vgl.: Schreivogel, Elena; Harings, Harald; Sauter, Jürgen: Informationen zur SAP AG und ihre Produkte, in: Wenzel, Paul (Hrsg.): Betriebswirtschaftliche Anwendungen des integrierten Systems SAP R/3, 2. Auflage, Braunschweig/Wiesbaden 1996, S. 10
[10] Vgl.: Kapitel 2.2.1 Grundlegende Informationen
[11] Vgl.: Anhang 1: Aufteilung des weltweiten Umsatzes

Zum Jahresende 1996 beschäftigte die SAP AG konzernweit mehr als 9.000 Mitarbeiter, was einem Anstieg von mehr als 30 % im Vergleich zum Vorjahr entspricht[12]. Die wirtschaftliche Entwicklung zeigt sich ebenso in der Umsatzsteigerung. Erstmalig wuchs der Umsatz in 1996 um mehr als eine Milliarde DM gegenüber dem Vorjahr an[13].

Abb. 2-2: Umsatzentwicklung in den letzten fünf Jahren in Mio. DM

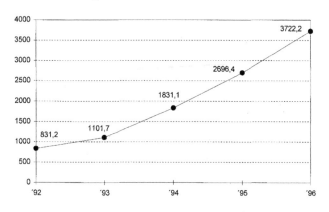

Quelle: SAP AG: Geschäftsbericht..., a.a.O., S. 19;
Eigene Darstellung

Die SAP hat sich durch diese Entwicklung innerhalb von 25 Jahren zum erfolgreichsten europäischen Software-Unternehmen entwickelt.

---

[12] Vgl.: SAP AG: Geschäftsbericht..., a.a.O., S. 31 ff
[13] Vgl.: SAP AG: Geschäftsbericht..., a.a.O., S. 18 f

2.2   Software SAP R/3

Nachdem zu Beginn des zweiten Kapitels das Unternehmen SAP AG vorgestellt wurde, erfolgt in diesem Teil eine allgemeine Darstellung der Software SAP R/3. Diese Darstellung soll dem Leser sowohl einen Überblick über die Leistungs- und Bedienmerkmale, den strukturellen und inneren Aufbau der Software als auch bereits einen kurzen Überblick über das Modul 'Personalwirtschaft' verschaffen.

2.2.1 Grundlegende Informationen

Das System SAP R/3 ist ein betriebswirtschaftliches Standardsoftwarepaket, das weitgehend alle betriebswirtschaftlichen Bereiche eines Unternehmens abdeckt und diese integrativ miteinander verknüpft.

In der Literatur existiert für den Bergriff Standardsoftware[14] keine exakte Definition. Im allgemeinen können die Softwareprodukte als Standardsoftware bezeichnet werden, „die eine Vielzahl von Anwendungsproblemen lösen, die in gleicher oder zumindest ähnlicher Form bei unterschiedlichen Benutzern auftreten"[15]. Hierbei ist der Begriff 'Standard' irreführend, da die Software nicht unverändert in ein Unternehmen implementiert[16] werden kann, sondern in der Regel umfangreiche Anpassungen notwendig sind.

Seit Ende der achtziger Jahre wurde die Software R/3 entwickelt und konnte erstmals 1992 als System eingesetzt werden. Im Laufe der Zeit wurde das System permanent weiterentwickelt und diesbezüglich immer neue Versionen herausgegeben. Anhand einer sogenannten Release-Zahl und einem zusätzlichen Buchstaben, wird die chronologische Abfolge und die Art der Änderung gekennzeichnet. Mit Hilfe dieser Versionsbezeichnung kann der

---

[14] Die Alternative zur Standardsoftware ist die Individualsoftware, die unternehmensindividuell erstellt wird.
[15] Engels, Andreas; Gresch, Jürgen; Nottenkämper, Norbert: SAP R/3 Kompakt - Einführung und Arbeitsbuch für die Praxis, München 1996, S. 4
[16] Implementierung ist der Arbeitsvorgang, durch den eine Komponente realisiert wird.

Benutzer erkennen, ob eine Änderung in Form eines Updates[17] oder Upgrades[18] vorgenommen wurde.[19] Für diese Diplomarbeit ist das R/3-System mit dem Releasestand 3.0 F maßgebend.

Das R/3-System zeichnet sich durch eine Vielzahl von Leistungsmerkmalen aus:

- Skalierbarkeit
- Branchenneutralität
- Internationalität
- Integration
- Historienfähigkeit
- Benutzerfreundlichkeit

Daher kann das System flexibel in vielen Unternehmen eingesetzt werden, unabhängig von deren Größe, Branche, Nationalität, Organisationsstruktur und bereits vorhandenen Fremdsystemen.

Auf Grund der Skalierbarkeit des R/3-Systems, die eine unternehmensindividuelle Anpassung an die Zahl der Endbenutzer ermöglicht, richtet sich die Software an große Konzerne und an mittelständische Unternehmen. Gleichzeitig zeichnet sie sich durch ihre Branchenneutralität[20] aus. Deshalb kann R/3 z.B. in der chemischen Industrie und ebenso in der Maschinenbauindustrie eingesetzt werden. Branchenspezifische Besonderheiten können hierbei durch branchenbezogene Lösungen[21] oder durch Anpassungen des Systems (Customizing[22]) berücksichtigt werden, um auf die individuellen Anforderungen und Organisationsstrukturen der jeweiligen Unternehmen eingehen zu können.

Durch die Internationalität des R/3-Systems können zudem deutsche und ausländische Unternehmen die Software gleichermaßen einsetzen. Die länderspezifischen Versionen berücksichtigen sowohl die jeweilige Sprache, Währung, gesetzliche Anforderungen als auch ländertypische Einstellungen, wie beispielsweise Datumsformate. Mit dieser internationalen Ausrichtung der

---

[17] Ein Update liegt vor, wenn sich bei einer neuen Version nur die Nummer hinter dem Punkt ändert. Diese Änderung bedeutet eine verbesserte Funktionalität und/oder eine Anpassung an Umweltveränderungen, wie beispielsweise Gesetzesänderungen. Eine Buchstabenänderung bedeutet lediglich eine geringe Veränderung der bestehenden Version.

[18] Ein Upgrade liegt vor, wenn sich bei einer neuen Version die Nummer vor dem Punkt ändert. Diese Änderung bedeutet eine Modifikation der Software dahingehend, daß weitere Funktionalitäten ergänzt wurden.

[19] Vgl.: Engels, Andreas u.a.: a.a.O., S.21

[20] Vgl.: Anhang 2: SAP-Installationen weltweit nach Branchen

[21] Vgl.: Kapitel 2.2.2 Struktureller Aufbau

[22] Vgl.: Kapitel 7.1 Begriff und Ablauf des Customizing

Software kann der zunehmenden Globalisierung der Märkte entsprochen werden.

Im Hinblick auf die Organisationsstruktur können die unterschiedlichen Hierarchie- und Funktionsebenen eines Unternehmens durch die Integrationsfähigkeit des Systems überwunden werden. Unter Integration wird „das Zusammenspiel einzelner Komponenten zu einem Ganzen"[23] verstanden. Daher wirken sich Modifikationen innerhalb einer Funktion zugleich auf benachbarte Funktionen aus, da viele Funktionen integrativ miteinander verbunden sind.

Neben dieser beschriebenen Integration auf den Funktionsebenen besteht weiterhin eine Integration auf der Datenebene. Diese Datenintegration erlaubt, daß alle R/3-Funktionen auf eine zentrale Datenbasis zugreifen und folglich jedem Unternehmensbereich die Daten in der gleichen Art und Weise zur Verfügung stehen. Eine derartige Verknüpfung vermeidet Datenredundanzen[24], da nur eine einmalige Erfassung und Speicherung der Daten notwendig wird. Außerdem wird eine hohe Aktualität der Datenbestände erzielt, weil jeder auf den gleichen Datenbestand zugreift. In diesem Zusammenhang ist eine Aktualisierung der Datenbestände nicht gleichbedeutend mit einer Löschung der Altdatenbestände. Auf Grund der Historienfähigkeit des Systems werden die neu eingegebenen Daten von den schon vorhandenen Daten zeitlich abgegrenzt. Dadurch entsteht eine Chronologie, die die zeitliche Entwicklung der Daten dokumentiert und vergangenheitsbezogene statistische Auswertungen ermöglicht.[25]

Eine besondere Bedeutung kommt ebenfalls der Benutzerfreundlichkeit[26] der R/3-Software zu. Diese zeichnet sich durch eine leichte Verständlichkeit, eine einheitliche Bildschirmoberfläche und eine einfache Bedienbarkeit der Software aus. Hierbei stellt das System dem Anwender bereits integrierte Vorschlagswerte zur Auswahl und prüft die Eingaben auf ihre Plausibilität.

Neben den zuvor herausgestellten Leistungsmerkmalen zeichnet sich die Software ebenso durch ihren inneren Aufbau aus. Der innere Aufbau der

---

[23] Engels, Andreas u.a.: a.a.O., S. 13
[24] Unter Datenredundanzen wird das mehrmalige Vorhandensein derselben Informationen in einem Datenbestand verstanden.
[25] Vgl.: SAP AG: System R/3, Walldorf 1996, S. 3
[26] Vgl.: Kapitel 2.2.4 Bedienung und Handhabung der Benutzeroberfläche

Software basiert auf der Client-Server-Technologie und kann vereinfacht als Auftraggeber-Auftragnehmer-Beziehung dargestellt werden.

Der Endbenutzer erteilt mit Hilfe seines Personal Computers (PC), der die Ein- und Ausgabefunktion während des Systemdialogs wahrnimmt, einen gewünschten Auftrag an die Software R/3. An dieser Stelle fungiert der PC als Client bzw. als Auftraggeber. Anschließend wird diese Anforderung innerhalb von R/3 an den Server weitergeleitet. Der Server führt diesen Befehl als Auftragnehmer aus. Sobald der Server den Auftrag erledigt hat, übergibt dieser die gewünschten Arbeitsergebnisse an den Client, so daß der Endbenutzer über die Daten verfügen kann[27].

Bei diesem Client-Server-Konzept sind drei Rechnerebenen beteiligt. Zum einen die Präsentationsebene, mit deren Hilfe die grafische Benutzeroberfläche und die Präsentation der Daten gesteuert wird. Zum anderen die Datenbankebene, auf der die Speicherung und Wiedergewinnung der betriebswirtschaftlichen Daten erfolgt und als dritte Ebene die Applikationsebene. Diese Ebene wird als steuernde Einheit tätig und verarbeitet die Anfragen der Präsentationsebene mit Hilfe von Anwendungsprogrammen.

Abb. 2-3: Client-Server-Technologie

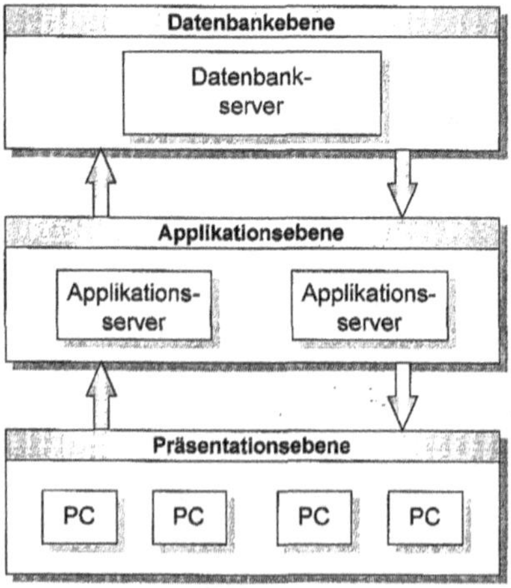

Quelle: Engels, Andreas u.a.: a.a.O., S. 36;
Eigene Darstellung

---

[27]   Vgl.: CDI: a.a.O., S. 27

Das Ziel dieser Technologie ist die Leistungsoptimierung der einzelnen Rechner, indem die Aufgaben derartig verteilt werden, daß eine optimale Ausschöpfung aller DV-Kapazitäten gewährleistet wird. Desweiteren kann eine große Anzahl von Benutzern gleichzeitig tätig werden und durch Einbindung weiterer Applikationsebenen problemlos Erweiterungen bei auftretenden Engpässen der Rechnerleistungen vorgenommen werden.[28]

Ein hohes Maß an Funktionalität, Internationalität, Branchenneutralität, Integration und Bedienerfreundlichkeit sowie die relative Offenheit gegenüber fremder Software beeinflussen die Entscheidung der einsetzenden Unternehmen für dieses System. Gleichwohl muß in diesem Zusammenhang auf die Komplexität des Systems und den erhöhten Bedarf an Hauptspeicher- und Festplattenkapazität hingewiesen werden. Daher sollte vor der Entscheidung ein genaues Abwägen des Nutzenpotentials der R/3-Software durchgeführt werden.

2.2.2 Struktureller Aufbau

Für das Verständnis der R/3-Software sind nicht nur die Kenntnisse über die Leistungsmerkmale und die Softwarearchitektur sondern ebenfalls über die Struktur der Software an sich hilfreich. So besteht die Software SAP R/3 zum einen aus dem Basis-System und zum anderen aus den betriebswirtschaftlichen Anwendungskomponenten, auch Module genannt.

Im Rahmen einer R/3-Einführung muß das Basis-System grundsätzlich installiert werden. Dieses Basis-System verbindet u.a. die einzelnen Module mit der Datenbank und stellt Entwicklungswerkzeuge zur Verfügung, mit deren Hilfe die Software an die individuellen Bedürfnisse angepaßt werden kann. Zu den Entwicklungswerkzeugen gehören beispielsweise das Customizing[29] oder die SAP-eigene Programmiersprache ABAP/4[30]. Entgegen dieser zwingenden Installation des Basis-Systems wird bei der Auswahl der Einzelmodule eine größere Flexibilität eingeräumt. Die gekaufte Software enthält alle Module,

---

[28] Vgl.: Schreivogel, Elena; Harings, Harald; Sauter, Jürgen: Informationen zur SAP AG und ihre Produkte, in: Wenzel, Paul (Hrsg.): Betriebswirtschaftliche Anwendungen..., a.a.O., S. 12 f
[29] Vgl.: Kapitel 7.1 Begriff und Ablauf des Customizing
[30] ABAP/4 ('Advanced Business Application Programming') ist eine Programmiersprache der 4. Generation, die speziell von der SAP für die eigene Software entwickelt wurde.

wobei jedoch mit Hilfe von speziellen Einstellungen nur die Komponenten aktiviert werden, die tatsächlich zum Einsatz kommen. Somit können die Anwendungskomponenten sowohl autonom (stand-alone) als auch integriert mit anderen Komponenten eingesetzt werden. Bei der stand-alone-Lösung muß allerdings berücksichtigt werden, daß teilweise Abhängigkeiten zu anderen Modulen vorhanden sein können und die Aktivierung weiterer Module erforderlich wird.

Ein derartig integriertes Baukastensystem ermöglicht bei der Implementierung der Software die Berücksichtigung individueller Bedürfnisstrukturen der Unternehmen. Allerdings ist der Nutzen für den Geschäftsprozeßablauf um so größer, je integrierter die Anwendungen eingesetzt werden, da die Daten mehrfach genutzt werden können und weniger Schnittstellen zu fremden Systemen entstehen.

Das System R/3 besitzt einen modularen Aufbau. Basierend auf der englischen Bezeichnung werden die einzelnen Module jeweils durch ein eigenes Kürzel gekennzeichnet.

Abb. 2-4: Struktureller Aufbau des Systems R/3

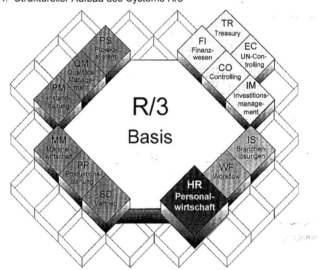

Grafikquelle: SAP AG: CeBIT '96 (CD), Walldorf 1996;
                      Abgeänderte Darstellung
Quelle: CDI: a.a.O., S. 28 f / 310 ff

Die Bandbreite dieser Anwendungskomponenten umfaßt Standardlösungen für viele betriebswirtschaftliche Bereiche eines Unternehmens. Organisatorisch werden die einzelnen betriebswirtschaftlichen Anwendungskomponenten auf der Benutzeroberfläche zu den Hauptgruppen Rechnungswesen, Logistik und Personal zusammengefaßt. Zusätzlich gehört zu diesen Gruppen die Anwendungskomponente Workflow.

Im folgenden werden diese Anwendungsbereiche kurz charakterisiert:

Rechnungswesen[31,32]

- **Finanzwesen (FI)**

  Dieses Modul faßt alle Leistungen des externen Rechnungswesens zusammen. Im Rahmen der Hauptbuchhaltung können konzernweite Kontenpläne erstellt und die Ergebnisse der einzelnen Gesellschaften konsolidiert werden. Die integrierte Debitoren- und Kreditorenbuchhaltung dient der Steuerung und Kontrolle von Kunden und Lieferanten.

- **Treasury (TR)**

  Das Modul 'Treasury'[33] ermöglicht ein effizientes Finanzmanagement, indem eine Gestaltung der Finanzanlagen durchgeführt wird. Liquiditätsreserven können aufgedeckt sowie das Finanzbudget geplant und gesteuert werden.

- **Controlling (CO)**

  Das Modul CO dokumentiert die gesamten innerbetrieblichen Werteflüsse unter Einbeziehung der Unternehmensstruktur. Mit Hilfe der Kostenstellenrechnung, der Kalkulation und der Ergebnisrechnung erfolgt eine Unterstützung der Kontrolle und Steuerung von Kosten, Leistungen, Ressourcen und Terminen.

- **Unternehmenscontrolling (EC)**

  Diese Komponente gewährleistet eine kontinuierliche Beobachtung der Erfolgsfaktoren und der Unternehmenskennzahlen, indem eine Aufbereitung von Managementinformationen stattfindet. Zudem können im Rahmen der Profit-Center-Rechnung Unternehmensbereiche mit eigener Ergebnisverantwortung eingerichtet werden.

---

[31] Vgl.: SAP AG: Geschäftsbericht..., a.a.O., S. 45-46
[32] Vgl.: CDI: a.a.O., S. 30-32
[33] Die Bezeichnung Treasury wird in diesem Zusammenhang auch im Deutschen synonym verwendet.

- **Investitionsmanagement (IM)**

  Das SAP-Investitionsmanagement umfaßt die Verwaltung und Abwicklung von Investitionsmaßnahmen einschließlich Wirtschaftlichkeits-, Rentabilitätsberechnungen und Abschreibungssimulationen.

Logistik[34,35]

- **Vertrieb (SD)**

  Dieses Modul unterstützt die Vertriebstätigkeiten von der Kundenanfrage bis zur Auslieferung und Rechnungsschreibung.

- **Produktionsplanung und -steuerung (PP)**

  Die Komponente PP umfaßt die Produktions-, Absatz-, Materialbedarfs- und Kapazitätsplanung, indem auf die Daten des Vertriebsinformationssystems zurückgegriffen wird. Außerdem verfügt das System über Funktionen, die das Kanban-Prinzip und die Just-in-time-Fertigung unterstützen.

- **Materialwirtschaft (MM)**

  Mit Hilfe des Moduls MM erfolgt die komplette Abwicklung des Beschaffungsprozesses. In diesem Zusammenhang werden beispielsweise die Prozesse Disposition, Rechnungsprüfung und Lagerbestandsführung unterstützt.

- **Instandhaltung (PM)**

  Durch das Modul PM erfolgt die Planung und Steuerung der Verwaltung, Wartung, Inspektion und Instandsetzung der technischen Anlagen im Unternehmen sowie die Sicherstellung einer hohen Verfügbarkeit dieser Anlagen.

- **Qualitätsmanagement (QM)**

  Das SAP-Qualitätsmanagement übernimmt die Funktion der automatischen Qualitätssicherung im gesamten Bereich der Logistik, indem die Qualität geplant, geprüft und gelenkt wird.

---

[34] Vgl.: SAP AG: Geschäftsbericht..., a.a.O., S. 45-46
[35] Vgl.: CDI: a.a.O., S. 32-34

• **Projektsystem (PS)**

Im Rahmen des Moduls PS wird die komplette Koordinierung und Steuerung aller Projektphasen durchgeführt von der Planung über die Budgetierung bis hin zur Realisation.

Personal[36]

• **Personalwirtschaft (HR)**

Mit Hilfe dieses Moduls werden weitgehend alle personalwirtschaftlichen Geschäftsprozesse unterstützt. Diese umfassen sowohl die Personalplanung und -entwicklung als auch die Personaladministration und -abrechnung.

Workflow[37]

• **Workflow (WF)**

Die Komponente Workflow verknüpft die unternehmensspezifischen Arbeitsabläufe mit den Geschäftsprozessen des Systems R/3 und automatisiert den Informations- und Dokumentenfluß von einem Arbeitsplatz zum anderen.

Die grafische Darstellung (siehe Abb. 2-4) enthält desweiteren den Bereich Branchenlösungen (IS), der eine branchenspezifische Ergänzung zu den Standardmodulen darstellt. Diese Lösungen beinhalten standardmäßige Voreinstellungen für die Funktionalitäten und Geschäftsprozesse diverser Branchen. Zur Verfügung stehen u.a. Branchenlösungen für die Krankenhausverwaltung, das Bankwesen und für Versicherungs- und Finanzdienstleistungsunternehmen.[38]

Auf Grund dieses modularen Aufbaus ist das System zum einen Generalist, weil eine Vielzahl von betriebswirtschaftlichen Anwendungen abgedeckt wird. Zum anderen Spezialist, da R/3 mit integrierten branchenspezifischen Geschäftsprozessen auf die individuellen Anforderungen einer Branche eingeht.

---

[36] Vgl.: Kapitel 2.2.3 Überblick über das Modul Personalwirtschaft
[37] Vgl.: SAP AG: Geschäftsbericht..., a.a.O., S. 46
[38] Vgl.: SAP AG: Geschäftsbericht..., a.a.O., S. 45 ff

2.2.3 Überblick über das Modul Personalwirtschaft

Das Modul Personalwirtschaft, mit der Kurzbezeichnung HR (Human Resource), ist ein Teil des zuvor dargestellten SAP-Gesamtsystems[39]. Dieses Modul unterstützt die Geschäftsabläufe im Personalbereich und wird an dieser Stelle kurz charakterisiert[40].

Innerhalb des Moduls Personalwirtschaft erfolgt, wie bereits bei allen anderen Modulen, eine weitere Aufgliederung in Untermodule. Dadurch besitzt die Anwendungskomponente HR, entsprechend dem R/3-Gesamtsystem, einen modularen Aufbau und läßt die Implementierung einer oder mehrerer Unterkomponenten als auch den ganzheitlichen Einsatz des HR-Moduls zu. Die Komponente setzt sich aus folgenden Funktionsbausteinen zusammen:

Abb. 2-5: Leistungsumfang des HR-Moduls

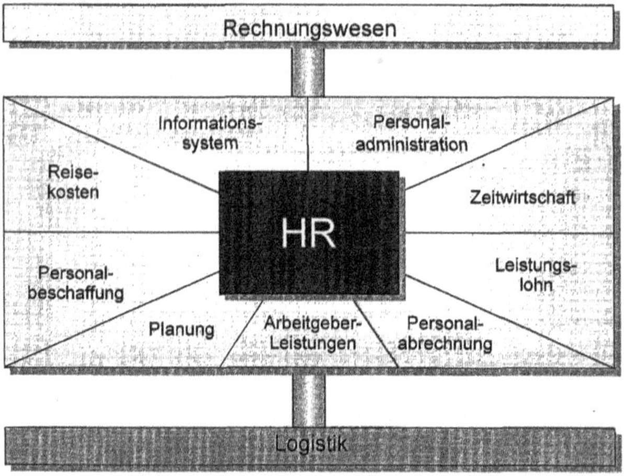

Grafikquelle: SAP AG: Visual R/3-Personalwirtschaft (CD), Walldorf 1996;
Eigene Erweiterung
Quelle: SAP R/3-System

Die folgende Kurzbeschreibung der HR-Unterkomponenten soll einen Überblick über den Leistungsumfang[41] des Personalwirtschaftsmoduls gewähren:

---

[39] Vgl.: Kapitel 2.2.2 Struktureller Aufbau
[40] Vgl.: Kapitel 3.0 Funktionalität des Moduls Personalwirtschaft
[41] Vgl.: SAP AG: System R/3 Personalwirtschaft (HR), Walldorf 1996, S. 8-17

- **Personaladministration (PA[42])**

  Dieses Untermodul erfaßt, speichert und verwaltet alle personenbezogenen Stammdaten und bietet damit den Zugriff auf eine zentrale Datenbasis von Mitarbeiterdaten.

- **Zeitwirtschaft (PA)**

  Die Zeitwirtschaft ermöglicht die integrierte Erfassung, Verwaltung und Auswertung von Mitarbeiterzeitdaten. Basis sind diverse Arbeitszeitmodelle, die bereits als Standard integriert sind, die aber unternehmensspezifisch modifiziert werden können.

- **Leistungslohn (PA)**

  Durch die Leistungslohnkomponente werden die leistungsbezogenen Mitarbeiterdaten erfaßt, gepflegt und ausgewertet. Im einzelnen handelt es sich dabei um den Zeit- und Geldakkord.

- **Personalabrechnung (PA)**

  Mit diesem Untermodul wird die gesamte Brutto-/Nettoabrechnung abgewickelt, wobei gesetzliche, landes- als auch unternehmensspezifische Erfordernisse berücksichtigt werden.

- **Arbeitgeber-Leistungen (PA)**

  Dieser Bereich umfaßt die Arbeitgeberleistungsverwaltung und bietet eine Unterstützung bei der Durchführung und Verwaltung der Leistungsprogramme für die verschiedenen Mitarbeitergruppen.

- **Planung (PD[43])**

  Das Planungsmodul der SAP-Personalwirtschaft unterstützt sowohl die Planung als auch die Steuerung sämtlicher Aktivitäten im personalwirtschaftlichen Bereich. Hierunter fällt u.a. die Personalentwicklung.

- **Personalbeschaffung (PA)**

  Mit Hilfe der Personalbeschaffung werden die Prozesse von der Erkennung der Vakanz bis hin zur Einstellung begleitet.

---

[42] Die mit diesem Kürzel gekennzeichneten HR-Unterkomponenten werden der Hauptgruppe Personaladministration und -abrechnung zugeordnet.
[43] Die mit diesem Kürzel gekennzeichneten HR-Unterkomponenten werden der Hauptgruppe Personalplanung und -entwicklung zugeordnet.

- **Reisekosten (PA)**

  Diese Unterkomponente unterstützt die komplette Abwicklung einer betrieblich veranlaßten Reise vom Antrag und dessen Genehmigung bis zur anschließenden Verbuchung der Reisekosten.

- **Informationssystem (PA)**

  Das HR-Informationssystem ist ein Auswertungsinstrument zur Aggregation von umfangreichen Datenmengen mit anschließender Bildung von Kennzahlen.

Viele Untermodule der Personalwirtschaft stehen ebenso in einer wechselseitigen Beziehung zueinander wie auch das Modul HR als Einheit mit den betriebswirtschaftlichen Abläufen anderer Module verknüpft ist. Dadurch entsteht ein funktionales Geflecht organisatorisch zusammenhängender Module und Untermodule. Aus diesem Grund stehen die eingegebenen Daten sofort den anderen betroffenen Informationskreisen zur Verfügung. Diese Beziehung zu anderen Modulen wird in der Abbildung 2-5 durch die Verbindung zu den Hauptgruppen Rechnungswesen und Logistik verdeutlicht. Beispielsweise fließen die Daten der HR-Unterkomponente[44] Reisekosten oder der Zeitwirtschaft in die Personalabrechnung des HR-Moduls ein. Schließlich werden die Abrechnungsdaten dem Modul Finanzwesen bereitgestellt und dort verbucht.[45]

2.2.4 Bedienung und Handhabung der Benutzeroberfläche

Das R/3-System wird vom Anwender über die Benutzeroberfläche bedient. Sowohl Eingaben als auch Ausgaben finden hierüber statt. Diese Benutzeroberfläche stellt die Schnittstelle zum Anwender dar. Die Gestaltung der Software-Benutzeroberfläche ist daher ein wichtiger Aspekt für eine Humanisierung der Arbeitsplätze. Eine benutzerfreundliche Gestaltung fördert sowohl die Zufriedenheit und Motivation und damit die Akzeptanz des Anwenders als auch eine Reduzierung der Einarbeitungszeit und eine höhere Effizienz der Programmbedienung. Dahingehend ist es wichtig, eine „leichte Mensch-

---

[44] Im weiteren Verlauf dieser Diplomarbeit werden die Begriffe Modul, (Anwendungs-) Komponente und Untermodul (-komponente) synonym verwendet.
[45] Vgl.: Anhang 3: Schnittstellen der Personalwirtschaftskomponente

Maschine-Interaktion"[46] durch eine leicht zu bedienende und einheitliche Bildschirmoberfläche zu erzielen.

Diese Elemente zur Gestaltung der Software werden unter dem Begriff der Software-Ergonomie[47] zusammengefaßt. In diesem Zusammenhang muß berücksichtigt werden, daß ebenso durch rechtliche Aspekte wesentliche Anforderungen an eine Software definiert werden[48].

Für die ergonomische und einheitliche Gestaltung der Bildschirmoberfläche des Systems R/3 wurde speziell der SAP-Style-Guide entwickelt, der wesentliche Gestaltungskriterien für die Bildschirmoberfläche festlegt. Diese Kriterien orientieren sich an allgemein bekannten Bildschirmoberflächen. Sie berücksichtigen dabei die Ansprüche der Anwender und wichtige Aspekte der Software-Ergonomie.

Zur leichten Verständlichkeit und einfachen Bedienung stellt die Software dem Anwender, unabhängig davon in welchem Arbeitsbereich er sich befindet, eine einheitliche Bildschirmoberfläche zur Verfügung. Hierbei unterstützen grafische Symbole, die sich stets an derselben Stelle befinden, die Orientierung und Interaktionen des Anwenders. Eine zusätzliche Farbausgestaltung und eine dreidimensionale Sichtweise dieser Symbole erleichtern die Visualisierung der Bedienelemente und fördern das angenehme Arbeiten am Bildschirm.

Eine Erleichterung der Benutzung wird ebenfalls dadurch erzielt, daß die R/3-Software neben anderen Standard-Bedienoberflächen auch unter Windows installiert werden kann. Der Anwender kann somit die ihm in der Regel bekannten Auswahlmenüs und Symbole mit einer dreidimensionalen Optik in Anspruch nehmen.[49]

Um einen Einblick in die Funktionsweise der Abläufe und Oberfläche zu bekommen, folgt eine kurze Darstellung der wichtigsten Grundlagen für die Systembenutzung.

Nachdem das System R/3 gestartet wurde, gelangt der Benutzer zunächst in das Anmeldebild. Hier erfolgt die Eingabe der Mandantennummer, der Benutzerkennung sowie des Kennwortes, die als Ausgangsgrößen für die weitere Benutzersitzung dienen.

---

[46] Buck-Emden, Rüdiger; Galimow, Jürgen: Die Client/Server-Technologie des Systems SAP-R/3, Basis für betriebswirtschaftliche Standardanwendungen, 2. Auflage, Bonn 1995, S. 15
[47] Vgl.: Engels, Andreas u.a.: a.a.O., S. 18
[48] Vgl.: Verordnung über Sicherheit und Gesundheitsschutz bei der Arbeit an Bildschirmgeräten (Anhang 21 BildscharbV)
[49] Vgl.: SAP AG: System R/3, a.a.O., S. 16

Abb. 2-6: SAP-Anmeldebild

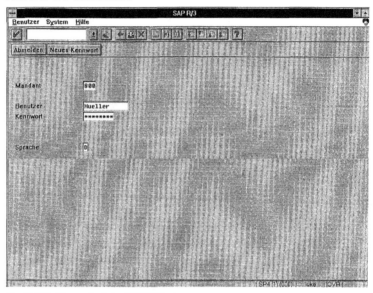

Quelle: Bildschirmausdruck des SAP R/3-Systems

Der Mandant ist eine „handelsrechtlich, organisatorisch und datentechnisch abgeschlossene Einheit innerhalb eines R/3-Systems"[50] (z.B. Konzern). Durch diese Mandantenfähigkeit besteht die Möglichkeit, mehrere eigenständige Unternehmen auf einem Rechner separat abzubilden. Mit der Benutzerbezeichnung und dem Kennwort identifiziert sich der Endbenutzer als legitimierter Anwender des Programms und aktiviert damit die unter dem Benutzernamen abgelegten Voreinstellungen, so z.B. Berechtigungen für Datenzugriffe und -änderungen[51]. Während die Benutzerbezeichnung vom Systemadministrator fest vorgegeben ist, muß das Kennwort durch den jeweiligen Benutzer selbst definiert werden, wobei jedoch bestimmte Reglementierungen eingehalten werden müssen. Um ein Ausprobieren von Kennwörtern durch unberechtigte Personen zu unterbinden, wird nach mehrmaliger erfolgloser Anmeldung der Anwender für die weitere Benutzung gesperrt. Die Anzahl der Versuche kann hierbei flexibel zwischen 1 und 99 festgelegt werden.

---

[50] SAP AG: Online-Dokumentation, Glossar, Walldorf 1996, S. 520
[51] Vgl.: Kapitel 2.3.1 Datenschutzrechtliche Aspekte

In diesem Anmeldebild kann letztendlich auch die Sprache festgelegt werden, in der die Kommunikation mit dem System erfolgen soll. Voraussetzung für die Auswahl eines Sprachenschlüssels ist jedoch die vorherige Installation der jeweiligen Sprache im System.

Wurde die Anmeldung erfolgreich abgeschlossen, gelangt der Benutzer in die nächstfolgende Ebene, das SAP-Einstiegsmenü:

Abb. 2-7: SAP-Einstiegsmenü

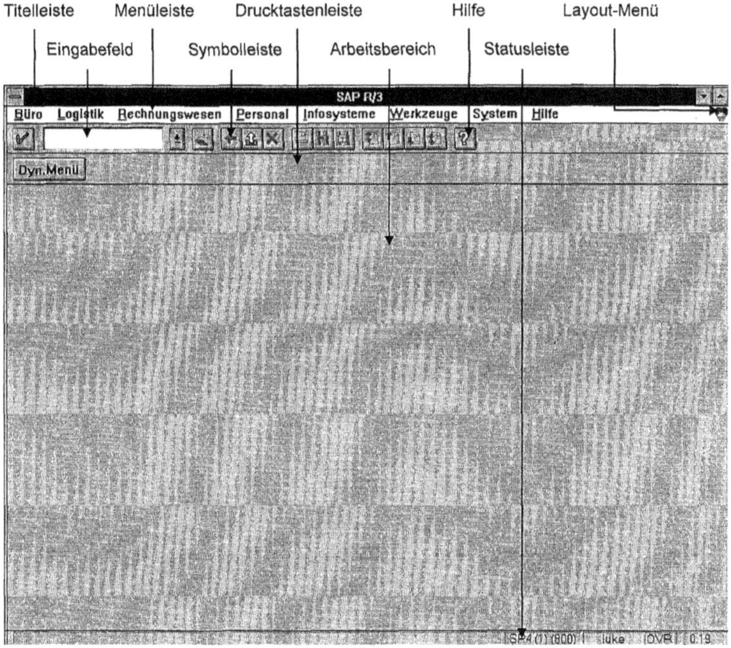

Quelle: Bildschirmausdruck des SAP R/3-Systems mit Erläuterungen

Der Aufbau der Bildschirmoberfläche auf dieser Ebene ist repräsentativ für alle nachfolgenden Bildschirmfenster, unabhängig von der Anwendungsebene und dem Anwendungsgebiet.

Das Fenster besitzt am oberen Bildrand die Titelleiste, die die aktuelle Anwendung anzeigt, in der sich der Benutzer derzeitig befindet.

In diesem Einstiegsmenü kann der Anwender das gewünschte Arbeitsgebiet aus der Menüleiste (siehe Abb. 2-7) auswählen. Zur Auswahl stehen beispielsweise die Hauptgruppen Logistik, Rechnungswesen oder Personal. Jeder Menüname verbirgt in Form von Pull-Down-Menüs weitere Menüeinträge, über die der Anwender in die dahinterliegenden Anwendungen gelangt, die die Dateneingabe und -bearbeitung zulassen[52].

Diese hierarchische Menüstruktur ist in jedem Anwendungsbereich identisch, wobei sich die Menünamen bzw. die jeweiligen Menüeinträge je nach Anwendungsbereich stets ändern.

Über die Menüleiste können ebenfalls individuelle Bildschirmeinstellungen vorgenommen werden, indem das Layout-Menü am rechten Ende der Menüleiste (siehe Abb. 2-7) angewählt wird. Hiermit kann der Anwender beispielsweise die Farben der Bildschirmoberfläche selbst auswählen, um dadurch eine für den Benutzer angenehme Visualisierung zu ermöglichen.

Weiterhin kann in der Menüleiste ein zusätzlicher Anwendungsbereich (Modus) geöffnet werden, der eine parallele Bearbeitung eines anderen oder des gleichen Bereiches erlaubt. Der Benutzer kann bis zu neun Modi erzeugen und zwischen diesen wechseln.[53] In der Regel wird jedoch das von der SAP vorgegebene Maximum an Modi durch das Unternehmen reglementiert, da eine größere Anzahl an geöffneten Modi die Leistung des Computers stark beeinträchtigt. Auf Grund dieser Möglichkeit ist der Anwender z.B. in der Lage, in einem Fenster eine Anwendung durchzuführen, mit der er nicht vertraut ist, während gleichzeitig in einem anderen Fenster eine Hilfefunktion genutzt werden kann.

Diese Hilfefunktion kann aus der Menüleiste von jedem Bild des Systems angefordert werden. Beispielsweise können umfassende Online-Dokumentationen aufgerufen werden, die grundlegende Informationen über das System und Detailinformationen über die einzelnen Anwendungsbereiche bereitstellt. Außerdem steht für jeden Anwendungsbereich ein Glossar zur Verfügung, über das spezielle Begriffsdefinitionen abgefragt werden können. Diese anwendungsbezogenen Glossars werden nochmals zu einem anwendungsübergreifenden Glossar zusammengefaßt, um auf alle im System verfügbaren SAP-Begriffe kompakt zugreifen zu können.[54]

Eine weitere Hilfestellung kann ebenso über die Symbolleiste aktiviert werden (siehe Abb. 2-8), die Informationen über den Inhalt des Feldes der aktuellen Cursorposition liefert.

---

[52] Vgl.: Anhang 4: Menüstruktur
[53] Vgl.: Anhang 5: Modistruktur
[54] Vgl.: Anhang 6: SAP R/3-Hilfesystem

Diese Symbolleiste ist ein weiterer Bestandteil der R/3-Oberfläche und beinhaltet häufig verwendete Standardfunktionen in Form von Symbolen. Im Gegensatz zur Menüleiste sind die Symbole dieser Leiste in jedem Anwendungsbereich stets gleich, wobei nicht jedes Symbol immer zur Auswahl steht. Durch ihre farbliche Ausgestaltung heben sich die aktiven von den inaktiven, grau unterlegten Symbolen ab.

Abb. 2-8: Symbolleiste

Quelle: Bildschirmausdruck des SAP R/3-Systems

Die Symbole erlauben eine einfache Handhabung immer wiederkehrender Befehle, wie beispielsweise das Speichern von Daten, das Abbrechen von Anwendungen oder die Bestätigung der Eingaben[55].

Eine besondere Rolle spielt das Eingabefeld (siehe Abb. 2-8) der Symbolleiste. In dieses Feld können spezielle Navigationsbefehle eingegeben werden, die grundlegende Funktionen übernehmen, wie z.B. die Rückkehr in das Ausgangsmenü ('/n') oder das Beenden der Anwendersitzung ('/nend').
Weiterhin können in dieses Eingabefeld sogenannte Transaktionscodes[56] geschrieben werden, die Verzweigungen in andere Arbeitsgebiete ermöglichen, ohne in das SAP-Einstiegsmenü zurückkehren zu müssen. Hierbei besitzt jede Anwendung einen vierstelligen Transaktionscode (Befehlsaufbau: '/n<vierstelliger Transaktionscode>'), der sich in der Regel aus zwei Buchstaben, die auf den jeweiligen Anwendungsbereich hinweisen, und zwei Ziffern zusammensetzt. Mit dem Befehl '/npa10' kann z.B. direkt in die Personalakte verzweigt werden, ohne den umständlichen Weg über die Menüleiste gehen zu müssen. Welcher Transaktionscode welchem Anwendungsbereich zugeordnet ist, kann in dem 'Dynamischen Menü' herausgesucht werden.

Dieses 'Dynamische Menü' befindet sich in der Drucktastenleiste, die sich unterhalb der Symbolleiste auf der Bildschirmoberfläche (siehe Abb. 2-7) befindet. In dieser Leiste werden die aktuell verfügbaren Funktionstasten einer Anwendung angezeigt, wobei das Einstiegsbild nur das 'Dynamische Menü'

---

[55] Vgl.: Anhang 7: Überblick über die Funktionstasten der Symbolleiste
[56] Vgl.: Anhang 8: Transaktionscodes

beinhaltet, das die Menünamen und -einträge der Menüleiste in Form einer Baumstruktur darstellt. Ist dem Anwender beispielsweise der Anwendungsbereich, jedoch nicht der Menüweg bekannt, so kann mit Hilfe einer Suchfunktion der Name des gewünschten Anwendungsbereichs angegeben werden. Das System zeigt daraufhin automatisch den Menüpfad für diese Anwendung an.[57] An dieser Stelle kann entweder der Transaktionscode abgelesen und in das Eingabefeld geschrieben oder direkt über die Baumstruktur die Anwendung gestartet werden.

Der wesentlichste Bestandteil eines R/3 Fensters ist der Arbeitsbereich (siehe Abb. 2-7), in dem Dateneingaben, -änderungen oder -anzeigen in den dafür vorgesehenen Feldern erfolgen. Hierbei werden drei Arten von Feldern unterschieden.

Abb. 2-9: Feldarten des Arbeitsbereichs

Feldart	Beispiel	Bedeutung
Mußfeld	Benutzer ?	Verpflichtende Dateneingabe
Kannfeld	Sprache	freiwillige Dateneingabe
Anzeigefeld	PersNr 00001000 Ananja Müller	kein Eingabefeld, sondern lediglich zur Information

Quelle: CDI: a.a.O., S. 58;
    Eigene Darstellung

Für die Muß- und Kannfelder können als Eingabehilfe in vielen Fällen sogenannte Wertetabellen aufgerufen werden. Diese Tabellen beinhalten kleinere Datenbestände, die sich nur selten verändern und als Vorschlagswerte für die Eingabe zur Verfügung stehen. Wenn Eingabewerte aus größeren Datenbeständen gesucht werden müssen, kann dies mit Hilfe des Matchcodeverfahrens[58] durchgeführt werden, indem der Suchbegriff eingegeben wird.

Der letzte Bestandteil des R/3-Fensters ist die Statusleiste (siehe Abb. 2-7). In diesem Bereich werden Meldungen und Hinweise[59] z.B. bezüglich falscher

---

[57] Vgl.: Anhang 9: Dynamisches Menü
[58] Vgl.: Kapitel 3.1 Personaladministration
[59] Vgl.: Anhang 10: Fehlermeldungen in der Statusleiste

Eingaben angezeigt, die bei der Benutzung des Systems auftreten können. Im Fall einer Fehlermeldung wird genau dokumentiert, in welcher Form der Fehler aufgetreten ist, um somit eine schnelle Beseitigung zu gewährleisten.

Nachdem die Eingaben und Änderungen im System abschlossen sind, muß sich der Anwender von der Anwendung abmelden. Diese Transaktion erfolgt entweder über die Menüleiste oder wie bereits erwähnt über das Eingabefeld der Symbolleiste in Form des Navigationsbefehls '/nend'. Um einen Datenverlust bei Beendigung der Sitzung zu vermeiden, erfolgt bei Abmeldung der Hinweis, daß noch nicht gesicherte Daten verloren gehen und gleichzeitig die Möglichkeit, diese zu sichern[60]. Damit ein Datenzugriff durch Unbefugte vermieden wird, sollte das System sowohl aus Datenschutz- als auch aus Datensicherheitsgründen grundsätzlich abgemeldet werden.[61,62]

---

[60] Vgl.: Anhang 11: Abmeldebild
[61] Vgl.: CDI: a.a.O., S. 41-66
[62] Vgl.: Will, Liane u.a.: Administration des SAP-Systems R/3: Leitfaden zur Systembetreuung und -optimierung, 2. Auflage, Bonn 1997, S. 28-30

2.3 Rechtliche Aspekte

Im Anschluß an die generellen Informationen zur Software SAP R/3, wird in diesem Abschnitt die rechtliche Seite von Personalinformationssystemen dargestellt. Hierbei werden sowohl datenschutz- als auch betriebsverfassungsrechtliche Gesichtspunkte aufgezeigt.

2.3.1 Datenschutzrechtliche Aspekte

Im Personalbereich spielen der Datenschutz und die Datensicherheit, eine große Rolle. Obwohl die beiden Begriffe inhaltlich unterschiedliche Sachverhalte abdecken, können sie dennoch nicht genau voneinander getrennt werden.

Unter Datenschutz wird im allgemeinen der Schutz personenbezogener Daten verstanden, zu denen in der Personalwirtschaft die Arbeitnehmerdaten gehören. Dieser Datenschutz wird in der Bundesrepublik Deutschland durch das Bundesdatenschutzgesetz (BDSG) geregelt. „Zweck dieses Gesetzes ist es, den einzelnen davor zu schützen, daß er durch den Umgang mit seinen personenbezogenen Daten in seinem Persönlichkeitsrecht beeinträchtigt wird"[63], wobei das Gesetz unter personenbezogenen Daten „Einzelangaben über persönliche oder sachliche Verhältnisse einer bestimmten oder bestimmbaren natürlichen Person (Betroffener)"[64] versteht[65]. Das Recht auf Datenschutz wird dabei aus dem allgemeinen Persönlichkeitsrecht[66] des Grundgesetzes abgeleitet[67].

Die folgende Darstellung soll in diesem Zusammenhang einen Überblick über einige wesentliche Regelungen des Bundesdatenschutzgesetzes gewähren.

---

[63] § 1 Abs. 1 BDSG
[64] § 3 Abs. 1 BDSG
[65] Im Urteil des Bundesverfassungsgerichts vom 15. Dezember 1983 zum Volkszählungsgesetz 1983 wurden wichtige Leitsätze (Nr. 1-3) für die Verarbeitung und den Schutz personenbezogener Daten aufgestellt.
[66] Vgl.: Artikel 2 Abs. 1 GG
[67] Vgl.: Marr, Rainer: Datenschutz, in: Gaugler, Eduard; Weber, Wolfgang (Hrsg.): Handbuch des Personalwesens, 2. Auflage, Stuttgart 1992, S. 721

Abb. 2-10: Regelungen des BDSG (Beispiele)

Paragraph	Inhalt
Voraussetzung für die Anwendung des Bundesdatenschutzgesetzes:	
§ 1 Abs. 2 i.V.m. § 2 BDSG	Öffentliche / nicht-öffentliche Stellen
§ 1 Abs. 2 Nr. 3 BDSG	Aufbewahrung in Dateien
§ 1 Abs. 3 Nr. 2 BDSG	Aufbewahrung in Akten
§ 3 Abs. 1 BDSG	Personenbezogene Daten
§ 3 Abs. 4-6 BDSG	Erhebung, Verarbeitung, Nutzung
Voraussetzung für die Verarbeitung / Nutzung personenbezogener Daten:	
§ 4 BDSG	Einwilligung des Betroffenen
§ 10 BDSG	bei automatisierten Abrufverfahren: Berücksichtigung schutzwürdiger Interessen und Aufgaben der Betroffenen
§ 28 Abs. 1 BDSG	Geschäftszweckerfüllung
Kontrolle / Überwachung der Daten bzw. des Datenschutzes:	
§ 9 BDSG	Technische und organisatorische Maßnahmen
§ 6, 19, 34 BDSG	Auskunftsanspruch des Betroffenen
§ 6, 20, 35 BDSG	Berichtigungs-, Löschungs- und Sperrungsanspruch des Betroffenen
§ 36 BDSG	Sicherheitsbeauftragter

Quelle: Steckler, Prof. Dr. Brunhilde: Kompendium Arbeitsrecht und Sozialversicherung,
4. Auflage, Ludwigshafen 1996, S. 331-342;
Eigene Darstellung

Im Hinblick auf den Datenschutz bietet die Standardsoftware R/3 durch eine Zugriffskontrolle einen zuverlässigen Schutz der erfaßten Daten, indem sich der Anwender mit einem Benutzernamen und einem nicht sichtbaren Paßwort anmeldet. Der Benutzername wird hierbei vom Systemadministrator vergeben, während das Paßwort vom Benutzer selbst gestaltet werden kann, wobei jedoch acht Zeichen nicht überschritten werden dürfen. Mit dieser Identifikation werden die unter dem Benutzernamen abgelegten Voreinstellungen aktiviert, die jedem Anwender in einem sogenannten Berechtigungsprofil zugeordnet werden. Dieses Profil des Mitarbeiters legt fest, welche Aktionen mit welchen Rechten durchgeführt werden dürfen. Dadurch kann der Datenzugriff beispielsweise auf einen bestimmten Unternehmensbereich und dort wiederum nur für bestimmte Datenbestände eingeschränkt werden. Für die zugriffsberechtigten Daten können zudem Schreib- oder nur Leseberechtigungen erteilt werden. Detailliert betrachtet können sogar bestimmte Felder auf dem Bildschirm für den Benutzer gesperrt werden. Die Pflege bzw. die Neuanlage einer Berechtigung wird zunächst in einer Pflegeversion durchgeführt, um Fehler zu vermeiden, die das System beeinträchtigen könnten. Diese Pflegeversion ist erst im System wirksam, wenn sie aktiviert wird und die bislang vorhandene Aktivversion ersetzt. Der Zugriff für den Benutzer darf jedoch nicht zu stark reglementiert werden, da sonst ein effizientes Arbeiten behindert wird. In diesem Zusammenhang muß gleichermaßen berücksichtigt werden, daß die Vergabe von Zugriffsberechtigungen einen Einfluß auf den Status und den Handlungsspielraum eines Mitarbeiters haben kann und möglicherweise zwischenmenschliche Konflikte auftreten können.

Auf Grund dieser zuvor genannten Aspekte sollte bei der Entwicklung der betrieblichen Berechtigungsstruktur genügend Zeit und Personal eingeplant werden. Neben der Berücksichtigung der datenschutzrechtlichen Aspekte sowie der betrieblichen Organisationsstruktur muß ebenfalls eine intensive Abstimmung mit den Fachbereichen erfolgen. Somit werden durch fehlende Berechtigungen notwendige Arbeitsschritte nicht behindert. Mit Hilfe eines gut durchdachten Konzeptes kann bei den Beteiligten eine höhere Akzeptanz erzielt und evtl. auftretende Konflikte im Unternehmen verhindert werden.

Neben dem Schutz personenbezogener Daten ist zugleich die Datensicherheit ein wichtiger Aspekt, deren Art und Weise auch aus dem Bundesdatenschutzgesetz (§ 9 BDSG) abgeleitet werden kann. Mit dieser Sicherheitsmaßnahme soll die Vollständigkeit und Korrektheit der Daten gewährleistet werden. Deshalb müssen auftretende Gefahren wie fehlerhafte Hardware bzw. Software, Bedienungsfehler, Manipulationen, Irrtum und technische Störungen weitgehend vermieden werden.

Die Identifikation des Anwender bei der Systemanmeldung leistet einen wesentlichen Beitrag zur Vermeidung des Datenmißbrauchs und damit zur Datensicherheit. Dieser Aspekt wird durch zusätzliche Sicherungsmaßnahmen unterstützt, wie beispielsweise die Prüfung der Eingabewerte auf ihre Plausibilität oder die detaillierte Protokollierung aller Vorgänge. So kann genau überprüft werden, welche Datenänderungen bzw. Neueingaben welcher Anwender zu welchem Zeitpunkt durchgeführt hat. Die Datensicherheit bezüglich einer Datenspeicherung wird ferner auf der Präsentationsebene dadurch unterstützt, daß der Anwender bei Verlassen einer Bildschirmmaske bzw. bei Beendigung des Systems stets zu einer Datensicherung aufgefordert wird. Folglich können Datenverluste durch eine fehlende Speicherung ausgeschlossen werden.

Der Aspekt der Datensicherheit sollte deswegen mit größter Aufmerksamkeit bedacht werden, weil die gespeicherten Informationen einen wesentlichen Faktor für die Existenz der Unternehmen darstellen und ein Datenverlust bzw. eine unzulässige Datenänderung ernsthafte Folgen mit sich bringen könnte, wie z.B. fehlerhafte Bilanzwerte.[68,69]

2.3.2 Betriebsverfassungsrechtliche Aspekte

Neben dem Datenschutz und der Datensicherheit müssen ferner betriebsverfassungsrechtliche Gesichtspunkte im Zusammenhang mit der Software bzw. deren Einführung berücksichtigt werden.

Das Betriebsverfassungsrecht räumt dem Betriebsrat hierbei umfassende Beteiligungsrechte ein, die vom Mitwirkungsrecht in Form von Unterrichtungs-, Kontroll-, Beratungs- und Anhörungsrechten bis hin zum Zustimmungs- und Mitbestimmungsrecht reichen. Dabei lösen die Mitbestimmungsrechte ein Zustimmungserfordernis oder -verweigerungsrecht des Betriebsrates aus und bewirken eine Einflußnahme auf die Entscheidung des Arbeitgebers. Im Gegensatz dazu können die Mitwirkungsrechte die Durchführung einer Arbeitgeberentscheidung nicht beeinflussen.[70]
Die folgende tabellarische Darstellung zeigt im einzelnen die betriebsverfassungsrechtlichen Paragraphen, die ein Beteiligungsrecht des Betriebsrates bei der Einführung von dv-gestützten Personalinformationssystemen auslösen.[71] Anhand von Stichworten wird der Inhalt der jeweiligen Paragraphen kurz aufgezeigt und zusätzlich die Intensität der Beteiligungsbefugnisse des Betriebsrates dargestellt.

---

68 Vgl.: Engels, Andreas u.a.: a.a.O., S. 19 f
69 Nähere Informationen hierzu: Griese, Dr. Thomas: Datenschutz, in: Küttner, Dr. Wolfdieter (Hrsg.): Personalbuch 1997, 4. Auflage, München 1997, S. 697 ff
70 Vgl.: Halbach, Dr. Günter u.a.: Übersicht über das Arbeitsrecht, 5. Auflage, Bonn 1994, S. 378
71 Diese Darstellung erhebt keinen Anspruch auf Vollständigkeit.

Abb. 2-11: Beteiligungsrechte des Betriebsrates[72]

Paragraph	Inhalt	Beteiligungsrecht
§ 80 (1) Nr. 1 BetrVG	Überwachung der Einhaltung von Gesetzen	Unterrichtungs- bzw. Kontrollrecht
§ 87 (1) Nr. 1 BetrVG	Aufstellung von allgemeinen Ordnungs- und Verhaltensregeln	Mitbestimmungsrecht
§ 87 (1) Nr. 6 BetrVG	Einführung und Anwendung von technischen Überwachungseinrichtungen	Mitbestimmungsrecht
§ 87 (1) Nr. 7 BetrVG	Gesundheitsschutz	Mitbestimmungsrecht
§ 90 (1) Nr. 2-4 BetrVG	Planung von technischen Anlagen, Arbeitsverfahren und Arbeitsabläufen	Unterrichtungs- und Beratungsrecht
§ 91 BetrVG	Änderungen (§ 90 BetrVG), die zu einer nicht menschengerechten Gestaltung des Arbeitsplatzes führen	im Einzelfall Mitbestimmungsrecht
§ 94 BetrVG	Personalfragebögen, Formulararbeitsverträge und allgemeine Beurteilungsgrundsätze	Zustimmungspflicht
§ 95 BetrVG	Auswahlrichtlinien	Mitbestimmungsrecht
§ 96/ 97 BetrVG	Berufsbildung/Umschulung/Fortbildung bei beruflichen Abschluß / Qualifikation	Beratungs- und Vorschlagsrecht
§ 98 BetrVG	Berufsbildung/Umschulung/ Fortbildung bei betrieblichen Maßnahmen und sonstigen Bildungsmaßnahmen	Mitbestimmungsrecht

---

[72] Nähere Informationen hierzu: Bellgardt, Prof. Dr. Peter: EDV-Einsatz im Personalwesen, Heidelberg 1990

§ 99 BetrVG	Einstellungen, Versetzungen, Umgruppierungen etc.	Zustimmungspflicht
§ 106 (3) Nr. 4,5 BetrVG	Rationalisierungsvorhaben und Einführung neuer Arbeitsmethoden	Unterrichtungs- und Beratungsrecht
§ 111 (1) Nr. 4,5 BetrVG	Betriebsänderung, insbesondere grundlegende Änderungen der Betriebsanlagen oder der Arbeitsmethoden	Unterrichtungs- und Beratungsrecht
§ 112 BetrVG	Interessenausgleich über Betriebsänderung / Sozialplan	Beratungsrecht über Interessenausgleich, Mitbestimmungsrecht bei Sozialplan

Quelle: Spie, Dr. Ulrich: Die Grenzen der Beteiligungsrechte des Betriebsrates beim Einsatz von personalbezogenen EDV-Systemen und der Einrichtung von Bildschirmarbeitsplätzen, in: Bellgardt, Prof. Dr. Peter (Hrsg.): EDV-Einsatz im Personalwesen, Heidelberg 1990, S. 224 ff;
Eigene Darstellung

In dieser Auflistung räumt der § 87 Abs. 1 Nr. 6 BetrVG dem Betriebsrat das stärkste Beteiligungsrecht ein. Jedoch entstehen regelmäßig Streitigkeiten darüber, ob ein dv-gestütztes Personalinformationssystem dafür bestimmt ist, das Verhalten der Mitarbeiter zu überwachen. Gemäß dem Urteil des Bundesarbeitsgerichts vom 6.12.1983 reicht bereits die objektive Eignung für eine Überwachung aus, damit der § 87 Abs. 1 Nr. 6 BetrVG Anwendung findet. Die eigentliche Absicht des Arbeitgebers bleibt dabei unberücksichtigt.[73] Um Streitigkeiten schon bei Beginn der Einführung zu vermeiden, sollte der Betriebsrat frühzeitig einbezogen und wichtige Übereinkünfte in einer Betriebsvereinbarung festgehalten werden. Kommt es dennoch zu Streitigkeiten, kann zunächst eine Schlichtung des Konfliktes über die betriebliche Einigungsstelle herbeigeführt werden oder sogleich eine gerichtliche Entscheidung über das Arbeitsgericht erzwungen werden.[74]

---

[73] Vgl.: Spie, Dr. Ulrich: Die Grenzen der Beteiligungsrechte des Betriebsrates beim Einsatz von personalbezogenen EDV-Systemen und der Einrichtung von Bildschirmarbeitsplätzen, in: Bellgardt, Prof. Dr. Peter (Hrsg.): a.a.O., S. 229
[74] Vgl.: Anhang 12: Durchsetzungsmöglichkeiten des Betriebsrates

Die zuvor dargestellten betriebsverfassungsrechtlichen Vorschriften treten nur in Kraft, wenn in einem Unternehmen ein Betriebsrat[75] vorhanden ist. Unabhängig vom Bestehen eines Betriebsrates finden zusätzlich die §§ 81 - 86 BetrVG Anwendung, die dem einzelnen Arbeitnehmer Auskunfts-, Berichtigungs- und Löschungsrechte zusichern. Diese individualrechtliche Kontrolle wahrt somit die Persönlichkeitssphäre des Arbeitnehmers gegenüber seinem Arbeitgeber.

---

[75] Vgl.: § 1 BetrVG

3.0 Funktionalität des Moduls Personalwirtschaft

Nachdem der Leser bis jetzt einen allgemeinen Überblick über die R/3-Software bekommen hat, soll mit diesem Kapitel speziell die Funktionsweise des Personalwirtschaftsmoduls vertieft werden. Dem Leser werden dabei die einzelnen Komponenten in der Reihenfolge vorgestellt, wie er sie bei Aufruf des R/3-Menüpunktes 'Personal' im System vorfinden wird. Die Darstellung geht von den standardmäßig eingestellten Funktionalitäten, Abläufen und Geschäftsprozessen aus und zeigt ebenfalls die Verknüpfungen der Komponenten auf. Für diese Darstellung der Komponenten waren sowohl die SAP-Online-Dokumentationen[76] der einzelnen Anwendungen als auch das R/3-System selbst maßgebend. Die Informationen der Dokumentationen wurden hierbei weitgehend mit einem Testsystem[77] abgeglichen.

Trotz der visuellen Darstellungen innerhalb des Kapitels in Form von Bildschirmausdrucken, ist es für den Leser von Vorteil, die Funktionen der einzelnen Komponenten durch ein paralleles Arbeiten am SAP R/3-System nachzuvollziehen. Um diese Vorgehensweise zu erleichtern, werden im Anhang[78] die dafür benötigten Schritte zur Erreichung der dargestellten Bildschirmausdrucke dem Leser aufgezeigt.

Nachdem die Funktionalität der jeweiligen Komponente dargestellt wurde, erfolgt anschließend deren kritische Würdigung. In dieser Würdigung werden die auf den ersten Blick erkennbaren positiven und negativen Eigenschaften der einzelnen Komponenten hervorgehoben. Insbesondere werden nicht berücksichtigte betriebswirtschaftliche und teilweise auch zu berücksichtigende rechtliche Aspekte, die im Zusammenhang mit der Nutzung der Anwendung stehen, herausgestellt.

---

[76] Unter SAP-Online-Dokumenationen werden Funktionsbeschreibungen für die einzelnen Komponenten verstanden, die dem Anwender durch Aufruf am System sofort zur Verfügung stehen.
[77] Als Testsystem wurde das 'International Demo and Education System' (IDES) verwendet, das von der SAP AG speziell für Demonstrations- und Schulungszwecke entwickelt wurde.
[78] Vgl.: Anhang 13: Menüpfade der Bildschirmausdrucke im 3. Kapitel

3.1 Personaladministration

Die Anforderungen an die heutige Personaladministration gehen weit über die Erfassung, Speicherung, Pflege und Archivierung betrieblich relevanter Personaldaten hinaus. Vielmehr wird gezielt auf die rationellere Gestaltung der Administrationsprozesse eingegangen. Deshalb wurde die konventionelle Datenverwaltung mittels Karteikarten durch die EDV-gestützte Personaldatenverwaltung weitgehend abgelöst. Mit Hilfe von computergestützten Administrationssystemen können die bei größeren Datenmengen entstehenden Routineaufgaben rationeller gestaltet und ein mehrfaches Akten- und Karteieintragen vermieden werden.

Sowohl bei der Erfassung und Speicherung als auch bei der Abrechnung, Auswertung und Ausgabe personenbezogener Daten bringt der EDV-Einsatz Vorteile mit sich. Die Aufgaben der Personalverwaltung können überwiegend schneller, kostengünstiger und effektiver durchgeführt werden. Für die Realisierung dieser Anforderungen muß das Personalwirtschaftssystem die Organisationsstrukturen eines Unternehmens abbilden und diese mit den Mitarbeiterdaten verknüpfen können.

3.1.1 Funktionalität der SAP-Komponente

Die Personaladministration des R/3-Systems legt zur Steuerung der zu verwaltenden Daten eine spezielle Datenstruktur zugrunde, die betriebsindividuell ausgerichtet werden kann. Hierfür werden die personenbezogenen Einzelinformationen nach inhaltlichen Gesichtspunkten zu sogenannten Informationstypen (Kurzform: Infotyp) zusammengefügt, denen jeweils Identifikationsnummern zugeordnet werden. Dadurch wird ein strukturierter Überblick über die Mitarbeiterinformationen gewährleistet. Beispielsweise werden der Nachname, der Vorname und das Geburtsdatum zum Informationstyp 'Daten zur Person (Infotyp 0002)' zusammengefaßt. Neben diesen standardmäßig vorgegebenen Infotypen können ebenfalls firmenspezifische definiert werden.

Dem Anwender werden diese Infotypen schließlich in Form einer Erfassungsmaske auf dem Bildschirm zur Verfügung gestellt, wobei die Infotypen wiederum unter Berücksichtigung inhaltlicher Aspekte in Menüs zusammengestellt werden. Bezugnehmend auf das vorherige Beispiel, wird der

Infotyp 'Daten zur Person' dem Menü 'Grunddaten Person' zugeordnet. Durch Aggregation dieser Menüs und der entsprechenden Infotypen entsteht der Personalstammsatz.

Die folgende Darstellung zeigt die Bildschirmmaske, die sich dem Anwender bei Einstieg in einen Personalstammsatz bietet, mit den zum Menüpunkt 'Grunddaten Person' gehörenden Infotypen.

Abb. 3-1: Personalstammsatz

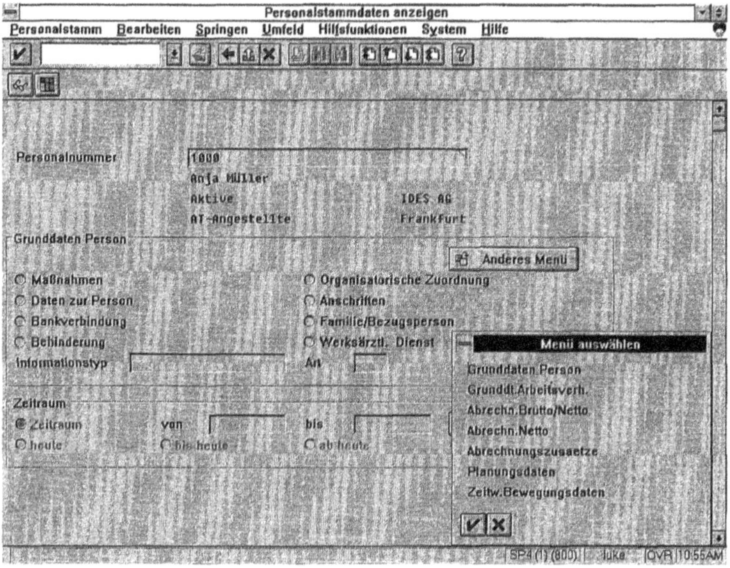

Quelle: Bildschirmausdruck des SAP R/3-Systems

Der Bildausschnitt in der unteren rechten Ecke zeigt einen Überblick über die standardmäßig eingestellten Menüs, die jeweils eine Reihe von Infotypen beinhalten. Diese Menüzusammenstellung kann betriebsindividuell je nach Aufgabenverteilung angepaßt werden.

An dieser Stelle wird zur Verdeutlichung der Infotypstruktur nur auf die Infotypen der Gruppe 'Grunddaten Person' eingegangen, deren Inhalt anhand von Anwendungsbeispielen tabellarisch dargestellt wird.

Abb. 3-2: Infotypen des Menüs 'Grunddaten Person'

Infotypbezeichnung	Anwendungsbeispiel
Maßnahmen	Einstellung, Versetzung
Organisatorische Zuordnung	Personalbereich, Stelle
Daten zur Person	aktueller Name, Geburtsname
Anschriften	ständiger bzw. zweiter Wohnsitz
Bankverbindung	Kontonummer, Bankleitzahl
Familie/Bezugsperson	Ehegatte, Kind
Behinderung	Art, Ausprägung
Werksärztlicher Dienst	Erst-, Nachuntersuchung

Quelle: SAP R/3-System;
        Eigene Darstellung

Eine besondere Bedeutung kommt dem Infotyp 'Organisatorische Zuordnung' zu, der die personenbezogenen Daten mit der Organisationsstruktur des Unternehmens verknüpft.[79] So werden den Mitarbeitern in diesem Infotyp eine Unternehmens-[80] und Personalstruktur[81] zugeordnet. Durch diese Strukturierung kann für eine Gruppe von Mitarbeitern ein jeweils gleiches Bündel an Regelungen auf einfache Art und Weise zugeteilt werden. Beispielsweise kann der Personalstruktur 'Aktive' ein Recht auf Weihnachtsgeld eingeräumt werden, ohne jeden Mitarbeiter einzeln zu ändern.

Zur Unterstützung komplexer personalwirtschaftlicher Prozesse bietet das System bereits vordefinierte Arbeitsabläufe, die jedoch individuell auf ein Unternehmen zugeschnitten werden können. Hierbei werden dem Anwender automatisch vom System die für diesen Prozeß benötigten Infotypen nacheinander zur Bearbeitung angeboten. Demnach können Einträge in weiteren Infotypen, deren Pflege für diesen Prozeß erforderlich wird, nicht vergessen und die Suche nach erforderlichen Infotypen erleichtert bzw. beschleunigt werden. Einen standardisierten Arbeitsablauf enthält beispielsweise der in der Abbildung 3-2 enthaltene Infotyp 'Maßnahmen' speziell für den Prozeß der Einstellung. Im Rahmen dieser Maßnahmen kann die Dateneingabe auch in Form einer Schnellerfassung erfolgen. Diese Funktion bewirkt, daß die für einen bestimmten

---

[79] Vgl.: Anhang 14: Infotyp 'Organisatorische Zuordnung'
[80] Unter einer Unternehmensstruktur versteht die SAP beispielsweise die Einteilung in Personalbereiche (z.B. Personalbereich der SAP AG Walldorf).
[81] Unter einer Personalstruktur versteht die SAP beispielsweise die Einteilung in Mitarbeitergruppen (z.B. Aktive, Rentner, Vorruheständler).

Prozeß (z.B. Einstellung) benötigten Eingabefelder jeglicher Infotypen auf einer Bildschirmseite für eine Personalnummer zusammengestellt werden. Anschließend kann der Anwender für einen Mitarbeiter sämtliche Einträge vornehmen, ohne die Bildschirmmaske zu verlassen bzw. ohne jedes Feld der Infotypen durchgehen zu müssen.

Abb. 3-3: Schnellerfassung der Maßnahme Einstellung

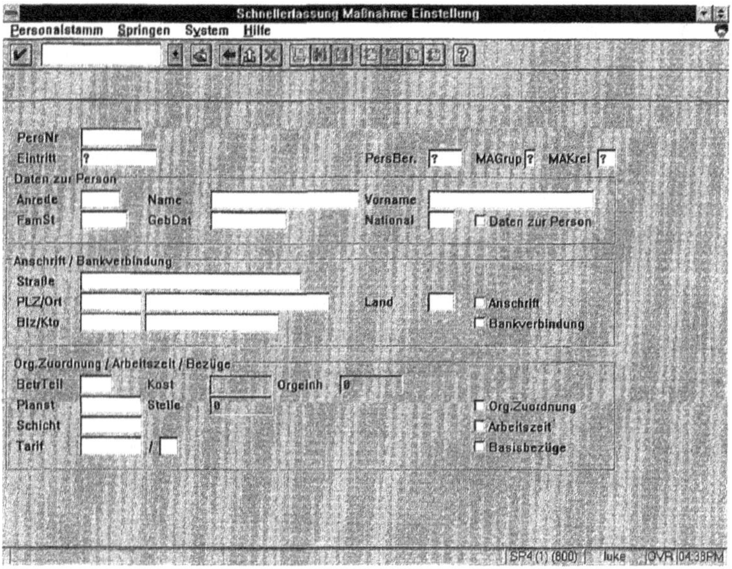

Quelle: Bildschirmausdruck des SAP R/3-Systems

Für den Fall, daß der Anwender einen Infotyp für eine größere Anzahl von Mitarbeitern anlegen oder ändern möchte, kann eine weitere Form der Schnellerfassung gewählt werden. Hierbei wird mit einem Selektionsreport[82] ein Infotyp für mehrere Mitarbeiter angelegt. Dieser Report erstellt eine Auflistung der benötigten Personalnummern, in der die Eingabewerte auf einen Blick erfaßt werden können. Ein Bildschirmwechsel zu anderen Personalnummern wird dadurch vermieden.

Bewirken die Änderungen oder Hinzufügungen von Daten innerhalb eines Infotyps eine entsprechende Pflege eines weiteren Infotyps (Dynamische

---

[82] Unter einem Selektionsreport ist ein Protokoll zu verstehen, das Informationen zu den gewählten Kriterien anzeigt.

Maßnahme), wird in diesem Fall der betroffene Infotyp automatisch vom System vorgeschlagen. Wenn beispielsweise Daten in dem Infotyp 'Vertragsbestandteile' angelegt werden, fordert das System den Anwender dazu auf, in dem Infotyp 'Terminverfolgung' u.a. das Ende der Probezeit einzutragen. Mit Eingabe der Probezeit erzeugt das System einen Terminsatz, der dem Anwender rechtzeitig den Ablauf der Probezeit signalisiert.

Einen Überblick darüber, in welchen Informationstypen Daten für einen Mitarbeiter im System abgelegt wurden, wird aus einer sogenannten elektronischen Personalakte[83] ersichtlich. Hier kann durch Eingabe der entsprechenden Personalnummer auf die Mitarbeiterakte zugegriffen und seitenweise betrachtet werden. Diese Akte beinhaltet eine Auflistung der Infotypnummern in aufsteigender Reihenfolge und innerhalb dieser nach dem Gültigkeitszeitraum der Datensätze.

Die zuvor angedeutete Aufgliederung in Gültigkeitszeiträume wird mittels der Historienfähigkeit des Systems ermöglicht. Durch die Bildung einer Datenhistorie gehen bei Aktualisierung eines Infotyps die bereits vorhandenen Altdaten nicht verloren, sondern werden automatisch zeitlich abgegrenzt. Für jeden Infotyp eines Mitarbeiters existieren somit in der Regel mehrere Infotypsätze, da diese jeweils mit einem spezifischen Gültigkeitszeitraum erfaßt werden. Auf Grund dieser Systemeigenschaft können Auswertungen mit Vergangenheitswerten erstellt und Datenrevisionen vorgenommen werden.

Der gezielte Zugriff auf die eingegebenen Mitarbeiterdaten erfolgt mit der Eingabe der Personalnummer und des benötigten Infotyps. Wenn nicht alle erforderlichen Details für die Dateneingabe zur Hand sind, kann mit Hilfe des Matchcodeverfahrens[84] trotzdem auf die benötigten Daten zugegriffen werden. Hierbei besteht die Möglichkeit bei fehlender Personalnummer durch die Eingabe bekannter Suchkriterien eine Auflistung von passenden Personalnummern zu erhalten. Falls dem Anwender beispielsweise nur ein Teil des Suchbegriffs bekannt bzw. dessen genaue Schreibweise unbekannt ist, kann der nicht bekannte Teil durch ein Sternchen ersetzt werden. Mit diesem Matchcodeverfahren kann der Datenzugriff trotz ungenauer Angaben dennoch durchgeführt werden und erspart zeitaufwendige Recherchen nach fehlenden Datendetails.

---

[83] Vgl.: Anhang 15: Personalakte
[84] Vgl.: Kapitel 2.2.4 Bedienung und Handhabung der Benutzeroberfläche

Neben der Erfassung der personenbezogenen Daten in Infotypen bietet das System zusätzlich eine optische Archivierung von Originaldokumenten an, wie z.B. die Bewerbungsunterlagen eines Mitarbeiters. Hierfür werden die Dokumente durch ein externes Scanprogramm in das System übertragen und dort direkt mit den Infotypen der einzelnen Mitarbeiter verknüpft. Die Personalabteilung kann somit schnell auf die archivierten Dokumente zugreifen und sich diese auf dem Bildschirm anzeigen lassen.[85]

3.1.2 Kritische Würdigung der Personaladministration

Mit der Komponente 'Personaladministration' werden alle personenbezogenen Daten erfaßt, gepflegt und gespeichert, die zur Verwaltung der Belegschaft benötigt werden. Die erfaßten Daten werden durch die Bildung von Informationstypen nach sachlichen, fachlichen und inhaltlichen Gesichtspunkten strukturiert. Darüber hinaus sind Arbeitsabläufe für die Personaldatenerfassung, z.B. für eine Neueinstellung, vordefiniert und die Führung einer elektronischen Personalakte wird ermöglicht.

Die Administrationskomponente des R/3-Systems erfaßt die personenbezogenen Daten der Mitarbeiter in Informationstypen. Bei diesen Informationstypen muß jedoch gewährleistet sein, daß nur die Daten erfaßt werden können, die für die Gestaltung des Arbeitsverhältnisses wirklich von Bedeutung sind. Hierbei besteht oftmals die Gefahr, daß die für eine mitarbeiterorientierte Personalpolitik benötigten Daten in einem Mißverhältnis zu den Daten für das Arbeitsverhältnis stehen. Dies ist z.B. der Fall, wenn Daten erhoben werden, die vielleicht durch das Unternehmen irgendwann einmal benötigt werden könnten.[86] Infolgedessen muß bei der Datenerhebung beachtet werden, daß nur die Daten gespeichert und verarbeitet werden, die für die Erfüllung des Geschäftszwecks[87] tatsächlich notwendig sind[88] (Prinzip der Verhältnismäßigkeit[89]).

---

[85] Vgl.: SAP AG: Online-Dokumentation, PA-Administration, Walldorf 1996
[86] Vgl.: Tinnefeld, Marie-Theres; Tubies, Helga: Datenschutzrecht, 2. Auflage, München/Wien 1989, S. 15
[87] Vgl.: § 28 Abs. 1 BDSG
[88] Vgl.: Tinnefeld, Marie-Theres u.a.: a.a.O., S. 124 f
[89] Vgl.: Tinnefeld, Marie-Theres u.a.: a.a.O., S. 12

In diesem Zusammenhang muß beispielsweise der Infotyp 'Werksärztlicher Dienst'[90] kritisch durchleuchtet werden. Dem Arbeitgeber wird hier eine breite Palette an Untersuchungsgebieten offeriert, die eindeutig in die Privatssphäre des Arbeitnehmers fallen. Dem Arbeitgeber ist daher die Erfassung dieser medizinischen Daten des Arbeitnehmers nicht gestattet, mit Ausnahme des medizinischen Eignungsurteils für einen Arbeitsplatz.[91] Ein weiterer Infotyp, der Daten abfragt, die ebenfalls nicht gespeichert werden dürfen, ist der Infotyp 'Wehr/Zivildienst'[92]. Die Kenntnis des Dienstgrades hat beispielsweise für die Gestaltung des Arbeitsverhältnisses keinerlei Bedeutung und somit ist diese Datenerhebung nicht zulässig.[93]

Die Komponente der 'Personaladministration' stellt zudem eine elektronische Personalakte[94] zur Verfügung. Dahinter verbirgt sich eine Ansammlung von Informationstypen, in denen für eine Personalnummer Daten gespeichert werden. Durch das Blättern in dieser Personalakte gelangt der Anwender von einem Infotyp zum anderen. Der Begriff der Personalakte ist an dieser Stelle für den Anwender irreführend, da diese Ansammlung von Daten an sich noch keine Personalakte darstellt. So versteht z.B. der Autor Bisani unter der Personalakte eine „Beleg- und Urkundensammlung", „die für das Arbeitsverhältnis irgendwie von Bedeutung ist"[95]. Die Personalakte im R/3-System enthält aber nur die Daten, für die auch ein Infotyp vorhanden ist. Sie wird erst dann zur Personalakte im personalwirtschaftlichen Sinn, wenn die Originalunterlagen zusätzlich eingescannt werden, d.h. eine optische Archivierung stattfindet. Diese eingescannten Originalunterlagen können anschließend über das System aufgerufen werden.

Als Problem zeigt sich bei dieser elektronischen Personalakte die Organisation der Einsichtnahme des Mitarbeiters in seine Personalakte. Jedem Arbeitnehmer steht bekanntlich ein betriebsverfassungsrechtlich gesicherter Anspruch zu, jederzeit in seine Personalakte Einsicht nehmen zu können[96]. Er kann außerdem für die Einsichtnahme ein Betriebsratsmitglied hinzuziehen. Bei einer elektronischen Personalakte hat der Arbeitnehmer ein Recht darauf, die über ihn gespeicherten personenbezogenen Daten einzusehen. Die Einsichtnahme kann

---

[90] Vgl.: Anhang 16: Infotyp 'Werksärztlicher Dienst'
[91] Vgl.: Tinnefeld, Marie-Theres u.a.: a.a.O., S. 124 f
[92] Vgl.: Anhang 17: Infotyp 'Wehr/Zivildienst'
[93] Vgl.: Tinnefeld, Marie-Theres u.a.: a.a.O., S. 124
[94] Vgl.: Anhang 15: Personalakte
[95] Bisani, Fritz: Personalwesen und Personalführung, 4. Auflage, Wiesbaden 1995, S. 323 f
[96] Vgl.: § 83 Abs. 1 BetrVG

dabei zum einen durch einen Ausdruck der Personalakte erfolgen[97]. Diese Art der Einsichtnahme würde dem Ziel der elektronischen Personalakte, Papier zu vermeiden, entgegenstehen. Zum anderen kann die Einsichtnahme direkt am Bildschirm stattfinden. Hierfür ist jedem Mitarbeiter eine Berechtigung zuzuteilen, die den Zugriff nur auf seine gespeicherten Daten zuläßt. Zudem darf diese Berechtigung lediglich ein Anzeigerecht beinhalten und die Möglichkeit zum Ausdruck von Teilen der Personalakte ist zu unterbinden. Ein Problem, daß bei dieser Art der Einsichtnahme nicht außer Acht gelassen werden darf, ist die richtige Bedienung des Systems durch den Einsichtnehmenden. Der Mitarbeiter wird in der Regel mit der Handhabung des Systems und speziell mit der Komponente der Personaladministration nicht vertraut sein. Insofern ist eine eigenständige Bedienung von vornherein unmöglich. Folglich müßte der Einsichtnehmende mit Unterstützung des Personalsachbearbeiters durch das System geführt werden, wodurch aber eine unbeobachtete Einsichtnahme ausgeschlossen wäre. Eine andere Lösung ist, daß der Mitarbeiter im Vorfeld umfassend über die Handhabung des Systems aufgeklärt wird. Diese Einweisung stellt einen hohen Zeitaufwand sowohl für den Mitarbeiter als auch für den Personalsachbearbeiter dar und bedeutet zugleich erhöhte Kosten für das Unternehmen.

Diese Problematik erfordert deshalb einen detaillierten Regelungsbedarf, der innerhalb einer Betriebsvereinbarung zwischen Arbeitgeber und Betriebsrat[98] festgelegt werden sollte. Dadurch könnte die Art und Weise der Einsichtnahme und deren Häufigkeit geregelt werden.

Im Zusammenhang mit der elektronischen Personalakte stellt sich außerdem die Frage der Aufbewahrung der eingescannten Originaldokumente. Eine parallele Aufbewahrung der Originaldokumente wäre für den Fall angebracht, wenn das System für eine Einsichtnahme auf Grund technischer Mängel nicht zugänglich ist. Deswegen sollte eine alternative, materielle Personalakte verfügbar sein, wobei ein Hinweis durch das System auf Bestehen dieser zusätzlichen Akte den Einsichtnehmenden darauf aufmerksam machen sollte.

Neben dem Recht auf Einsichtnahme, hat der Arbeitnehmer einen Anspruch auf Berichtigung oder auf Entfernung unrichtiger Angaben aus der Personalakte[99]. In einer materiellen Personalakte ist dies ohne weiteres durchführbar. Im Rahmen einer elektronischen Akte ist eine Löschung aber problematisch, da die im R/3-

---

[97] Vgl.: Reinecke, Birgit: Personalakte, in: Küttner, Dr. Wolfdieter (Hrsg.): Personalbuch 1997, 4. Auflage, München 1997, S. 1513
[98] Vgl.: § 77 Abs. 2 BetrVG
[99] Vgl.: § 83 Abs. 2 BetrVG

System gelöschten Daten historisiert werden. Für diesen Fall muß sichergestellt sein, das die entfernten Unterlagen bzw. Daten tatsächlich nach der Löschung nicht mehr lesbar sind.

Die Komponente 'Personaladministration' unterstützt zusätzlich zur Stammdatenverwaltung und der Führung der Personalakte komplexe personalwirtschaftliche Maßnahmen. Für die Neueinstellung eines Mitarbeiters leitet das System den Anwender durch die erforderlichen Infotypen. Normalerweise schließt sich der Einstellung die Eingliederungsphase des Mitarbeiters an. Diese Eingliederungsmaßnahme wird durch das System allerdings nicht unterstützt, obwohl sie einen wichtigen Beitrag für die spätere Zufriedenheit der Arbeitnehmer leistet. Wünschenswert wäre deshalb, daß die Administrationskomponente die Organisation dieser Phase begleitet, indem sie beispielsweise den Ablauf der Eingliederung systematisch darstellt (z.B. Maßnahmen am ersten Tag oder in den ersten Wochen). Hierdurch würde dem Anwender die Durchführung der Eingliederung erleichtert.

Zudem fehlt die Unterstützung der „harten" Personalfreisetzung von Mitarbeitern. An dieser Stelle wäre eine mit dem System durchgeführte „Vorab-Sozialauswahl"[100], wie z.B. mit Hilfe einer Punktwerttabelle[101], innerhalb der potentiellen Arbeitnehmergruppe von Vorteil. Somit könnte dem Anwender eine erste Planungsgrundlage zur Verfügung gestellt werden. Für die ordnungsgemäße Durchführung einer Kündigung sollte das System automatisch sowohl auf betriebsverfassungsrechtliche Vorschriften (z.B. § 102 Abs. 1 BetrVG), die ein Mitbestimmungsrecht des Betriebsrates auslösen, als auch auf sonstige in Frage kommende Gesetze (z.B. § 15 SchwbG) verweisen.

Hinsichtlich fehlender Unterstützung durch die Software, ist noch der Punkt „Betriebsrat" zu erwähnen. Das System bietet keinerlei Informationen bezüglich der rechtlichen Behandlung (z.B. § 37 BetrVG, § 15 Abs. 1 KSchG) von Betriebsräten an. Lediglich der Vermerk der Amtszeit des jeweiligen Betriebsratsmitglieds ist im System möglich.

In Anbetracht der aufgezeigten Kritikpunkte in der Administrationskomponente, besteht noch ein größeres Regelungspotential vor allem im Hinblick auf die rechtlichen Aspekte. Dennoch trägt die Komponente, trotz der angeführten Kritik, durchaus zu einer rationelleren Durchführung der operativen Tätigkeiten

---

[100] Vgl.: § 1 Abs. 3 + 4 KSchG
[101] Vgl.: Bühner, Rolf: Personalmanagement, Landsberg/Lech 1994, S. 120

innerhalb des Personalwesens bei. Die Personaladministrationskomponente stellt außerdem die zentrale Datenbasis für eine Vielzahl weiterer personalwirtschaftlicher aber auch anderer Komponenten dar, wie beispielsweise für das Finanzwesen.

3.2 Zeitwirtschaft

Die Gestaltung der betrieblichen Arbeitszeit gewinnt zunehmend an Bedeutung. In diesem Zusammenhang treten flexible Arbeitszeitmodelle immer stärker in den Vordergrund, die für den Unternehmer und gleichzeitig für den Mitarbeiter ein hohes Nutzenpotential bedeuten. Diesbezüglich müssen sich die Zeiterfassungssysteme an die unternehmensspezifischen Besonderheiten anpassen können. Wurden bislang größtenteils Stempelkarten verwendet, geht der allgemeine Trend zur elektronischen Zeitdatenerfassung. Diese Entwicklung ist dadurch begründet, daß der Verwaltungsaufwand auf Grund der Arbeitszeitflexibilisierung zunehmend an Komplexität gewinnt. Der entstehende Umfang der Erfassung, der Bewertung und der Verwaltung dieser Daten erfordert den Einsatz von EDV-unterstützten Systemen. Vor allem in Unternehmen, die verschiedene Arbeitszeitregelungen praktizieren, besteht zusätzlich der Bedarf an einer hohen Flexibilität des Zeitwirtschaftssystems.

3.2.1 Funktionalität der SAP-Komponente

Die SAP-Komponente Zeitwirtschaft umfaßt standardisierte personalwirtschaftliche Abläufe, die jedoch flexibel auf unternehmensindividuelle Anforderungen zugeschnitten werden können. Hierbei unterstützt das Zeitmanagement sowohl die Erfassung der An- und Abwesenheiten der Mitarbeiter, die Einbindung der Zeitdaten in andere Anwendungsbereiche des Systems als auch die Aufbereitung und Auswertung der Daten für die Personalabrechnung.

Eine effektive Unterstützung durch die Zeitwirtschaft kann nur durch eine feste Einbindung in die Organisationsstruktur des Unternehmens erfolgen. Grundsätzlich müssen deshalb die relevanten Stammdateninfotypen[102] für den einzelnen Mitarbeiter in Bezug auf die Zeitwirtschaft gepflegt werden. Besonders der Infotyp 'Organisatorische Zuordnung', der in Kapitel 3.1.1 bereits angesprochen wurde, stellt die Verbindung der Mitarbeiter zu den organisatorischen Bereichen (z.B. Personalbereich, Mitarbeiterkreise) des Unternehmens her.

---

[102] Vgl.: Kapitel 3.1 Personaladministration

Diese Einbindung der Organisationsstruktur ermöglicht die Einführung individueller Arbeitszeitregelungen für bestimmte Gruppen. Dadurch können Mitarbeiter mit gleichen Regelungen zusammengefügt und der Erfassungsaufwand für die Abbildung der Arbeitszeitgestaltung verringert werden. Darüber hinaus können Sonderregelungen für eine Gruppe oder einzelne Personen des Unternehmens abgebildet werden.

Für die Festlegung der Arbeitszeiten benötigt das System weiterhin grundlegende Informationen. Der wichtigste Bestandteil für die Abbildung der Arbeits- und Pausenzeiten ist der Arbeitszeitplan, in dem die Sollarbeitszeit definiert wird. Zudem müssen die Wochen- bzw. Feiertage festgelegt werden, wofür das System bereits standardisierte länderspezifische Feiertagskalender integriert hat, die um die betriebsindividuellen arbeitsfreien Tage ergänzt werden können. Damit das System erkennt, welche Abweichungen vom Arbeitszeitplan erfaßt werden dürfen, müssen betriebsspezifische An- und Abwesenheitsarten definiert werden.

Abb. 3-4: Elemente des Arbeitszeitplans

Elemente	Inhalt
Tagesarbeitszeitplan	Beschreibt zusammen mit dem Arbeitspausenplan genau die Arbeitszeit eines Tages (Kernzeiten, Toleranzen etc.)
Periodenarbeitszeitplan	Definiert die Aufeinanderfolge von Tages-arbeitszeitplänen (d.h. den Arbeitsrhythmus, der sich nach Ablauf einer Periode stets wiederholt)
Monatsarbeitszeitplan[103]	Abbildung des Periodenzeitplans auf einen konkreten Zeitraum (Sollarbeitszeit)
Persönlicher Arbeitszeitplan	Abbildung des Monatsarbeitszeitplans für einen Mitarbeiter unter Berücksichtigung personen-spezifischer Besonderheiten

Quelle: SAP AG: Online-Dokumentation, PA-Arbeitsabläufe der Zeitwirtschaft, Walldorf 1996,
S.15 f;
Eigene Darstellung

Eine Mitarbeiterzuordnung dieser Pläne erfolgt in den Personalstammdaten[104].

---

[103] Vgl.: Anhang 18: Monatsarbeitszeitplan
[104] Vgl.: Kapitel 3.1 Personaladministration

Für die Durchführung der Zeitdatenübertragung in das SAP-System besteht die Möglichkeit, zwischen zwei Varianten zu wählen, wobei auch Misch- bzw. Sonderformen dieser Varianten möglich sind.

Eine Erfassungsmethode ist die Negativerfassung. Diese unterstellt, daß grundsätzlich nach der in dem Arbeitszeitplan ausgewiesenen Sollarbeitszeit gearbeitet wird. Aus diesem Grund werden bei dieser Erfassungsvariante lediglich Abweichungen von der fest vorgegebenen Arbeitszeit manuell erfaßt. Derartige Abweichungen entstehen beispielsweise durch Abwesenheiten wie Urlaub bzw. Krankheit oder Mehrarbeit. Anhand dieser Art der Erfassung wird der Erfassungsaufwand massiv minimiert. Die weitgehende Flexibilisierung der Arbeitszeit kann jedoch durch die Negativerfassung nicht berücksichtigt werden, da von festen Arbeitszeiten ausgegangen wird.

Im Gegensatz zur Negativerfassung kann die andere Variante, die Positiverfassung, auf flexible Arbeitszeitmodelle eingehen.

Abb. 3-5: Positiverfassung

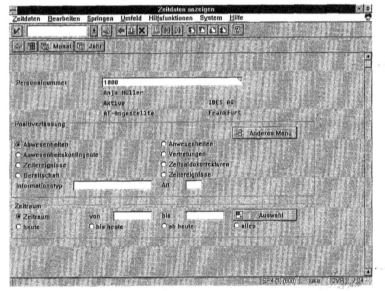

Quelle: Bildschirmausdruck des SAP R/3-Systems

Diese Erfassung vermerkt zusätzlich zu den in der Negativerfassung ausgewiesenen Abwesenheitszeiten die Anwesenheitszeiten. Hierbei gibt der Arbeitszeitplan häufig nur noch einen Arbeitszeitrahmen vor. Für die Ermittlung der Komm- und Gehzeiten werden in der Regel vorgelagerte

Zeiterfassungssysteme eingesetzt, die die Istzeiten unbewertet über Kommunikationskanäle an die SAP-Zeitwirtschaft übertragen.

Zudem sind Kombinationen aus der Negativ- und Positiverfassung möglich, so daß z.B. verschiedenen Mitarbeitern und/oder Mitarbeitergruppen unterschiedliche Zeiterfassungsarten zugewiesen werden können. Beispielsweise kann eine durchgeführte Negativerfassung an den Tagen durch eine Anwesenheitserfassung ergänzt werden, an denen der Mitarbeiter nicht genau nach dem Arbeitszeitplan arbeitet.

Abb. 3-6: Varianten der Zeiterfassung

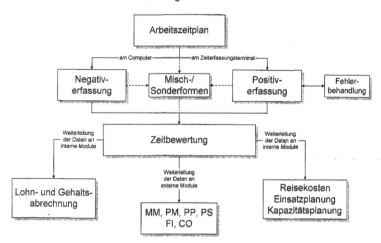

Quelle: SAP AG: Funktionen im Detail - Personalwirtschaft, Walldorf 1995, S. 11-2; Eigene Darstellung

Im Rahmen der Zeitwirtschaft erfolgt anschließend eine Bewertung der erfaßten Zeitdaten. Diese ermöglicht einen täglichen Abgleich zwischen den Istzeiten, die durch die Erfassungssysteme ermittelt wurden, und den in dem Arbeitszeitplan ausgewiesenen Sollarbeitszeiten. Unter Berücksichtigung betriebsindivudueller Regelungen, die zuvor definiert wurden, werden z.B. Zeitsalden und Lohnarten[105] zur Bewertung von Mehrarbeit oder Umbuchungen genehmigter Mehrarbeit in Gleitzeit automatisch ermittelt. Ebenso besteht die Möglichkeit, fehlerhafte Zeitbuchungen manuell zu korrigieren bzw. fehlende manuell zu ergänzen.

---

[105] Lohnarten sind bestimmte Größen, die zur Berechnung des Lohns/Gehalts eines Mitarbeiters notwendig sind (z.B. Lohnart 0003 = Gehalt).

Die ermittelten Zeitdaten dienen anschließend nicht nur der An- und Abwesenheitskontrolle, sondern darüber hinaus als Ausgangsbasis für weitere Auswertungen, die vom SAP-System standardmäßig bereitgestellt werden. So werden z.B. in Form von Arbeitszeitnachweisen Auswertungen über die Anwesenheiten der Mitarbeiter erstellt, die sowohl die Arbeitszeitplanvorgaben als auch sonstige im System vorhandene Informationen über den Mitarbeiter berücksichtigen.

Diese Aufgaben der Zeitwirtschaft können losgelöst oder in Integration mit der Komponente Lohn- und Gehaltsabrechnung durchgeführt werden. Bei einer Integration kann die Zeitwirtschaft der Abrechnung verschiedene Auswertungen anbieten, u.a. Anwesenheits- und Urlaubslisten, aber auch die Zeitnachweise und die Listen für Rückstellungen (siehe Abb. 3-6).[106]

3.2.2 Kritische Würdigung der Zeitwirtschaft

Die Komponente 'Zeitwirtschaft' ermöglicht die Erfassung, Verwaltung und Auswertung von Mitarbeiterzeitdaten. Für die Abbildung der individuellen Arbeits- und Pausenzeiten werden Arbeitszeitpläne zugrunde gelegt, die die Umsetzung einer Vielzahl von Arbeitszeitmodellen erlauben.

Voraussetzung für den Einsatz der Zeitwirtschaftskomponente ist die Implementierung der Administrationskomponente. Die 'Personaladministration' stellt der 'Zeitwirtschaft' die Stammdateninfotypen zur Verfügung. Diese zwingende Integration beider Komponenten schränkt daher den stand-alone-Einsatz der Zeitwirtschaftskomponente ein.

Als problematisch zeigt sich die Anpassung der 'Zeitwirtschaft' an die zügige Entwicklung der Arbeitszeitflexibilisierung in der Praxis. Die Arbeitszeitmodelle werden immer flexibler und unternehmensindividueller. Eine Übernahme der standardmäßig vorgesehenen Arbeitszeitmodelle bereitet kein Problem. Dagegen besteht bei der Berücksichtigung betriebsindividueller Besonderheiten

---

[106] Vgl.: SAP AG: Online-Dokumentation, PA-Arbeitsabläufe der Zeitwirtschaft, a.a.O.

ein hoher Anpassungsbedarf der SAP-Zeitwirtschaftskomponente an das jeweilige Unternehmen. Zu Problemen führt insbesondere die Kombination von flexiblen und festen Arbeitszeitmodellen in einem Unternehmen. Hierfür reicht in der Regel das Customizing allein nicht aus, sondern erfordert mehr oder minder umfangreiche Programmierungen.

Desweiteren ist die unternehmensindividuelle Gestaltung der Zeitnachweisformulare sehr mühsam. Die standardmäßig vorgesehenen Zeitnachweise für die Arbeitnehmer dokumentieren die wöchentlichen Komm- und Gehzeiten der Arbeitnehmer. Eine Übernahme der Standardeinstellungen ist kein Problem. Wenn dieser Nachweis modifiziert werden soll, sind zusätzlich umfangreiche Programmierungen notwendig.

Für die Anwendung der einzelnen flexiblen Arbeitszeitmodelle ist die Negativerfassung schon längst nicht mehr ausreichend. Lediglich mit der Positiverfassung und einem Erfassungsterminal sind diese Modelle abbildbar. Aber gerade die Positiverfassung der SAP weist große Mängel auf, die sich hauptsächlich auf die Erfassungsterminals beziehen. Standardmäßig sieht die Zeitwirtschaftskomponente bestimmte Erfassungsterminals vor, die an das SAP-System anschließbar sind. Diese vorbestimmten Erfassungsterminals sind von der SAP für die Komponente 'Zeitwirtschaft' ausgewählt und zertifiziert worden. Hierfür werden die Erfassungsterminals von der SAP anhand eines Anforderungskataloges überprüft. Beispielsweise müssen die Terminals die Zeitdaten in einem fest vorgeschriebenen Dateiformat übergeben, d.h., daß die jeweiligen Datenfelder z.B. an einer bestimmten Stelle stehen müssen. Diese gestellten Anforderungen der SAP sind allerdings zu oberflächlich und Feinheiten oder unvorhersehbare Probleme bleiben unberücksichtigt. Dadurch kann es zu erheblichen Problemen bei der Übermittlung der Daten vom Erfassungsterminal in die Zeitwirtschaftskomponente kommen.

Neben diesen inhaltlichen und technischen Mängeln wird ferner die gesetzliche Seite vernachlässigt.

Die immer flexibler werdenden Arbeitszeitmodelle räumen den Arbeitnehmern einen großen Spielraum in der Gestaltung ihrer Arbeitszeit ein. Diese relative Freiheit in der Arbeitszeitgestaltung verbirgt jedoch Gefahren. Häufig werden hierbei die gesetzlichen Restriktionen bezüglich der Arbeitszeit[107] nicht eingehalten. Eine Überprüfung der Arbeitszeitdauer durch das SAP-System und insbesondere durch die R/3-Zeitwirtschaft, ob diese den gesetzlichen Vorschriften entspricht, erfolgt ebenfalls nicht. Das System sollte in diesem Zusammenhang die Arbeitszeiten im Hinblick auf die Gesamtzahl der täglichen bzw. wöchentlichen Arbeitszeit überprüfen und auf die Anzahl und Länge der Pausen. Insbesondere die Vorschriften für jugendliche Auszubildende[108], Schwangere[109] und Mütter[110] sollte das System berücksichtigen. Wenn z.B. ein Jugendlicher seine täglich vorgeschriebenen Ruhepausen[111] nicht einhält, müßte ein Hinweis vom System kommen, daß gegen das Jugendarbeitsschutzgesetz verstoßen wurde. Für den Fall, daß in einem Unternehmen Abweichungen von den gesetzlichen Bestimmungen auf Grund von Tarifverträgen, Betriebsvereinbarungen oder Arbeitsverträgen bestehen, müssen diese zeitlichen Besonderheiten im System angezeigt werden.

Die Zeitwirtschaftskomponente ist für feste Arbeitszeitmodelle, die standardmäßig und mit Hilfe von Customizing-Einstellungen übernommen werden können, gut geeignet. Bei der Verwendung von flexiblen Arbeitszeitmodellen mit Erfassungsterminals treten jedoch große Mängel auf. Wegen dieser dargestellten Mängel besteht doch noch ein erhebliches Verbesserungspotential für die Zeitwirtschaftskomponente.

---

[107] Vgl.: z.B. §§ 3, 7, 9, 12 ArbZG
[108] Vgl.: z.B. §§ 8, 11, 13, 14, 15 JArbSchG
[109] Vgl.: z.B. §§ 3, 8 MuSchG
[110] Vgl.: z.B. §§ 6, 7, 8 MuSchG
[111] Vgl.: § 11 JArbSchG

3.3 Entgeltberechnung

Der Begriff 'Entgeltberechnung' wird an dieser Stelle als Oberbegriff für die Anwendungskomponenten 'Leistungslohn', 'Personalabrechnung' sowie 'Arbeitgeber-Leistungen' verwendet.

3.3.1 Funktionalität der SAP-Komponenten

3.3.1.1 Leistungslohn

Für die Erreichung und Erhaltung der Zufriedenheit der Mitarbeiter ist es wichtig, daß zwischen der erbrachten Leistung und der Lohnauszahlung kein Mißverhältnis besteht. Deshalb ist es Notwendigkeit, die erbrachte Leistung genau zu bewerten, um ein Gleichgewicht zwischen Leistungs- und Lohngerechtigkeit herzustellen.

In diesem Zusammenhang wird mit der Funktionalität der Komponente Leistungslohn das Erfassen, Pflegen und Auswerten von Leistungsdaten der Mitarbeiter für die Entlohnung unterstützt, die im Rahmen der Zeit-, Akkord- und Prämienlohntätigkeiten anfallen.

Für die Ermittlung des Zeitlohns wird die tatsächlich aufgewendete Arbeitszeit (Istzeit) zugrunde gelegt, während beim Akkord- und Prämienlohn zusätzlich die erbrachte Leistung berücksichtigt wird. Als Berechnungsgrundlage für den Akkordlohn dient hierbei ein jeweils ermittelter Zeitgrad[112], bei dessen Überschreitung die Bezahlung im gleichem Maße erhöht wird. Dem Prämienlohn liegt dagegen nicht der reine Zeitgrad zugrunde, sondern ein modifizierter, der durch weitere Größen wie beispielsweise den Verbrauch an Betriebsstoffen oder der Qualität der gefertigten Produkte bestimmt wird. Durch diese Einflußfaktoren entsteht schließlich eine Prämienformel, die die Lohnberechnung steuert.

Bei der Leistungslohnberechnung können die Daten auf zweierlei Weise ermittelt werden. Einerseits kann die Leistung als Einzelleistungslohn erfaßt werden, wobei die persönlich erbrachte Leistung unmittelbar einer Einzelperson

---

[112] Zeitgrad = Sollzeit / Istzeit

zugerechnet wird. Somit wird die Höhe des Entgelts nur durch diese Person beeinflußt. Andererseits wird bei der Leistungsermittlung mit dem Gruppenleistungslohn die Entgelthöhe des Einzelnen durch die Leistung der Gruppe beeinflußt, in der der Mitarbeiter eingesetzt ist.

Die eigentliche Erfassung der Leistungslohndaten erfolgt in Form von Lohnscheinen. Diese enthalten Daten über die geleistete und die zu vergütende Arbeit, so z.B. die Personalnummer, die Istzeit und -menge, die Vorgabezeit und das Ergebnis.

Hierfür stehen im System standardmäßig fünf verschiedene Ausprägungen zur Verfügung, die sich darin unterscheiden, ob sie einem Mitarbeiter und/oder einer Gruppe zugeordnet werden. Während der Prämienlohnschein und der Zeitlohnschein genau einem Mitarbeiter zugeordnet werden, ist der Vorarbeiterlohnschein für einen Mitarbeiter und eine Gruppe vorgesehen. Dagegen bezieht sich der Mengenlohnschein speziell auf eine Gruppe und der Personenlohnschein auf eine Gruppe und einen Mitarbeiter dieser Gruppe. Zusätzlich können zu diesen Standardlohnscheintypen auch Lohnscheine nach unternehmensspezifischen Vorgaben integriert werden.

Abb. 3-7: Prämienlohnschein

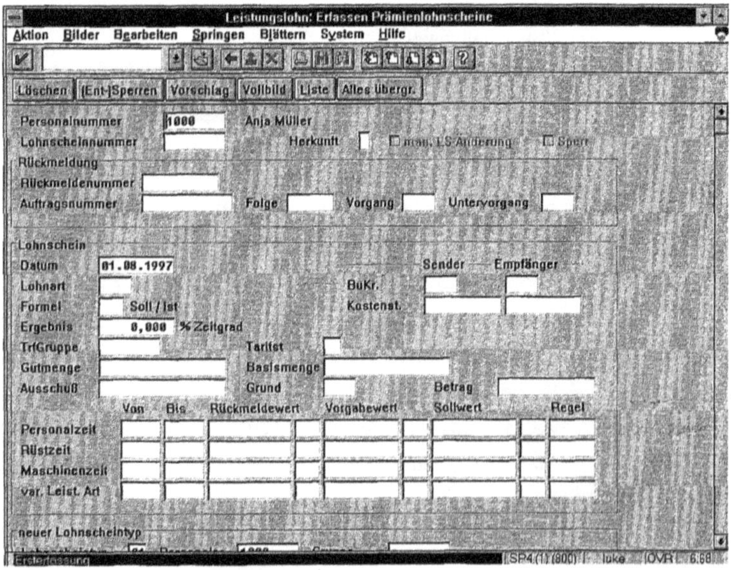

Quelle: Bildschirmausdruck des SAP R/3-Systems

Für die Datenerfassung besteht zum einen die Möglichkeit, eine automatische Übermittlung der Daten von den Logistikmodulen mit Hilfe einer Schnittstelle[113] durchzuführen. Zum anderen kann die Erfassung manuell erfolgen, wobei für jeden Lohnscheintyp unterschiedliche Erfassungsbilder bereitgestellt werden. Hierbei ermöglicht ein Vollbild die Darstellung aller Felder, die einem Lohnschein angehören, indes sogenannte Listbilder ausgewählte Felder mehrerer Lohnscheine zu einer Personal- bzw. Gruppennummer für die Bearbeitung aufzeigen. Desweiteren können mit übergreifenden Listbildern mehrere Lohnscheine für verschiedene Personal- bzw. Gruppennummern eingegeben werden, womit die Eingabe unsortiert vorliegender Lohnscheine durchführbar ist. Grundsätzlich kann durch diese Erfassungsmöglichkeiten die Bearbeitung der Lohnscheine stark vereinfacht und beschleunigt werden.[114]

Durch die Funktionalität der Leistungslohnkomponente können ferner die erfaßten Leistungslohndaten für verschiedene Auswertungen und Zeitabgleiche eingesetzt werden, bevor die Daten der Lohn- und Gehaltsabrechnung zur Verfügung gestellt werden. Infolgedessen können die Daten im Vorfeld auf ihre Richtigkeit kontrolliert werden.

3.3.1.2 Personalabrechnung

Eine EDV-gestützte Lohn- und Gehaltsabrechnung muß stets den aktuellsten Anforderungen entsprechen. Allein dadurch, daß sich die steuer- und sozialrechtlichen Änderungen der letzten Jahre in Deutschland stark summiert haben, gerät die Entgeltabrechnung ständig unter Anpassungszwang. Verstärkt wird die Wichtigkeit der EDV-gestützten Abrechnung durch das auftretende Datenvolumen und dem Anspruch der sachlichen und zeitlichen Richtigkeit der Daten bzw. deren Verarbeitung.

Daher stellt die Personalabrechnung eine zentrale Anwendungsfunktion in der EDV-gestützten Personalwirtschaft dar, die sich flexibel und unproblematisch an die sich ändernden Umweltbedingungen anpassen muß.

Die Anwendungskomponente Personalabrechnung des Systems SAP R/3 unterstützt eine Vielzahl von Aktivitäten, die in Verbindung mit der Lohn- und

---

[113] Unter einer Schnittstelle wird die Übergangsstelle zwischen verschiedenen Komponenten verstanden.

[114] Vgl.: SAP AG: Online-Dokumentation, PA-Arbeitsabläufe des Leistungslohns, Walldorf 1996, S. 1-14

Gehaltsabrechnung anfallen[115]. Von der eigentlichen Abrechnung über den Datentransfer an Sozialversicherungsträger, Kreditinstitute und Finanzämter bis hin zur Erstellung von Auswertungen und Nachweisen für unterschiedliche Adressaten.

Um jedoch den unterschiedlichen Bedürfnissen der Unternehmen bei der Abrechnung gerecht zu werden, müssen unternehmensindividuelle Einstellungen durchgeführt werden. Hierfür bietet SAP zur Vereinfachung länderspezifische Versionen für die Abrechnung an, die den einzelnen Anforderungen der Länder hinsichtlich rechtlicher und abrechnungstechnischer Bestimmungen Rechnung tragen. In diesem Zusammenhang stehen dem Anwender zahlreiche Infotypen hinsichtlich der nationalen Besonderheiten der Abrechnung zur Verfügung. Im folgenden wird ein kleiner Ausschnitt der angebotenen Infotypen tabellarisch aufgezeigt.

Abb. 3-8: Infotypen der Abrechnung

Infotypbezeichnung	Inhalt
Lohnsteuer	Pauschalbesteuerung, geldwerter Vorteil
Sozialversicherung	Pflichtversicherung, freiwillige Weiterversicherung
SV-Zusatzversicherung	Private Krankenversicherung ·
Vermögensbildung	Bausparen, Ratensparen, Lebensversicherung
DÜVO	Anmeldung, Unterbrechung
Direktversicherung	Versicherungssumme, Unverfallbarkeitsdatum

Quelle: SAP AG: Funktionen im Detail..., a.a.O., S.13-1 ff;
        Eigene Darstellung

Im Rahmen der eigentlichen Abrechnung befaßt sich die Komponente mit der Ermittlung des Entgeltbetrags für die geleistete Arbeit des Mitarbeiters, wobei zunächst das Brutto- und anschließend das Nettoentgelt errechnet wird. Für die Ermittlung werden die während der Abrechnungsperiode anfallenden Be- und Abzüge sogenannten Lohn- und Gehaltsarten zugewiesen, die schließlich in die Abrechnung einfließen. Für diesen Zweck besteht die Notwendigkeit, die entsprechenden Lohn- und Gehaltsarten vorher den unternehmensspezifischen Erfordernissen anzupassen. Diese Angleichung erfolgt durch die sogenannte Lohnartenschlüsselung, mit der der Anwender die bereits im System vorhandenen Lohnarten an sein Unternehmen anpaßt. Anschließend können

---

[115] Die Ausgangsbasis für die Personalabrechnungskomponente bilden die Daten der Personaladministration und der Zeitwirtschaft.

mittels der Lohnartengenerierung bestimmte Bedingungen an die einzelnen Lohnarten geknüpft werden, die dann automatisch bei Erfüllung der Bedingung in die Entgeltberechnung einfließen. Dabei besteht beispielsweise die Möglichkeit, die Verwendung einer Lohnart in der Entgeltberechnung daran zu knüpfen, daß der Mitarbeiter sonntags gearbeitet haben muß.

Bevor die Abrechnung durchgeführt werden kann, muß ebenso definiert werden, welche Mitarbeiter zu welchem Zeitpunkt und für welchen Zeitraum abgerechnet werden sollen. Diesbezüglich können die entsprechenden Mitarbeiter zu einer organisatorischen Einheit (Abrechnungskreis) zusammengefügt werden. Die in dem Abrechnungskreis enthaltenen Mitarbeiter werden alle zum gleichen Zeitpunkt und für den selben Zeitraum abgerechnet, so z.B. die Abrechnung aller Angestellten zum ersten eines Monats.

Abb. 3-9: Abrechnungskreise

Quelle: Bildschirmausdruck des SAP R/3-Systems

Im ersten Schritt der Abrechnung wird zunächst das Bruttoentgelt eines Mitarbeiters ermittelt. Hierbei werden Lohn- und Gehaltsarten berücksichtigt, die zu einer Erhöhung bzw. zu einer Minderung des Entgelts führen. Beispielsweise bewirken die Basisbezüge, das Weihnachts- und Urlaubsgeld, Zulagen und Fahrtkostenzuschüsse eine Erhöhung des Bruttobetrags, während z.B. die Miete für eine vom Arbeitgeber gestellte Werkswohnung zu einer Minderung führt.
Je nachdem für welchen Zweck diese Bruttofindung verwendet werden soll, können verschiedene Zusammenfassungen als Bemessungsgrundlagen gebildet

werden. Neben den gesetzlich vorgeschriebenen steuer- und sozialversicherungspflichtigen Brutti können zusätzlich betriebsspezifische Brutti erzeugt werden. Diese können u.a. für die Berechnung des Weihnachts- bzw. Urlaubsgeld zugrunde gelegt werden.

Im Anschluß an die Bruttoermittlung, in der die Grundlage für die Berechnung der Sozialversicherung und der Steuer geschaffen wurde, erfolgt im nächsten Schritt die Berechnung des Auszahlungsbetrags. Dieser Auszahlungsbetrag wird als Nettoentgelt bezeichnet. Hierbei werden neben den jeweiligen länderspezifischen steuer- und sozialversicherungsrechtlichen Bestimmungen alle weiteren gesetzlichen Erfordernisse berücksichtigt, wie z.B. Kindergeldregelungen.

Bevor die eigentliche Produktivabrechnung gestartet wird, können im Vorfeld Testabrechnungen durchgeführt werden. Diese Möglichkeit resultiert aus der Dialogfähigkeit des Systems, bei der der Anwender direkt mit dem Anwendungsprogramm kommuniziert. Durch diese Systemeigenschaft können die eingegebenen Daten sofort verarbeitet und angezeigt werden. Mit Hilfe der Probeabrechnung können z.B. vorzeitig die Auswirkungen einer Dateneingabe auf die Abrechnung verdeutlicht werden und gleichzeitig eine Überprüfung der Abrechnungsergebnisse auf ihre Korrektheit erfolgen. Bei Annahme eines fiktiven Bruttos kann der entsprechende Auszahlungsbetrag ermittelt werden, indem jederzeit eine Simulationsabrechnung gestartet werden kann. Zusätzlich können zu diesen Funktionen Einzelabrechnungen im Laufe des Abrechnungszeitraums, beispielsweise für Aushilfskräfte oder ausgeschiedene Mitarbeiter, erstellt werden. Sind die Testabläufe und eventuelle Vorkorrekturen abgeschlossen wird die Produktivabrechnung gestartet.

Treten nach Beendigung der Produktivabrechnung Änderungen in den Zeit- bzw. Stammdaten eines Mitarbeiters auf, die sich rückwirkend auf bereits ermittelte Abrechnungsergebnisse auswirken, können diese nachträglich korrigiert werden. Bei dieser Rückrechnung kann jedem betroffenen Abrechnungskreis bzw. Mitarbeiter eine Rückrechnungsgrenze zugeteilt werden. Diese Grenze legt fest, bis zu welchem Zeitpunkt diese Datenänderung eine entsprechende Änderung des Abrechnungsergebnisses bewirken soll. So besteht beispielsweise die Möglichkeit, rückdatierte Tarifvereinbarungen in die Lohn- und Gehaltsabrechnungskomponente einfließen zu lassen.

Nachdem der Abrechnungslauf beendet ist, werden die Abrechnungsergebnisse der Mitarbeiter in einer Datenbank gespeichert, Die abrechnungsrelevanten Daten enthalten z.B. Arbeitszeit, Lohnarten und Bankverbindungen. Diese Ergebnisse werden gleichzeitig weiteren Komponenten der Personalwirtschaft und anderen integrierten SAP-Modulen zur Verfügung gestellt, z.B. der Finanzwirtschaft oder dem Controlling.

Durch die Ergebnisse der Komponente Lohn- und Gehaltsabrechnung werden diverse Folgeaktivitäten ausgelöst. So fließen diese Daten u.a. auf ein Mitarbeiterlohnkonto, auf dem die Bezüge der Mitarbeiter dokumentiert und in einer Historie aufgelistet werden können. Jeder Mitarbeiter erhält für die Kontrolle seiner Bezüge einen Entgeltnachweis[116], dessen Gestalt unternehmensindividuellen Bedürfnissen angepaßt werden kann. Desweiteren können die Abrechnungsergebnisse für statistische Auswertungen und als Basis für diverse gesetzliche Bescheinigungen (z.B. Arbeitsbescheinigung nach § 133 AFG) verwendet werden. Darüber hinaus ist die Durchführung von Datenträgeraustauschen mit Banken möglich.

Im Verlauf der gesamten Abrechnung besteht der Vorteil der Dialogfähigkeit, d.h. der Anwender steht direkt mit dem Anwendungsprogramm in Verbindung. Dadurch werden die Eingaben der Anwender sofort vom System verarbeitet und ein Zugriff auf die aktuellsten Datenbestände ist stets gewährleistet. [117]

3.3.1.3 Arbeitgeber-Leistungen

Auf Grund der zunehmenden Ansprüche der Mitarbeiter treten die Arbeitgeberleistungen immer stärker in den Vordergrund. Hierbei können sowohl

---

[116] Anhang 19: Entgeltnachweis
[117] Vgl.: Henßler, Heiko u.a.: Personalwirtschaft – R/3-Modul „HR", in: Wenzel, Paul (Hrsg.): Betriebswirtschaftliche Anwendungen..., a.a.O., S. 629 ff

der Mitarbeiter als auch der Arbeitgeber von diesen Leistungen profitieren. Für den Arbeitgeber besteht die Möglichkeit, die Motivation der Mitarbeiter zu steigern und diese gleichzeitig an das Unternehmen zu binden. Dem Arbeitnehmeranspruch nach Sicherung bzw. Verbesserung der Lebensqualität wird ebenfalls entsprochen. Diese Faktoren tragen auch zu einer Leistungssteigerung der Mitarbeiter bei, welche entsprechend zu einer Verbesserung bzw. Festigung des Unternehmens im Marktwettbewerb führen können.

Mit der SAP-Komponente 'Arbeitgeber-Leistungen' können diese Leistungen effizient geplant, verwaltet und kontrolliert werden. Durch die Berücksichtigung der Mitarbeiterstruktur können unterschiedliche Leistungsprogramme für verschiedene Mitarbeitergruppen angeboten und verwaltet werden.

Abb. 3-10: Umfang der Arbeitgeberleistungen

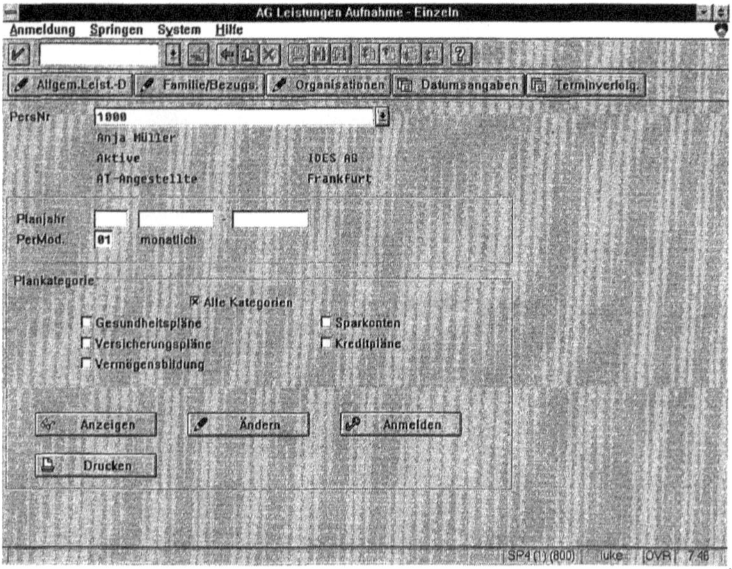

Quelle: Bildschirmausdruck des SAP R/3-Systems

Das Leistungsprogramm umfaßt hierbei standardmäßig eine Vielzahl von Leistungsplänen, wie beispielsweise Lebensversicherungs-, Vermögensbildungs- und Krankenversicherungspläne.

Diese Arbeitgeberleistungen können jedoch jederzeit auf die betriebsindividuellen und mitarbeiterbezogenen Bedürfnisse zugeschnitten bzw. an gesetzliche Anforderungen angepaßt werden. Zudem umfaßt das Angebot zusätzliche soziale Leistungen und die Berechnung der geldwerten Vorteile der Leistungen.

Bevor die Anmeldung eines Mitarbeiters für ein bestimmtes Leistungsprogramm durchgeführt werden kann, muß dieses vorher unternehmensspezifisch definiert werden. Hierbei müssen u.a. die Zulässigkeitskriterien für den Bezug der Leistung (Alter, Wartezeit), der Umfang der Leistung, der Leistungsträger und die Kosten der Leistung festgelegt werden.

Für die Anmeldungsdurchführung muß eine Zulässigkeit des Mitarbeiters für den Bezug eines bestimmten Leistungsprogramms nicht zwingend gegeben sein. Vielmehr kann der Mitarbeiter bereits im Vorfeld angemeldet und anschließend vom System bei Erfüllung der Kriterien automatisch aktiviert werden. Für diesen Automatismus muß die Arbeitgeberleistungsverwaltung mit der 'Personaladministration' und der 'Zeitwirtschaft' verbunden und eine Aktivierungszulässigkeit im jeweiligen Leistungsprogramm erfolgt sein.

Hinzu kommt, daß die Funktionalität der Arbeitgeberleistungsverwaltung die Erstellung von Auswertungen und Standardberichten ermöglicht. An Hand dieser Berichte, die zum Teil sogar gesetzlich vorgeschrieben sind, erfolgt eine Kontrolle der Leistungsplanbeteiligten, der Kosten und ob die gesetzlichen Bestimmungen eingehalten wurden. [118]

3.3.2 Kritische Würdigung der Entgeltberechnung

Insgesamt betrachtet können diese drei Komponenten für die Entgeltberechnung, wenn die Notwendigkeit besteht, integriert eingesetzt werden. Genauso ist ein stand-alone-Einsatz der Komponenten vorstellbar. Im folgenden soll herausgestellt werden, welche Schwachstellen und, vereinzelt auch, welche Vorteile die Komponenten im einzelnen aufweisen.

---

[118] Vgl.: SAP AG: Funktionen im Detail..., a.a.O., S. 9-1 ff

- **Leistungslohn**

    Mit Hilfe der R/3-Komponente 'Leistungslohn' wird dem Anwender die Möglichkeit gegeben, die Leistungsdaten zu erfassen, zu pflegen und auszuwerten, die hinsichtlich der Zeit-, Akkord- und Prämienlohntätigkeiten im Unternehmen anfallen.

    In der Leistungslohnkomponente wird zwar eine leistungsabhängige Lohndifferenzierung vorgenommen, eine Lohndifferenzierung bezüglich der Arbeitsplatzanforderungen ist jedoch nicht vorgesehen. Um einen Mitarbeiter bei der Entlohnung nicht zu benachteiligen, sollte anfangs eine genaue Bewertung seiner Arbeitsplatzanforderungen vorgenommen werden. In der Praxis können für diese Arbeitsbewertung[119] in der Regel zwei verschiedene Verfahren angewendet werden. Zum einen die summarische und zum anderen die analytische Arbeitsbewertung.[120] Weder die summarische noch die analytische Methode bzw. deren Ausprägungen werden in dieser noch in einer anderen Komponente angeboten. Eine Berücksichtigung dieser Bewertungsverfahren sollte aber vor allem im Hinblick auf das „Prinzip der Äquivalenz von Lohn und Anforderungen"[121] erfolgen. Sollten diese Methoden bezüglich der Arbeitsbewertung in der Zukunft durch die Software angeboten werden, wären zusätzliche Hinweise seitens des Systems auf Beteiligungsrechte[122] des Betriebsrates bei der Festlegung der Bewertungsmaßstäbe ratsam. Dadurch könnten Konflikte zwischen Arbeitgeber und Betriebsrat verhindert werden, die auf Grund eines fehlenden Informationsaustausches entstehen könnten.

    Neben dieser fehlenden Funktionalität zeigt die Komponente 'Leistungslohn' Schwachstellen bei den vorhandenen Funktionsweisen. Mit dieser Komponente kann das Unternehmen sowohl den Einzel- als auch den Gruppenleistungslohn bearbeiten. Beim Gruppenleistungslohn wird die Leistung der gesamten Arbeitsgruppe zugrunde gelegt. Diese Gruppenleistung wird anschließend mit einer bestimmten Schlüsselung auf

---

[119] Unter dem Begriff Arbeitsbewertung werden alle Verfahren zusammengefaßt, mit denen die Anforderungen einer Tätigkeit im Vergleich zu den anderen Tätigkeiten in einem Unternehmen möglichst objektiv ermittelt und zahlenmäßig festgelegt werden. (Bisani, Fritz: a.a.O., S. 439)

[120] Nähere Informationen hierzu: Hentze, Joachim: Personalwirtschaftslehre 2, 5. Auflage, Stuttgart 1991, S. 73 ff

[121] Bühner, Rolf: a.a.O., S. 302

[122] Vgl.: §§ 87 Abs. 1 Nr. 10 + 95 Abs. 1 BetrVG

die einzelnen Gruppenmitarbeiter verteilt. Dabei sollte die Verteilung des Gruppenakkords in der Art und Weise erfolgen, daß sich kein Mitglied benachteiligt fühlt. Die Unterstützung einer derartigen Verteilung durch das System wird allerdings nicht angeboten. Ein integriertes Verfahren mit Äquivalenzziffernverwendung[123] wäre an dieser Stelle sehr hilfreich. Ein Problem zeigt sich ebenfalls bei Lohnformen mit betriebsindividuellen Besonderheiten. Für diesen Fall muß der Lohnscheintyp den Spezifikationen angepaßt werden. Hierbei wird ein erheblicher Programmieraufwand entstehen, der den Einsatz der Komponente in Frage stellen würde.

Zusammenfassend kann festgehalten werden, daß die fehlende Arbeitsbewertung den Funktionalitätsumfang der Leistungslohnkomponente erheblich einschränkt. Daher wäre eine schnelle Beseitigung dieser Funktionslücke angebracht. Wenn bei der Betrachtungsweise dieser Mangel außen vor bleibt, zeigt sich die Leistungslohnkomponente vor allem in Verbindung mit bestimmten Logistikmodulen als sehr hilfreich. Bei einer Integration mit der Hauptgruppe Logistik werden die dort erfaßten Daten automatisch an die Leistungslohnkomponente übertragen. Bei einer zusätzlichen Integration der 'Personalabrechnung' stehen die Leistungslohndaten gleichzeitig der Lohn- und Gehaltsabrechnung zur Verfügung.

- **Personalabrechnung**

Mit der 'Personalabrechnung' wird dem Anwender ein Instrument angeboten, mit dem die Lohn- und Gehaltsabrechnung, die dazu gehörenden Auswertungen und Nachweise sowie die Datenträgerbänder für die Überweisungen erstellt werden können.

Die Funktionalität der 'Personalabrechnung' ist im großen und ganzen gut ausgereift. Schwierigkeiten treten dennoch auf, wenn unternehmensspezifische Wünsche in dieser Komponente abgebildet werden sollen. In der Praxis hat sich dabei gezeigt, daß der Ablaufmechanismus der Abrechnung für den Endanwender schwer nachvollziehbar ist. Bei der Anpassung an unternehmensindividuelle Bedürfnisse müssen Änderungen in bestimmten Tabellen durchgeführt werden. Diese Änderungen bewirken wiederum Änderungen in weiteren Tabellen. Das System zeigt dem Anwender

---

[123] Vgl.: Hentze, Joachim: Personalwirtschaftslehre 2, 5. Auflage, Stuttgart 1991, S. 99

aber nicht, in welchen Tabellen weitere Einträge durchzuführen sind. Hier ist empfehlenswert, daß dem Anwender die Tabellen automatisch zur Verfügung gestellt werden, die zusätzlich gepflegt werden müssen. Fehlende Einträge werden erst mit der Simulationsabrechnung erkennbar.

Anhand dieser Simulationsabrechnungen können außerdem mögliche Auswirkungen von Gehaltsvorstellungen auf die Personalkosten aufgezeigt werden. Hierdurch kann der Spielraum im Zusammenhang mit anstehenden Gehaltserhöhungen abgesteckt werden. Nachteilig ist jedoch, daß die Simulationsabrechnung nur Gehaltserhöhungen durchspielen kann. Eine gleichzeitige Erhöhung des Gehalts und der Beiträge zur Sozialversicherung kann dagegen nicht simuliert werden.

Ein Kritikpunkt besteht ebenso in Verbindung mit dem Entgeltnachweis[124] für den Mitarbeiter. Auch hier ist die Modifikation des Nachweises an die eigenen Bedürfnisse mit sehr viel Arbeit verbunden. Zudem läßt sich der Nachweis für den Mitarbeiter schwer rekonstruieren. Um dem § 82 Abs. 2 BetrVG gerechter werden zu können, wäre es vorteilhaft, wenn die verwendeten Abkürzungen erklärt und die rechnerischen Grundlagen der jeweiligen Berechnung auf dem Ausdruck angegeben werden würden. Somit könnten Nachfragen der Mitarbeiter von vornherein geklärt bzw. die Überprüfung der Abrechnung durch die Mitarbeiter ermöglicht werden.

Neben diesen Schwachstellen soll an dieser Stelle ein Vorteil der 'Personalabrechnung' herausgestellt werden, der aus der vorherigen Funktionsbeschreibung nicht ohne weiteres erkennbar geworden ist. Die Abrechnung enthält sowohl die Brutto- als auch Nettoberechnung. Diese beiden Berechnungen können örtlich voneinander getrennt durchgeführt werden. Dadurch besteht für ein Unternehmen mit mehreren Niederlassungen beispielsweise die Möglichkeit, die Bildung der verschiedenen Brutti in den einzelnen Geschäftsstellen durchzuführen. Der Zwang, die Nettoberechnung ebenfalls dort durchzuführen, besteht hingegen nicht. Vielmehr können die Daten der Bruttoberechnung an die Unternehmenshauptverwaltung weitergegeben werden, die die Nettoberechnung durchführt. Anschließend werden die Entgeltnachweise für die jeweiligen Mitarbeiter zentral in der Hauptverwaltung gedruckt. Von Vorteil ist hierbei zum einen, daß die aktuellste Software hinsichtlich steuer- und sozialversicherungsrechtlicher

Gesichtspunkte nur in der Hauptverwaltung des Unternehmens vorhanden sein muß. Daher kann auf die ständigen Aktualisierungen der Software wegen Rechtsänderungen in den einzelnen Geschäftsstellen verzichtet werden. Dies kann Geld und Zeit einsparen. Zum anderen müssen die kostenintensiven Drucker für den Nachweisdruck nicht in jeder Geschäftsstelle bereit stehen. Lediglich in der Hauptverwaltung wird der Einsatz der Drucker erforderlich.

Neben diesem Vorteil der Aufteilung der Brutto- und Nettoberechnung auf Haupt- und Nebengeschäftsstellen, zeichnet sich die 'Personalabrechnung' durch eine Vielzahl weiterer Vorteile aus. Die Personalabrechnungskomponente ist sowohl im integrierten Einsatz mit den anderen HR-Modulen als auch im stand-alone-Betrieb für ein Unternehmen sehr hilfreich. Dem Anwender wird eine Komponente zur Verfügung gestellt, die die Lohn- und Gehaltsabrechnung in den wichtigsten abrechnungstechnischen Fragen unterstützt. Durch die stetige Aktualisierung der Software im steuer- bzw. sozialversicherungsrechtlichen Bereich kann der Anwender zudem sicher sein, dem Finanzamt und den Mitarbeitern hinsichtlich der Lohn- und Gehaltsabrechnung zu entsprechen.

- **Arbeitgeber-Leistungen**

  Die R/3-Komponente 'Arbeitgeber-Leistungen' unterstützt den Anwender bei der Planung, Verwaltung und Kontrolle der Zusatzleistungen des Unternehmens.

  Die Arbeitgeber-Leistungskomponente ist ein Instrument zur Leistungsmotivation. Hierbei umfaßt das System bereits ein breites Spektrum an Arbeitgeberleistungen. Doch dieses Angebot ist nicht ausreichend, um den individuellen Wünschen der Mitarbeiter entsprechen zu können.[125] Das von der Software angebotene Anreizsystem darf deshalb nicht als starres Gebilde betrachtet werden. Vielmehr muß ein Arbeitergeber heutzutage

---

[124] Vgl.: Anhang 19: Entgeltnachweis
[125] Vgl.: Jungen, Astrid: Vergütungspolitik, in: Maess, Kerstin; Maess, Thomas (Hrsg.): Das Personal-Jahrbuch '97 - Wegweiser für zeitgemäße Personalarbeit, 3. Auflage, Kriftel/Taunus 1997, S. 191

Anreizsysteme schaffen, die den betriebsindividuellen Ansprüchen gerecht werden. Dafür müssen die Mitarbeiterbedürfnisse durch Gespräche oder Befragungen aufgedeckt werden. Eine Unterstützung des Anwenders durch die Software wäre an dieser Stelle hilfreich, um so ein Anreizsystem für die Individualisierung betrieblicher Arbeitgeberleistungen in Form eines Cafeteria-Systems[126,127] errichten zu können. Ein derartiges Anreizsystem wird jedoch durch die Arbeitgeber-Leistungskomponente nicht unterstützt. Infolgedessen kann diese Komponente nur als eine Art Ausgangsbasis für ein unternehmensspezifisches Anreizsystem angesehen werden.

Im Zusammenhang mit der Ergänzung von Leistungsprogrammen wird eine Nachlässigkeit des Systems deutlich. Die eigentliche Ergänzung läßt sich in der Regel problemlos durchführen. Bevor eine Ergänzung von Arbeitgeberleistungen stattfindet, sollte das System den Anwender darauf hinweisen, daß möglicherweise der Betriebsrat bzw. tarifliche Bestimmungen zu berücksichtigen sind.[128] Eine Funktionalität dieser Art wäre wünschenswert, um ein Scheitern von dv-gestützten Anreizsystemen von vornherein zu vermeiden.

Alles in allem ist der Einsatz der Arbeitgeber-Leistungskomponente für die Unternehmen lohnenswert, die für ihre Mitarbeiter ein großes Angebot an Sozialleistungen offerieren. Die Komponente kann dazu beitragen, die Sozialpolitik des Unternehmens zugunsten der Belegschaft effektiver zu gestalten und somit die Durchführung der Arbeitgeberfürsorge für die Mitarbeiter weiter zu verbessern. Im Hinblick auf die Individualisierung von Anreizsystemen und vor allem bei einem dv-gestützten Cafeteria-System besteht jedoch noch Entwicklungsbedarf.

---

[126] Mit diesem System soll dem Mitarbeiter die Möglichkeit gegeben werden, aus einer Menge von Anreizalternativen entsprechend seinen eigenen Bedürfnissen das Richtige auszuwählen.
[127] Vgl.: Hentze, Joachim: Personalwirtschaftslehre 2, a.a.O., S. 154
[128] Vgl.: §§ 77 Abs. 3 + 87 Abs. 1 Nr. 8 BetrVG

3.4 Planung (Personalplanung und -entwicklung)

In der Literatur wird der Begriff der Personalplanung unterschiedlich weit aufgefaßt. Der Autor Bisani versteht unter der Personalplanung „das Treffen von Entscheidungen auf der Grundlage einer aus der Unternehmenskonzeption abgeleiteten Zielbildung und einer systematischen Entscheidungsvorbereitung"[129]. Seiner Meinung nach umfaßt der Begriff die individuelle Laufbahnplanung, die kollektive Maßnahmenplanung sowie die strukturbestimmende Personalplanung. Zu der individuellen Laufbahnplanung zählen die Karriere- und Nachfolgeplanung. Der kollektiven Maßnahmenplanung werden die Bedarfsermittlung, Beschaffungs-, Erhaltungs-, Einsatz-, Entwicklungs-, Freistellungs- und Kostenplanung zugeordnet. Dabei differenziert Bisani die Maßnahmenplanung, je nach ihrer zeitlichen Reichweite, in eine kurz-, mittel- und langfristige Planung.[130] Die strukturbestimmende Personalplanung umfaßt die Ablauf- und Aufbauorganisation.

Der bei der SAP verwendete Begriff 'Planung'[131], der als Menüpunkt im R/3-System steht, greift diese Einteilung von Bisani zum größten Teil auf. Allerdings finden einige Teilbereiche der Maßnahmenplanung keine Berücksichtigung oder werden in einer anderen Komponente behandelt.

Im einzelnen verbergen sich hinter dem Menüpunkt 'Planung' die Komponenten 'Organisation', 'Qualifikationen', 'Karriere- und Nachfolgeplanung', 'Veranstaltungsmanagement', 'Personalkapazitäts-', 'Personaleinsatz-' und die Komponente 'Personalkostenplanung'.

3.4.1 Funktionalität der SAP-Komponenten

3.4.1.1 Organisation

Die Anwendungskomponente 'Organisation' ermöglicht die dv-technische Abbildung der Aufbauorganisation, indem die Informationen, die die Strukturen und personellen Gegebenheiten eines Unternehmens beschreiben, zusammengefaßt werden. Mit der Abbildung der Aufbauorganisation stellt die

---

[129] Bisani, Fritz: a.a.O., S. 169
[130] Vgl.: Bisani, Fritz: a.a.O., S. 173
[131] Der Begriff 'Personalplanung und -entwicklung' wird synonym für den Begriff 'Planung' verwendet.

Organisationskomponente grundlegende Informationen für die weiteren Planungskomponenten zur Verfügung. Die Komponente selbst erhält die benötigten Stammdaten aus der 'Personaladministration'.

Bevor die Aufbauorganisation erstellt werden kann, müssen in dieser Komponente wesentliche Bestandteile der Aufbauorganisation, die sogenannten Informationselemente, definiert werden. Diesbezüglich muß der organisatorischen Aufbau und Ablauf des Unternehmens genaustens bekannt sein. Die folgende Darstellung gibt einen Überblick darüber, welche Informationselemente für die Aufbauorganisation relevant sind.

Abb. 3-11: Informationselemente der Aufbauorganisation

Informationselemente	Bedeutung
Organisationseinheit	organisatorische Einheit, die bestimmte Funktionen im Unternehmen wahrnimmt (z.B. Geschäftsbereich, Abteilung, Projektgruppe)
Stelle	Zusammenfassung von Aufgaben bzw. allgemeine Klassifikation von Tätigkeiten in Form von Berufs- bzw. Tätigkeitsbeschreibungen (z.B. Abteilungsleiter, Sekretärin) - jede Stelle kommt nur einmal vor, mehrere Mitarbeiter können aber die gleiche Stelle haben
Planstelle	Konkretisierung einer Stelle durch eine individuelle Zuordnung zu einem Mitarbeiter (Personalleiter, Sekretärin des Personalleiters) - jeder Planstelle wird ein Mitarbeiter zugeordnet
Arbeitsplatz	konkreter Standort für die Ausführung von Aufgaben (z.B. Zweigstelle, spezieller Arbeitsplatz in einem bestimmten Gebäude)
Aufgabe	beschreibt die Tätigkeit einer Stelle bzw. einer einzelnen Person (z.B. Briefe schreiben, Bewerbungen absagen)

Quelle: SAP AG: Online-Dokumentation, PD-Organisation und Planung, Walldorf 1996, S. 13 ff;
          Eigene Darstellung

Für die Erstellung bzw. Pflege dieser Elemente bietet das System drei Möglichkeiten. Mit Hilfe der 'einfachen Pflege' kann ein Grundgerüst der Aufbauorganisation erstellt werden, wobei die einzelnen Elemente jedoch nur mit der 'Detailpflege' erstellt bzw. gepflegt werden können. Das Umorganisieren von (Plan-) Stellen in der Aufbauorganisation kann dagegen am einfachsten mit der 'Strukturgrafik' durchgeführt werden.

Die zuvor definierten Informationselemente sind jedoch nicht separat zu betrachten, sondern stehen miteinander in Verbindung. So umfaßt jede Organisationseinheit eine oder mehrere Planstellen. Jede dieser Planstellen wird wiederum durch eine Stelle beschrieben. Diese Stelle bildet die Basis für eine Planstelle und wird von einem bestimmten Mitarbeiter belegt. Durch die Zuordnung von Aufgaben zu den einzelnen Stellen und damit ebenfalls zu den Planstellen kann das Tätigkeitsgebiet bzw. der -umfang eines Mitarbeiters beschrieben werden. Zusätzlich müssen die Arbeitsplätze noch mit den (Plan-) Stellen verknüpft werden. Diese Verknüpfungen von Aufgaben und Arbeitsplätzen mit den jeweiligen Stellen ermöglicht anschließend die Erstellung von Stellenbeschreibungen[132] durch das System.

Neben der Verbindung der Organisationseinheiten mit anderen Elementen sind die Organisationseinheiten untereinander zu verknüpfen, wodurch die Organisationsstruktur des Unternehmens entsteht. Diese Organisationsstruktur spiegelt die organisatorischen Einheiten einschließlich deren unternehmenshierarchischen Stellungen und gegenseitigen Abhängigkeiten wider.

Für die Erstellung der Aufbauorganisation müssen nicht alle Elemente der Tabelle (siehe Abb. 3-11) definiert werden. Lediglich die Definition der Organisationseinheiten ist zwingend vorgeschrieben.

Wenn innerhalb des Unternehmens eine hierarchische Befehlsstruktur vorhanden ist, sollten auf jeden Fall auch die Planstellen definiert werden und in die Aufbauorganisation mit einfließen. Durch die Definition der Planstellen und deren Verknüpfung entstehen Organigramme, die die Linienstruktur und damit die hierarchische Anordnung der verschiedenen Planstellen in einem Unternehmen aufzeigen. Für den Fall, daß eine Planstelle beispielsweise disziplinarische und fachliche Anweisungen von zwei übergeordneten Einheiten erhält, kann diese zweidimensionale Organisationsstrukur mit einer Matrixorganisation im System dargestellt werden. Ferner können Ein-, Mehr- und Stablinienstrukturen vom System erstellt werden.

---

[132] Vgl.: Anhang 20: Stellenbeschreibung

Zusätzlich zu den Organisationsstrukturen und Organigrammen können Stellenpläne, Arbeitsplatz- und Aufgabenkataloge Bestandteile einer Aufbauorganisation sein, die einen Überblick über die im Unternehmen vorhandenen Stellen, Arbeitsplätze und Aufgaben geben und diese näher beschreiben.

In der Komponente 'Organisation' werden ebenfalls diverse Auswertungsmöglichkeiten unterstützt. Neben den erwähnten Stellenbeschreibungen können beispielsweise Arbeitsplatzbeschreibungen und Planstellenbesetzungspläne (nach Kopfzahlen, Prozentsätzen, Arbeitsstunden) durch das System erstellt werden.

Zur besseren Darstellung und auch Bearbeitung dieser Auswertungen sowie der Organisationsstrukturen und Organigramme können Grafiken erstellt werden. Hierbei kann der Anwender zwischen drei Grafikarten wählen.

Durch die bereits genannte Strukturgrafik können die Informationen in Form von hierarchischen Strukturen abgebildet werden, wobei die Grafik besonders gut für Organisationsstrukturen und Organigramme geeignet ist. Zur Darstellung von Statistiken und zum Vergleich von Zahlen können zweidimensionale Kurvendiagramme mit Hilfe der Statistikgrafik erzeugt werden. Dagegen kann die Präsentationsgrafik sogar dreidimensionale Diagramme erstellen, damit verschiedene Informationsarten dargestellt werden können. Auf Grund dieser grafischen Umgebung können Änderungen der Unternehmensstruktur schnell und ohne großen Aufwand durchgeführt werden.[133]

3.4.1.2 Qualifikationen

Die Komponente 'Qualifikationen' baut auf der zuvor beschriebenen Organisationskomponente auf und liefert im Rahmen ihrer Funktionalität wichtige Informationsdaten an die 'Karriere- und Nachfolgeplanung'.

Unter dem Begriff Qualifikation wird im allgemeinen die Möglichkeit einer Person verstanden, mit den vorhandenen Fertigkeiten, Kenntnissen und

---

[133] Vgl.: SAP AG: Online-Dokumentation, PD-Organisation und Planung, a.a.O.

Verhaltensmustern den Anforderungen einer bestimmten Aufgabe gerecht zu werden[134]. Diesbezüglich ist eine Grundvoraussetzung bei der Auswahl von geeigneten Personen, daß die geforderten und vorhandenen Qualifikationen sinnvoll miteinander verglichen werden und zudem alle Personen bei dieser Gegenüberstellung berücksichtigt werden.

Darüber hinaus können mit dieser personalwirtschaftlichen Komponente Profilvergleiche durchgeführt werden, indem die Anforderungsprofile der (Plan-) Stelle mit den Eignungsprofilen der Personen (z.B. Mitarbeiter, Bewerber) verglichen werden.

Bevor diese dv-gestützten Vergleiche möglich sind, müssen die Anforderungen der jeweiligen (Plan-) Stelle und die Qualifikationen der Personen ermittelt und erfaßt worden sein. Für den Profilvergleich werden die Qualifikationen und Anforderungen gleichartig und strukturiert erfaßt, miteinander verbunden, periodisiert und gewichtet. Auf Grund der Periodisierung ist das System beispielsweise in der Lage, längerfristig nicht mehr ausgeübte Qualifikationen, die veraltet sein können, zu erkennen und dementsprechend zu behandeln. Außerdem können durch die wechselseitigen Verknüpfungen mögliche Ersatzqualifikationen vom System automatisch vorgeschlagen werden.

Nachdem der Profilvergleich durch die Komponente 'Qualifikationen' durchgeführt wurde, kann dieser auf dem Bildschirm grafisch dargestellt und anschließend vom Anwender interpretiert werden.

---

[134] Vgl.: Sellien, Dr. Dr. h. c. Reinhold; Sellien, Dr. Helmut: Gabler Wirtschaftslexikon, 12. Auflage, Wiesbaden 1988, Band 5, S. 1120

Abb. 3-12: Profilvergleich

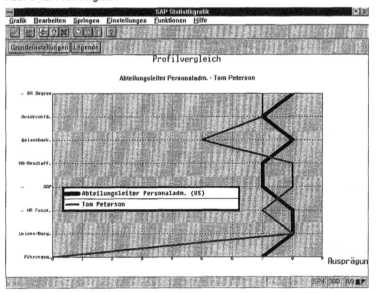

Quelle: Bildschirmausdruck des SAP R/3-Systems

Um dem Anwender bei der Auswahl geeigneter Personen zu unterstützen, können durch das System eine Vielzahl von Auswertungen durchgeführt werden. Diese Auswertungen erstrecken sich über die Anforderungsprofile von Planstellen, Stellen und Arbeitsplätzen bis hin zu Qualifikationsprofilen der Personen. Zudem kann die Komponente Arbeitsplätze mit bestimmten Anforderungsprofilen oder umgekehrt für bestimmte Arbeitsplätze Personen mit bestimmten Qualifikationen finden. Anhand der Auswertungen kann zusätzlich ein Weiterbildungsbedarf ermittelt werden, wenn die im Profilvergleich enthaltene Person Qualifikationsdefizite aufweist.[135]

3.4.1.3 Karriere- und Nachfolgeplanung

Die Anwendung 'Karriere- und Nachfolgeplanung' benötigt grundlegende Informationen aus den zuvor beschriebenen Planungskomponenten 'Organisation' und 'Qualifikationen'. Zusammen mit diesen Komponenten ist die

---

[135] Vgl.: SAP AG: Funktionen im Detail ..., a.a.O., S. 4-1

'Karriere- und Nachfolgeplanung' in der Lage, Laufbahnmodelle, individuelle Karrierepläne, Nachfolgepläne und Potentialbeurteilungen zu erstellen und auszuwerten.

Im Rahmen der Erstellung von Laufbahnmodellen werden die allgemeinen Aufstiegsmöglichkeiten ohne konkreten Mitarbeiterbezug aufgezeigt. Somit erhält ein Mitarbeiter Informationen über die generellen Karrierechancen im Unternehmen. Durch das System können diese Modelle dargestellt, gepflegt und anschließend ausgewertet werden. Die folgende Darstellung zeigt ein grafisch aufbereitetes Laufbahnmodell.

Abb. 3-13: Laufbahnmodell

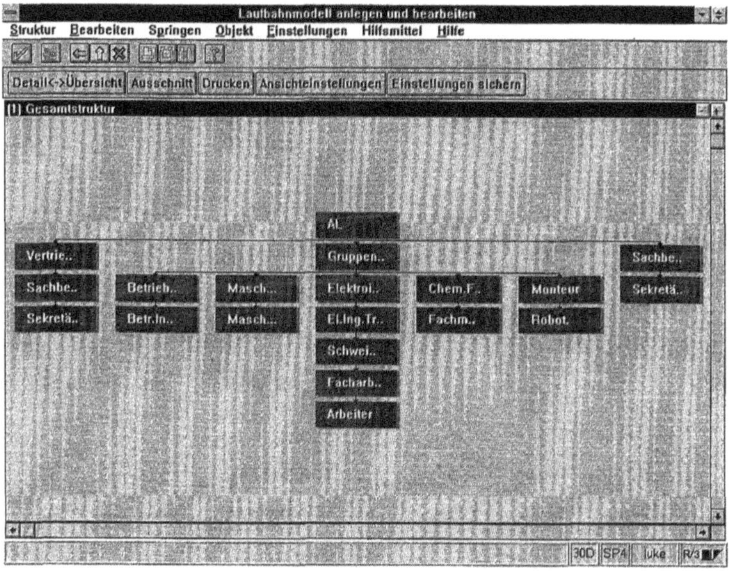

Quelle: Bildschirmausdruck des SAP R/3-Systems

Dagegen wird bei der Ermittlung von personenbezogenen Karriereplänen von den Fertigkeiten und Kenntnissen einer bestimmten Person ausgegangen. Über einen Profilvergleich kann ermittelt werden, für welche Planstelle eine bestimmte Person geeignet ist. Hierbei können sowohl die Interessen als auch die Wünsche der Personen bezüglich einer angestrebten Planstelle vom System berücksichtigt werden.

Für den Fall, daß eine konkrete Planstelle durch Ausscheiden eines Mitarbeiters frei wird, können mit dieser Anwendungskomponente Nachfolgepläne erstellt werden, um die dafür benötigten Bewerber schnell und ohne große Kosten zu finden.

Abb. 3-14: Nachfolgeplanung

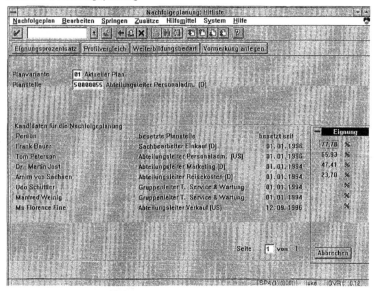

Quelle: Bildschirmausdruck des SAP R/3-Systems

Neben internen Bewerbern können bei Integration der Personalbeschaffungskomponente außerdem externe Bewerber berücksichtigt werden. Wenn die Planstelle durch einen internen Bewerber besetzt wird, kann das System automatisch die dann freiwerdende Planstelle für eine Neubesetzung vorschlagen.

Zusätzlich zu den erwähnten Plänen kann eine Potentialbeurteilung bezüglich des zu erwartenden Werdegangs der Person abgebildet werden.

Sowohl bei der Karriere- als auch bei der Nachfolgeplanung können mögliche Defizite bei den Personen hinsichtlich der Qualifikationen ermittelt werden. Besteht hierbei eine Verbindung zur Anwendung 'Veranstaltungsmanagement', kann das System automatisch erkennen, ob für die Defizitbehebung

Weiterbildungsveranstaltungen angeboten werden und diese dem Anwender vorschlagen.

Gleichermaßen besteht in der 'Karriere- und Nachfolgeplanung' die Möglichkeit der Visualisierung der Ergebnisse. So können die Laufbahnmodelle grafisch aufbereitet und anschließend ausgewertet werden.[136]

3.4.1.4 Veranstaltungsmanagement

Nachdem Qualifikationsdefizite durch die Anwendungen 'Qualifikationen' oder 'Karriere- und Nachfolgeplanung' beim Mitarbeiter erkannt wurden, können mit der Komponente 'Veranstaltungsmanagement' interne und externe Maßnahmen in Form von Seminaren, Schulungen und Veranstaltungen im Aus- und Weiterbildungsbereich angelegt, geplant, gebucht und ausgewertet werden.
Bevor eine Teilnahme für eine bestimmte Veranstaltung gebucht werden kann, muß diese im System angelegt bzw. geplant werden.

Abb. 3-15: Anlegen einer Veranstaltung

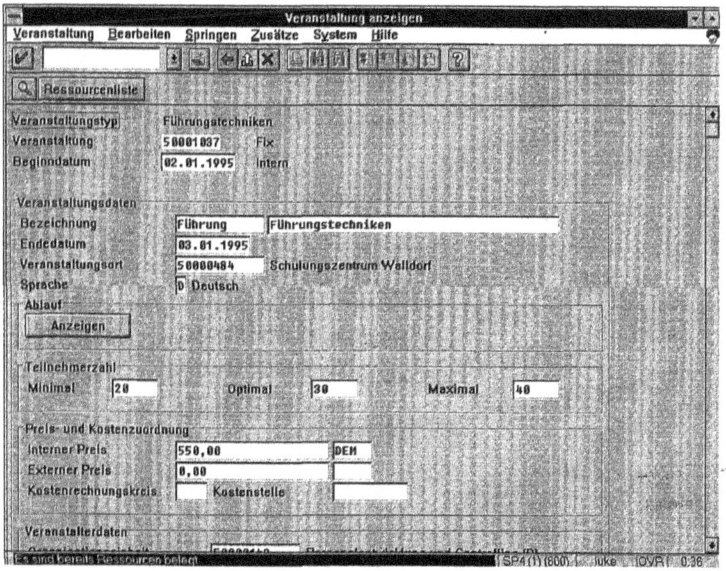

Quelle: Bildschirmausdruck des SAP R/3-Systems

---

[136] Vgl.: SAP AG: Funktionen im Detail..., a.a.O., S. 4-2 f

Beim Anlegen einer Veranstaltung muß zunächst der Veranstaltungstyp[137], zu dem im System Informationen abgelegt sind, und ein Beginndatum definiert werden. Daran anschließend ist festzulegen, ob eine externe, d.h. eine durch andere Veranstalter durchgeführte Maßnahme, oder eine interne Veranstaltung vorliegt, die in eigener Verantwortung organisiert wird. Während bei einer externen Maßnahme die Veranstaltungen aus einem Katalog des Veranstalters entnommen werden, müssen die Maßnahmen bei einer internen Veranstaltung mit Hilfe des Systems selbst geplant werden. Hierbei wird sowohl der externen als auch internen Veranstaltung ein Status zugeordnet, der angibt, ob die Veranstaltung geplant oder bereits fixiert ist. Der Status 'Fix' besagt, daß die Veranstaltung in jedem Fall stattfinden wird. Neben der speziellen Kursbezeichnung muß die Sprache, der Veranstaltungsort und die maximale, minimale bzw. optimale Teilnehmerzahl definiert werden. Für das Anlegen des Veranstaltungsablaufs kann ein Ablauf des zugehörigen Veranstaltungstyps kopiert oder der Ablauf selbst definiert werden. Beim Anlegen der Veranstaltung muß weiterhin eine Preis- und Kostenzuordnung für die spätere Verbuchung der Veranstaltungskosten in der Kostenrechnung erfolgen. Dabei kann zwischen externen und internen Teilnehmerpreisen differenziert werden. Dem internen Teilnehmer wird an dieser Stelle eine Kostenstelle bzw. ein Kostenrechnungskreis zugeordnet. Schließlich müssen die Veranstalterdaten angelegt werden, wobei ein interner Veranstalter eine bestimmte Organisationseinheit des Unternehmens sein kann, wie z.B. die Personalabteilung.

Im Gegensatz zum Anlegen von Veranstaltungen kann die Planung von Terminen nur für interne Veranstaltungen erfolgen, da bei externen Kursen der Termin fest vorgegeben ist.
Anstatt eines Beginndatums kann ein Planungszeitraum angegeben werden, in dem die Veranstaltung stattfinden soll. Außerdem ermöglicht das System bei der Planung des zeitlichen Ablaufs die Berücksichtigung arbeitsfreier Tage bei der Festlegung von Terminen. Der entsprechende Endtermin wird durch das System automatisch errechnet, indem der Veranstaltungsablauf zugrunde gelegt wird.

---

[137] Die SAP versteht unter einem Veranstaltungstyp eine Zusammenfassung von mehreren nicht termingebundenen Veranstaltungen mit gleichen Eigenschaften (z.B. Englischkurse, SAP-Kurse).

Weiterhin wird bei der Planung der Veranstaltungstermine eine Festlegung der für die Veranstaltungen benötigten Ressourcen durchgeführt. Bei dieser Ressourcenauswahl erfolgt die Reservierung der benötigten Räumlichkeiten und Arbeitsmittel sowie die Bereitstellung der jeweiligen Referenten. Somit wird gewährleistet, daß die benötigten Ressourcen zum angegebenen Termin zur Verfügung stehen und dadurch eine optimale Auslastung erzielt wird.

Nachdem die Kurse einschließlich der Termine und der Ressourcenauswahl angelegt sind, kann durch das System die Teilnahme für die jeweiligen Veranstaltungen gebucht werden. Hierbei können Einzelteilnehmer und Sammelteilnehmer berücksichtigt werden. Zu den Einzelteilnehmern zählen beispielsweise Mitarbeiter der eigenen Firma oder externe Personen. Als Sammelteilnehmer werden z.B. die Mitarbeiter einer kompletten Abteilung oder mehrere Mitarbeiter eines Kunden bezeichnet.

Diese Teilnehmertypen werden wiederum mit unterschiedlichen Prioritäten gebucht. Anhand dieser Buchungsprioritäten kann gesteuert werden, ob eine Muß-, Normal- oder Wartelistebuchung vorliegt. Eine Wartelistebuchung wird durchgeführt, wenn die betreffende Veranstaltung ausgebucht ist. Fällt ein Teilnehmer aus, rückt der Teilnehmer nach, der an der ersten Stelle der Warteliste steht. Mit einer Normalbuchung wird die Teilnahme an einer Veranstaltung gebucht, jedoch nur unter der Voraussetzung, daß die Teilnehmerkapazität der Veranstaltung dies zuläßt. Ist die Grenze erreicht, kann nur noch mit einer Mußbuchung ein Teilnehmer für den entsprechenden Kurs gebucht werden. Da die Mußbuchung die höchste Priorität besitzt, hat eine Buchung dieser Art zur Folge, daß der Teilnehmer definitiv in der Veranstaltung verbleibt. Ist die optimale Teilnehmerzahl bereits erreicht, wird diese entweder bis zur maximalen Teilnehmerzahl erhöht oder eine schon getätigte Normalbuchung verdrängt. In diesem Fall wird der Teilnehmer auf die Warteliste gebucht.

Bei der Verbuchung der Veranstaltungsteilnehmer werden vom System diverse Kriterien überprüft. Dabei wird kontrolliert, ob der Teilnehmer die Voraussetzungen für die Veranstaltungsteilnahme erfüllt. Bei einer Integration mit der Zeitwirtschafts- und Qualifikationskomponente wird u.a. bei einem internen Teilnehmer einerseits die zeitliche Verfügbarkeit und andererseits die für die Teilnahme notwendigen Qualifikationen überprüft. Zudem kann das System erkennen, welche Teilnehmerzahl zur Zeit besteht und welche

Buchungspriorität folglich für die Teilnahme vorgenommen werden muß. Für den Fall, daß keine Veranstaltung im gewünschten Zeitraum angeboten wird, kann der potentielle Teilnehmer durch das System für einen späteren Zeitpunkt vorgemerkt werden. Diese Vormerkungen erhalten im Zusammenhang mit der Karriere- und Nachfolgeplanung den Charakter zukünftiger Qualifizierungsmaßnahmen.

Desweiteren werden neben den Buchungen, Umbuchungen und Stornierungen von Teilnahmen der mit den Veranstaltungen in Zusammenhang stehende Schriftverkehr automatisch vom System abgewickelt, wie beispielsweise Anmeldebestätigungen und Absagemitteilungen.

Nach Abschluß einer Veranstaltung können vom System automatisch Teilnahmebestätigungen erstellt werden. Sofern eine Integration mit der Personaladministrationskomponente besteht, können die Veranstaltungsziele als Qualifikationen auf die Teilnehmer übertragen werden. Für das Unternehmen ist an dieser Stelle auch die Effektivität der Veranstaltung von Bedeutung. Anhand von Auswertungen können die jeweiligen Veranstaltungen analysiert werden. So werden Listen über die entstandenen Veranstaltungskosten je Veranstaltung erstellt. Die Kosten setzen sich aus den Veranstaltungstypkosten (z.B. Referentenkosten, Schulungsunterlagen) und den Ressourcentypkosten (z.B. Strom, Miete für PC und Innenausstattung) zusammen. Zudem enthalten die Listen die Kostenstellen der Ressourcen und Veranstalter sowie die Gesamtkosten. Hierauf basierend werden Rechnungen für externe Teilnehmer erstellt und für die internen Teilnehmer eine interne Leistungsverrechnung vorgenommen, Eine Integration mit der Kostenrechnungskomponente ist hierfür unbedingt erforderlich.[138]

3.4.1.5 Personalkapazitätsplanung

Die 'Personalkapazitätsplanung' ermöglicht unter Berücksichtigung der Qualifikationen und der Arbeitsauslastung der Mitarbeiter eine auftragsbezogene Einsatzplanung. Voraussetzung für den Einsatz dieser

---

[138] Vgl.: SAP AG: Online-Dokumentation, PD-Veranstaltungsmanagement, Walldorf 1996

Anwendungskomponente ist der parallele Einsatz bestimmter Module der Hauptgruppe Logistik, da die jeweiligen Aufträge mit der Logistik-Hauptgruppe direkt in Verbindung stehen.

Damit die auftragsbezogene Personalkapazitätsplanung überhaupt stattfinden kann, muß zunächst ein Auftrag angelegt werden.

Abb. 3-16: Anlegen eines Auftrags

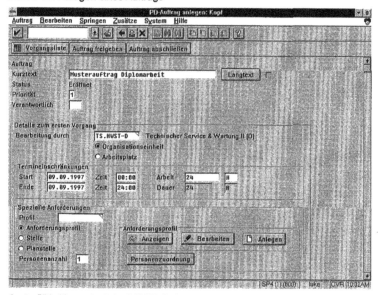

Quelle: Bildschirmausdruck des SAP R/3-Systems

Beim Anlegen eines Auftrags können sowohl Aufträge mit lediglich einem Vorgang als auch Aufträge mit mehreren Vorgängen und Untervorgängen gepflegt werden, die über eine Vorgangsliste jeweils genau beschrieben werden.

Zunächst ist jedem Vorgang eine Organisationseinheit (oder ein Arbeitsplatz) zuzuordnen, die für die Auftrags- bzw. Vorgangsausführung verantwortlich ist. Durch diese Zuweisung von Organisationseinheiten bzw. Arbeitsplätzen werden vom System automatisch die zu der Organisationseinheit oder dem Arbeitsplatz gehörenden Personen dem Auftrag bzw. den Vorgängen zur Verfügung gestellt. Mit der Angabe des Starttermins und optional des Endtermins oder der Arbeitsdauer werden die terminlichen Restriktionen des Auftrags festgelegt. Das System kann automatisch den nicht eingetragenen Endtermin anhand der

Arbeitsdauer bzw. die Arbeitsdauer anhand des eingetragenen Endtermins ermitteln.

Im Bedarfsfall können zusätzlich spezielle Anforderungen für den gesamten Auftrag oder direkt für jeden Vorgang bestimmt werden. Diese Anforderungen können über ein Anforderungsprofil oder eine Stelle gepflegt werden. Während eine Stelle genau eine bestimmte Tätigkeit im Unternehmen beschreibt, können im Anforderungsprofil Anforderungen jeglicher Art festgelegt werden. Gleichzeitig können dem Auftrag oder speziell bestimmten Vorgängen in Frage kommende Personen zugeordnet werden. Hierfür wird aus einer Hitliste die Eignung der Personen ersichtlich sowie deren Organisationseinheit oder deren Arbeitsplatz.

Im Anschluß an die Auftragsanlegung erfolgt die eigentliche Personalkapazitätsplanung. Die Einplanung der Personalbedarfe erfolgt mit einer grafischen Plantafel, die für einen aber auch mehrere selektierte Aufträge aufgerufen werden kann.

Abb. 3-17: Grafische Plantafel

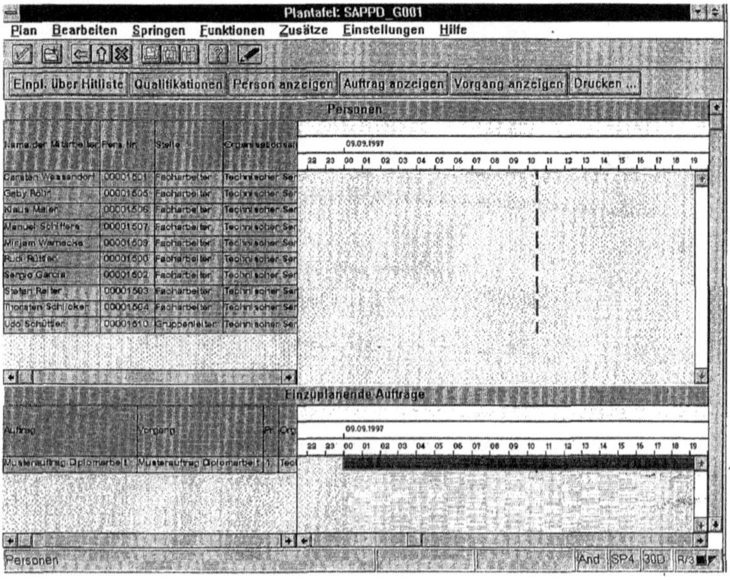

Quelle: Bildschirmausdruck des SAP R/3-Systems

Die Plantafel gibt einen Überblick über die Kapazitätsauslastung der Mitarbeiter und Arbeitsplätze. Dabei wird das Kapazitätsangebot, in Form der Mitarbeitereinsatzzeit, und der Kapazitätsbedarf für den Auftrag auf einer Zeitachse mit ihren Start- und Endterminen grafisch dargestellt. Je nach Wunsch des Anwenders kann das Kapazitätsangebot und der Kapazitätsbedarf nach unterschiedlichen Kriterien gruppiert werden. Beispielsweise können für einen Auftrag oder für eine Maschine alle Kapazitätsbedarfe angezeigt werden. Bei der Planung der Kapazitäten werden sowohl die Rüst- und Bearbeitungszeiten der einzelnen Maschinen als auch die im Arbeitszeitplan[139] hinterlegten Pausenzeiten berücksichtigt. Außerdem zeigt die Plantafel die noch nicht eingeplanten Bedarfe zu weiteren Aufträgen und deren Vorgänge an.

Abschließend ist zu erwähnen, daß die grafische Plantafel nicht als starres Gebilde betrachtet werden darf. Vielmehr kann diese über das Customizing an die eigenen Bedürfnisse angepaßt werden. So kann z.B. der Maßstab und die Beschriftung der Zeitachse, aber auch die farbliche Ausgestaltung selbst eingestellt werden.[140,141]

3.4.1.6 Personaleinsatzplanung

Die Aufgabe der Personaleinsatzplanung besteht darin, die Personalressourcen derart einzuplanen, daß diese in der richtigen Menge und zum richtigen Zeitpunkt zur Verfügung stehen.

Im Rahmen der SAP-Komponente 'Personaleinsatzplanung'[142] erfolgt diese Personaleinplanung mit Hilfe von Einsatzplänen. Hierbei werden zwei Typen von Einsatzplänen unterschieden. Zum einen der Sollplan, der die zukünftigen Arbeitszeitpläne der Mitarbeiter festlegt und zum anderen der Istplan, der die aktuell gültigen Arbeitszeitpläne darstellt.

---

[139] Vgl.: Kapitel 3.2 Zeitwirtschaft
[140] Vgl.: SAP AG: Online-Dokumentation, PP-Kapazitätsplanung, Walldorf 1997
[141] Für diese Komponente war keine Online-Dokumentation verfügbar. Daher mußten für die Beschreibung Teile aus der Online-Dokumentation des Logistik-Moduls PP entnommen werden.
[142] Voraussetzung für die Anwendung der Personaleinsatzkomponente ist die gleichzeitige Implementierung der Komponenten Personaladministration, Zeitwirtschaft und Organisation.

Für die Bearbeitung der Einsatzpläne müssen zunächst die Einsätze und Bedarfsarten bestimmt werden. Unter einem Einsatz wird in diesem Zusammenhang der Zeitraum verstanden, in dem ein Unternehmen bestimmte Aufgaben durchführt, wie z.b. der Einsatz 'Früh', der eine Arbeitszeit von 6.00 Uhr bis 14.00 Uhr bedeuten kann. Zudem müssen Bedarfsarten festgelegt werden, die die Tage festlegen, an denen die Arbeit benötigt wird. Dies können entweder die Werktage oder die Wochenend- bzw. Feiertage sein.

Die einzelnen Einsätze und Bedarfsarten können anschließend auf Grund gemeinsamer Merkmale zu sogenannten Einsatzgruppen zusammengefaßt werden.

Abb. 3-18: Einsatzgruppe

Einsatz	von-bis
Früh	06.00 - 14.00
Spät	14.00 - 22.00
Nacht	22.00 - 06.00
Bedarfsarten: Werktage, Wochenenden	

Quelle: SAP AG: Online Dokumentation, PD-Personaleinsatzplanung, Walldorf 1997;
Eigene Darstellung

Diese Gruppen werden schließlich bestimmten Organisationseinheiten zugeordnet. Eine Einsatzgruppe legt also fest, wie die Einsätze in einer Organisationseinheit angeordnet sind.

Zusätzlich müssen vor der Bearbeitung der Einsatzpläne die Bedarfe, d.h. die Personalressourcen, die für die Durchführung einer bestimmten Aufgabe im Unternehmen benötigt werden, definiert und quantifiziert werden. Bei dieser Bedarfsfestlegung sind einerseits die auszuführenden Stellen und deren benötigte Anzahl und andererseits der Zeitraum, in dem der Bedarf auftritt, zu definieren

Nachdem diese vorbereitenden Arbeiten abgeschlossen sind, können die Einsatzpläne, mit dem Ziel der Bedarfsdeckung, bearbeitet werden. Für die Bearbeitung der Einsatzpläne muß vorher die Organisationseinheit und der gewünschte Planungszeitraum bestimmt werden.

Abb. 3-19: Einstiegsbild der Einsatzplanung

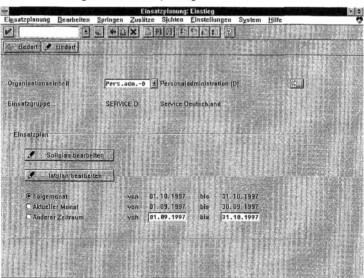

Quelle: Bildschirmausdruck des SAP R/3-Systems

Der erste Schritt der Einsatzplanung ist die Bearbeitung des Sollplans. Dieser Sollarbeitsplan besteht anfangs aus den Arbeitszeitplandaten der Zeitwirtschaftskomponente[143], die durch das System automatisch vorgeschlagen werden. Diese Arbeitszeitplandaten dienen insofern als Ausgangsbasis, als daß Urlaub, Schulungsteilnahmen oder sonstige Abwesenheiten der Mitarbeiter im Planungszeitraum Berücksichtigung finden. Im weiteren Verlauf der Solleinsatzplanung wird der Sollplan sukzessiv dem Personalbedarf angepaßt, indem die vorhandenen Personalressourcen den Bedarfen zugeteilt werden. Um sicherzustellen, daß der jeweilige Bedarf tatsächlich gedeckt wird, besteht die Möglichkeit, jederzeit einen Bedarfsabgleich durchzuführen.

---

[143] Vgl.: Kapitel 3.2 Zeitwirtschaft

Abb. 3-20: Sollarbeitsplan mit Bedarfsabgleich

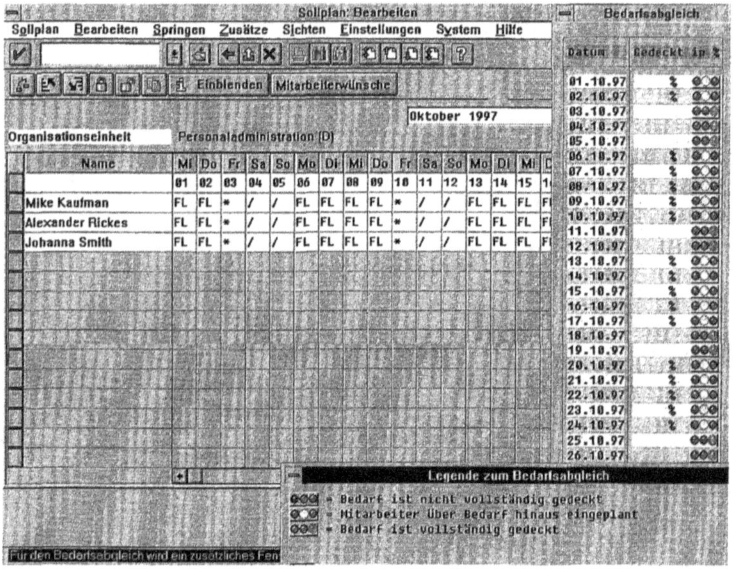

Quelle: Bildschirmausdruck des SAP R/3-Systems

Dieser Bedarfsabgleich gibt eine Übersicht über die prozentuale Gesamtdeckung der vorhandenen Bedarfe für den definierten Zeitraum. Auf Grund der Datenaktualisierung in den Bedarfsabgleichen werden die Auswirkungen der im Sollplan vorgenommenen Bedarfsdeckungen sofort in den Einsatzplänen sichtbar. Liegt weiterhin eine Unterbesetzung vor, kann das System aus der Organisationseinheit alternative Mitarbeiter unter Berücksichtigung der Verfügbarkeit und der Stelle ermitteln und dem Anwender für den entsprechenden Einsatz vorschlagen. Zudem können bei der Bedarfsdeckung Mitarbeiterwünsche berücksichtigt werden, die zu einem bevorzugten Einsatz bestimmter Mitarbeiter führen können. Nachdem alle Personalbedarfe gedeckt sind, kann der Sollplan abgeschlossen werden. Der Einsatzplan wird durch dieses Abschließen für spätere Änderungen gesperrt und gleichzeitig zum Istplan.

Der Istplan stellt die tatsächliche Einsatzplanung im Unternehmen dar. Bei kurzfristigen Änderungen in der Arbeitszeitplansituation, z.B. einer plötzlichen Erkrankung eines Mitarbeiters, wird eine nochmalige Bearbeitung der Istpläne erforderlich. Hierbei können, genau wie im Sollplan, Bedarfsabgleiche vorgenommen und Mitarbeiterwünsche berücksichtigt werden. Treten keine Änderungen ein, bleibt der Istplan unverändert bestehen.

Dieser Istplan ist der Nachweis für die tatsächlich geleisteten Einsätze des Mitarbeiters und kann deshalb für weitere Auswertungen in anderen Komponenten herangezogen werden. Darüber hinaus läßt ein späterer Vergleich des endgültigen Istplans mit dem Sollplan erkennen, wie genau der ursprünglich konzipierte Einsatzplan war. Die aufgetreten Abweichungen können somit bei der zukünftigen Gestaltung des Sollplans berücksichtigt werden.[144]

3.4.1.7 Personalkostenplanung

Das Ziel dieser Komponente besteht darin, das Fundament für eine präzise Planung der Personalkosten bereitzustellen, die für Entscheidungsfindungen im Unternehmen und zu Kontrollzwecken herangezogen werden können. Unter diesem Gesichtspunkt ermöglicht die Komponente neben der Errechnung der derzeitigen Ist-Personalkosten, ebenso die Vorschau auf in der Zukunft anfallende Personalkosten und die Planung der zu erwartenden Personalkosten.

Die Personalkostenplanung erfolgt durch die Erstellung und der anschließenden Gegenüberstellung verschiedener Planungsversionen[145]. Auf der Grundlage von Basisbezügen, Abrechnungsergebnissen oder Sollbezügen werden mit diesen Planungsversionen Istkosten, vorausschauende Kosten und Sollkosten ermittelt.

Als Planungsgrundlage für die Berechnung der Istkosten dienen entweder die Basisbezüge[146] der Mitarbeiter oder die Abrechnungsergebnisse[147]. Im Gegensatz zu den Basisbezügen werden bei den Abrechnungsergebnissen auch die variablen Kosten, wie z.B. Überstunden, berücksichtigt. Die Basis für diese Planungsgrundlagen bilden die sogenannten Lohnarten, die aus der Personaladministration bzw. -abrechnung entnommen werden und Informationen darstellen, die für die Entgeltberechnung benötigt werden. Mit der Planungsversionen auf Istkostenbasis können vorausschauende Personalkosten berechnet werden, indem ebenfalls die Basisbezüge bzw.

---

[144] Vgl.: SAP AG: Online-Dokumentation, PD-Personaleinsatzplanung, a.a.O.
[145] Eine Planungsversionen enthält mehrere Kostenberechnungsergebnisse, die jeweils die Personalkosten für eine ausgewählte Gruppe von Organisationseinheiten über einen festgelegten Zeitraum darstellt.
[146] Der Basisbezug ist der monatliche Grundlohn des Mitarbeiters.
[147] Die Abrechnungsergebnisse beinhalten die Auszahlungsbeträge an die Mitarbeiter.

Abrechnungsergebnisse zugrunde gelegt werden. Hierbei wird grundsätzlich davon ausgegangen, daß die Einflußfaktoren der Personalkosten (z.B. Mitarbeiterzahl) in der Zukunft konstant bleiben. Anders ist die Situation bei der Kostenplanung[148], bei der neben organisatorischen Änderungen im Unternehmen auch Veränderungen in der Lohnstruktur sowie vakante Planstellen bei der Planung der Personalkosten berücksichtigt werden. Für die Kostenplanung werden die Sollbezüge[149] der Mitarbeiter verwendet, die aus den sogenannten Lohnbestandteilen resultieren und aus der Personalplanung und -entwicklung entnommen werden, wie etwa die zukünftig zu erwartenden Löhne und Gehälter oder die Sozialversicherungsbeträge.

Abb. 3-21: Überblick über die Personalkostenplanung

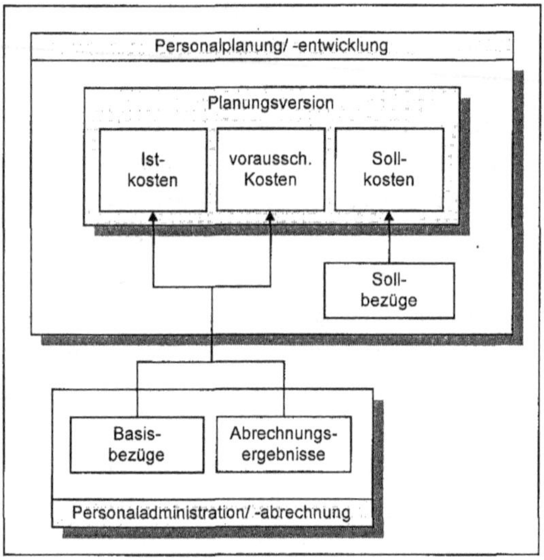

Quelle: SAP AG: Online-Dokumentation, PD-Personalkostenplanung, Walldorf 1996; Eigene Darstellung

Personalkosten, die sich die Planungsversion aus der Personaladministration oder Personalplanung herauszieht, müssen zuvor sogenannten Kostenobjekten zugeordnet worden sein, beispielsweise einer Organisationseinheit, einer (Plan-) Stelle oder einem Mitarbeiter.

---

[148] Die Kostenplanung ist gleichbedeutend mit der Planung der Sollkosten.
[149] Der Sollbezug ist der geplante monatliche Grundlohn des Mitarbeiters.

Die bereits erwähnten Planungsversionen setzen sich aus bestimmten Organisationseinheiten zusammen und beziehen sich stets auf einen ausgewählten Zeitraum. Somit besteht die Möglichkeit, Planungsversionen für bestimmte Gruppen zu erstellen, indem die Organisationseinheiten auf einen vorgesehenen Bereich (z.B. Personalabteilung) eingeschränkt werden. Für diese Planungsgruppen können dann jeweils separate Kostenberechnungen vorgenommen werden. Sofern diese Planungsversionen über einen längeren Zeitraum aufbewahrt werden, besteht außerdem die Möglichkeit, durch einen Soll-/Istkostenvergleich die Präzision der Kostenvorschau im nachhinein zu ermitteln.

Durch die Bearbeitung von Planungsversionen kann ausprobiert werden, inwiefern sich zukünftige Änderungen der Organisations- oder Lohnstruktur bzw. zusätzliche Kostenbestandteile (z.B. Bonuszahlungen) auf die Personalkosten auswirken. Dadurch kann das Unternehmen im Hinblick auf zukünftige Entscheidungen unterstützt werden.

Neben einer standardmäßigen Bewertung einer Planstelle bzw. deren Stelle, können für Vergleichszwecke zudem alternative Bewertungen durchgeführt werden. Hierbei werden beispielsweise branchenspezifische Durchschnittsbewertungen für die (Plan-)Stellen erfaßt und mit den Planungsversionen verglichen. Anhand dieser Erfassung können z.B. die jeweiligen Entgelte für bestimmte Tätigkeiten oder die Sozialleistungen gegenübergestellt werden.

Die vom System erstellten Planungsversionen können anschließend dem Anwender mit Hilfe der Präsentationsgrafik als zwei- oder dreidimensionale Balkendiagramme optisch aufbereitet zur Verfügung gestellt werden.

Abb. 3-22: Präsentationsgrafik der Personalkosten

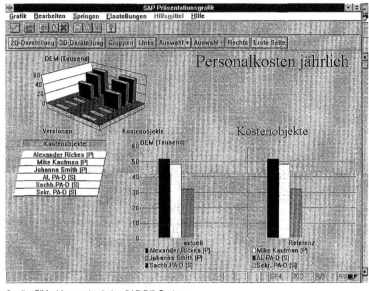

Quelle: Bildschirmausdruck des SAP R/3-Systems

Damit die in der Personalkostenplanung ermittelten Daten in die Budgetplanung des Unternehmens einfließen, müssen diese an die Kostenrechnungskomponente übermittelt werden.[150]

3.4.2 Kritische Würdigung der Planung

Der Menüpunkt 'Planung' umfaßt sowohl individuelle als auch kollektive Maßnahmenplanungen.

Verwirrend erscheint zunächst, daß die Personalbeschaffung nicht in diesem Menüpunkt integriert ist. Die Begründung dafür stellt auch gleichzeitig einen erheblichen Mangel der Planungskomponenten dar. Während die Personalbeschaffungskomponente für den stand-alone-Einsatz mehr oder weniger gut geeignet ist[151], besteht zwischen den Teilkomponenten der 'Planung' eine intensive Verknüpfung. Konkret bedeutet die Verknüpfung der

---

[150] Vgl.: SAP AG: Online-Dokumentation, PD-Personalkostenplanung, a.a.O.
[151] Vgl.: Kapitel 3.5.2 Kritische Würdigung der Personalbeschaffung

einzelnen Planungskomponenten, daß diese für den stand-alone-Einsatz weitgehend ungeeignet sind. Vor allem ohne den Einsatz der Organisationskomponente, die den Grundbaustein bildet, können die weiteren Teilkomponenten nicht eingesetzt werden. Eine abgerundete Personalplanung kann deshalb nur bei Einsatz aller Komponenten der 'Planung' gewährleistet werden.

Neben dieser gegenseitigen Abhängigkeit, die alle Planungskomponenten betrifft, weist jede Planungskomponente für sich kleinere Schwachstellen auf. Wegen der Komplexität dieser Teilkomponenten können jedoch nur einige Schwachstellen herausgestellt werden.

- **Organisation**

Die Organisationskomponente ermöglicht die Abbildung der Aufbauorganisation eines Unternehmens mit Stellen, Planstellen und Arbeitsplätzen. Ferner wird mit dieser Komponente die Pflege der Organisationsstruktur unterstützt, wie beispielsweise die Umorganisation von Stellen. Eine Veränderung der Organisationsstruktur ist aber nicht ohne weiteres durchführbar. Das Betriebsverfassungsgesetz räumt dem Betriebsrat bezüglich der Planung der Arbeitsplatz- und Arbeitsablaufgestaltung ein Informations- und Beratungsrecht (§§ 90 ff BetrVG) ein. Daher sollte der Anwender, wenn er eine Veränderung der Organisationsstruktur vornimmt, vom System automatisch einen Hinweis erhalten, daß der Betriebsrat vorher zu beteiligen ist.[152] Eine Funktion dieser Art könnte zur reibungsloseren Durchführung der Maßnahme beitragen.

Im Hinblick auf eine Neu- bzw. Umgestaltung der Aufbauorganisation werden durch die Organisationskomponente auch nicht die wichtigsten Formen der Arbeitsstrukturierung unterstützt. Hier könnte das System z.B. ein Job-Enlargement bzw. Job-Enrichment unterstützen, indem Vorschläge unterbreitet werden, inwiefern eine Tätigkeit quantitativ oder qualitativ erweitert werden kann.

Neben diesen Mängeln soll an dieser Stelle die Gestaltung der Stellenbeschreibung als positiver Gesichtspunkt hervorgehoben werden. Die Stellenbeschreibung der Organisationskomponente enthält alle wesentlichen Bestandteile[153]. Wie aktuell sie ist, hängt allerdings vom Anwender und dessen Datenpflegeintensität ab.

---

[152] Vgl.: Bisani, Fritz: a.a.O., S. 185
[153] Vgl.: Voelzke, Thomas: Stellenbeschreibung, in: Küttner, Dr. Wolfdieter (Hrsg.): a.a.O., S. 1730

- **Qualifikationen**

  Im Rahmen der Qualifikationskomponente können die Qualifikationsprofile von Mitarbeitern und potentiellen externen Kandidaten erstellt werden. Ein anschließender Profilvergleich zwischen den Anforderungen einer Stelle und der Qualifikation einer Person soll Aufschluß darüber geben, inwieweit eine bestimmte Person für eine bestimmte Stelle geeignet ist. Bei der Erstellung von Qualifikationsprofilen zeigt sich aber die Schwierigkeit der Objektivität. Während das fachliche Wissen relativ einfach festgestellt werden kann, ist die Beurteilung von persönlichen Merkmalen, wie z.b. der Belastbarkeit, eher schwierig. Außerdem müssen die festgestellten Merkmale in der Qualifikationskomponente in einer Skala gewichtet werden, wobei diese Gewichtung sicherlich stark durch den Beurteiler beeinflußt wird. Beurteilungsfehler, wie z.b. der Halo-Effekt oder Mildeeffekt, können mit dem System nicht ausgeschlossen werden. Im Zusammenhang mit der Erstellung von Profilen wäre ebenso ein Hinweis durch das System auf Beteiligungsrechte des Betriebsrates (z.B. §§ 94 f BetrVG) und auf die Beachtung der erforderlichen Einwilligung des Betroffenen wünschenswert.[154] Ein weiteres Problem ist die permanente Aktualisierung dieser Qualifikationsprofile. Der Mitarbeiter entwickelt sich im Laufe der Zeit durch zusätzliche Erkenntnisse und gewonnene Erfahrungen. Auch wenn das System veraltete Qualifikationen erkennt, müssen trotzdem regelmäßig Beurteilungsgespräche bzw. Beobachtungen stattfinden, um einer Veralterung der Qualifikationsprofile entgegen zu wirken und latent auftretende Qualifikationen erfassen zu können. Deswegen bedeutet die effektive Nutzung dieser Komponente zugleich einen großen Pflegeaufwand für das einsetzende Unternehmen.

- **Karriere- und Nachfolgeplanung**

  Die 'Karriere- und Nachfolgeplanung' ermöglicht auf Grundlage der Organisations- und Qualifikationskomponente die Erstellung von Laufbahn-

---

[154] Vgl.: Steckler, Prof. Dr. Brunhilde: a.a.O., S. 335

und Nachfolgeplänen.

Allgemein betrachtet, ist die 'Karriere- und Nachfolgeplanung' ein Motivationsinstrument für die Mitarbeiter. So können besonders leistungsfähige Mitarbeiter durch hierarchische Aufstiegspositionen belohnt werden.

Eine hierarchisch höhere Position in einem Unternehmen erfordert in der Regel höhere Qualifikationen des Mitarbeiters. Damit festgestellt werden kann, ob eine bestimmte Person die Anforderungen erfüllen kann, sind auch hier Profilvergleiche[155] notwendig. Deshalb ist bei Einsatz der 'Karriere- und Nachfolgeplanung' wichtig, daß die zugrunde liegenden Qualifikationsprofile der Mitarbeiter und die Anforderungsprofile der Stelle stets die aktuellen Gegebenheiten widerspiegeln. Ansonsten wäre eine mögliche Defiziterkennung in dieser Komponente wenig aussagekräftig. Für die Defizitbehebung verweist das System automatisch auf entsprechende Veranstaltungen in der Veranstaltungskomponente. Diese Funktion ist jedoch nur anwendbar, wenn die Veranstaltungskomponente ebenfalls integriert ist. Alternative Hinweise auf Weiterbildungsmaßnahmen am Arbeitsplatz (on-the-Job) bleiben unberücksichtigt. An dieser Stelle könnte eine Funktion des Systems von Interesse sein, die Maßnahmen vorschlägt, wie z.B. eine Anleitung bzw. Betreuung durch den Vorgesetzten oder ein Job-Rotation.

Trotz dieser Entscheidungshilfen liegt die Entscheidung letztendlich beim Mitarbeiter, ob er sich verändern will. Bringt dieser die Leistungsbereitschaft nicht mit, ist die beste Auswertung umsonst.

- **Veranstaltungsmanagement**

  Die Komponente 'Veranstaltungsmanagement' unterstützt die Planung, Durchführung und Nachbereitung von Seminaren, Schulungen und Veranstaltungen.

  Der Einsatz dieser Komponente ist für den Fall vorteilhaft, wenn ein Unternehmen im großen Umfang Personalentwicklung betreibt. Die Komponente könnte somit als Administrationsinstrument in der Personalentwicklungsabteilung eingesetzt werden. Für kleinere Unternehmen, deren Personalentwicklungsumfang relativ gering ausfällt,

---

[155] Vgl.: Steckler, Prof. Dr. Brunhilde: a.a.O., S. 335

lohnt sich der mit der Komponente in Verbindung stehende Pflegeaufwand nicht.

Das Veranstaltungsmanagement ist zudem ein Instrument, um die betriebliche Weiterbildung entweder in Form einer Anpassungs- oder Aufstiegsfortbildung zu unterstützen. Hierbei zielt die Komponente 'Veranstaltungsmanagement' ausschließlich auf Methoden außerhalb des Arbeitsplatzes (off-the-Job) ab. Die Berücksichtigung alternativer On-the-Job-Maßnahmen bleibt, wie bereits erwähnt, außer Betracht. Ein Maßnahmenangebot durch die Software wäre deswegen wünschenswert. Wiederum fehlt der Verweis auf das Betriebsverfassungsgesetz (§ 98 BetrVG). Ein Hinweis, daß der Betriebsrat bei Bildungsmaßnahmen mitzubestimmen hat, könnte einer Konfliktsituation zwischen Arbeitgeber und Betriebsrat vorbeugen helfen.

• **Personalkapazitätsplanung**

Die 'Personalkapazitätsplanung' unterstützt eine auftragsbezogene Einsatzplanung.

Für den Anwender erscheint die 'Personalkapazitätsplanung' im Personalwirtschaftsmodul etwas fehl am Platz. Vielmehr gehört dieser Bereich zur Logistik-Hauptgruppe. Unterstützt wird diese Einschätzung der Fehlplazierung dadurch, daß die SAP für diese Komponente keine Online-Dokumentation anbietet. Der Anwender ist gezwungen, auf eine Dokumentation aus der Komponente 'Produktionsplanung und -steuerung' zurückzugreifen. Ein Hinweis durch das System, daß eine Beschreibung dieser Komponente im Logistikbereich zu finden ist, fehlt.

Die 'Personalkapazitätsplanung' sieht ferner vor, daß zunächst ein Auftrag und die dafür erforderlichen Personalkapazitäten angelegt werden. Diese Aufgabe gehört normalerweise nicht zur Personalwirtschaft. In der Regel wird ein Auftrag durch die Produktionsplanungsabteilung angelegt und die Einteilung der Personalressourcen erfolgt lediglich in enger Abstimmung mit der Personalabteilung. Ein Zugriff der Personalabteilung auf die Personalkapazitätsplanung ist hierbei sicherlich erforderlich, aber generell sollte dieser Bereich eher der Produktionsabteilung vorbehalten sein.

• **Personaleinsatzplanung**

Die 'Personaleinsatzplanung' sieht die Einplanung von Personalressourcen anhand von Einsatzplänen vor.

In dieser Komponente steckt im Ansatz der Versuch, eine Personalbedarfsplanung durchzuführen[156]. Allerdings ist die Bedarfsplanung eher kurzfristig und lediglich auf unternehmensinterne Personen fixiert. Statistische Größen, wie beispielsweise eine unternehmensindividuelle Fluktuationsrate bzw. Krankheitsquote, werden vom System nicht berücksichtigt.

Desweiteren ermöglicht die Komponente zur Deckung von Einsatzbedarfen die Zuordnung von Mitarbeitern zu einer anderen Tätigkeit. Bei dieser Zuordnung kann eine Versetzung (§ 95 Abs. 3 BetrVG) vorliegen, die die Zustimmung des Betriebsrates (§ 99 Abs. 1 BetrVG) erforderlich werden läßt. Um einen Formmangel bei der Planung der Einsätze zu vermeiden, wäre an dieser Stelle ein Hinweis durch das System angebracht.

• **Personalkostenplanung**

Die Komponente 'Personalkostenplanung' unterstützt den Anwender sowohl bei der Berechnung der derzeitigen als auch zukünftigen Kosten, die durch das Personal anfallen.

Eine Funktionalität, die wünschenswert wäre, ist die systemseitige Unterstützung des Anwenders bei der Aufstellung einer Humanvermögensrechnung[157]. Durch Bereitstellung dieser Funktion würde dem Unternehmen die Möglichkeit eingeräumt werden, neben den Personalkosten auch die Resultate von Investitionen in den „Faktor" Mitarbeiter zu erkennen.

Positiv kann in Bezug auf die Komponente herausgestellt werden, daß die 'Personalkostenplanung' des R/3-Systems durchaus als Basis für eine Art Frühwarnsystem verwendet werden kann. Um sie dennoch effizient nutzen zu können, bedarf es einer intensiven Pflege der jeweiligen Planungsversionen durch den Anwender.

---

[156] Vgl.: SAP AG: Funktionen im Detail..., a.a.O., S. 3-6
[157] Nähere Informationen hierzu: Bisani, Fritz: Personalwesen und Personalführung, 4. Auflage, Wiesbaden 1995, S. 345 ff

Ein Gesichtspunkt, der in den Planungskomponenten überhaupt nicht berücksichtigt wird, ist die Planung der Personalfreisetzung. In diesem Zusammenhang könnte das System den Abbau einer zukünftigen Personalüberdeckung unterstützen, entweder indem die Software alternative Stellen durch Profilvergleiche ausfindig macht oder den Freisetzungsvorgang unterstützt. Gleichzeitig muß das System bei der Suche nach alternativen Arbeitsplätzen die durch eine Versetzung ausgelösten Mitbestimmungsrechte[158] des Betriebsrates berücksichtigen.

Für den Fall einer Kündigung könnte das System anhand einer Checkliste die dafür notwendigen Schritte anzeigen. Hierzu gehören vor allem das Anhörungsrecht des Betriebsrates[159] vor jeder Kündigung, aber auch der Schriftverkehr, wie das Kündigungsschreiben bzw. Zeugnis. Zudem könnte das System die Entscheidung für eine Outplacementberatung[160] unterstützen, indem die Beratungskosten den Kosten einer fristgemäßen Kündigung gegenübergestellt werden[161].

Als Gesamturteil für die Planungskomponente kann herausgestellt werden, daß eine kurzfristige Personalplanung unterstützt wird. Im Hinblick auf langfristige Planungen besteht jedoch noch ein erheblicher Entwicklungsbedarf. Hierfür müßten u.a. umfangreiche Trendverfahren integriert werden, die langfristigere Planungen ermöglichen und somit den Ansprüchen der Unternehmen in Bezug auf langfristige Planungen entgegenkommen würden.

---

[158] Vgl.: § 99 BetrVG
[159] Vgl.: § 102 BetrVG
[160] Die Outplacementberatung ist eine Sonderform des Aufhebungsvertrags. Dabei wird der ausscheidende Mitarbeiter im Rahmen der Outplacementberatung dahingehend unterstützt, möglichst schnell eine neue Anstellung zu finden. (Vgl.: Bühner, Rolf: a.a.O., S. 114)
[161] Nähere Informationen hierzu: Sauer, Mechthild: Outplacement-Beratung, Wiesbaden 1991

3.5 Personalbeschaffung

Der Prozeß der Personalbeschaffung wird durch einen qualitativen und/oder quantitativen Personalbedarf ausgelöst. Dabei besteht die Aufgabe der Personalbeschaffung darin, das benötigte Personal in der richtigen Anzahl, mit den richtigen Qualifikationen, zum richtigen Zeitpunkt und am richtigen Ort zur Verfügung zu stellen.[162]

Die Auswahl und Einstellung neuer Mitarbeiter, die im Rahmen des Personalbeschaffungsprozesses durchgeführt werden, stellen in der Regel einen hohen Arbeitsaufwand in einem Unternehmen dar. Dieser Arbeitsaufwand wird auf Grund der gegenwärtigen Arbeitsmarktsituation noch verstärkt, da eine größere Anzahl an Bewerbungen auf Stellenausschreibungen eingehen. Deshalb ist es wichtig, die Bearbeitung bzw. Verwaltung von Bewerbungen möglichst rationell und effektiv zu gestalten. In diesem Zusammenhang kann eine dv-gestützte Bewerberdatenverwaltung eine wesentliche Hilfestellung sein, indem sie eine strukturierte Erfassung von Bewerberdaten, deren Bearbeitung und Profilvergleiche ermöglicht.

3.5.1 Funktionalität der SAP-Komponente

Mit Hilfe der SAP-Komponente 'Personalbeschaffung' wird sowohl die Bearbeitung, die Verwaltung als auch die Auswertung von Bewerbungen und der Beschaffungsprozesse unterstützt.

Der Auslöser für einen Personalbeschaffungsprozeß ist, wie bereits erwähnt, ein im Unternehmen ermittelter Personalbedarf. Dieser Bedarf wird in der R/3-Komponente durch Vakanzen dargestellt, die jeweils eine zu besetzende Planstelle kennzeichnen. Damit das System die zu besetzenden Planstellen erkennt, müssen zuvor die Daten für eine Vakanz erfaßt werden. Hierbei wird jede Vakanz u.a. durch eine Kennziffer, die Planstellenbezeichnung und dem Verantwortlichen charakterisiert. Die Erfassung der Vakanzdaten kann einerseits manuell in der Beschaffungskomponente erfolgen. Andererseits

---

[162] Vgl.: Hentze, Joachim: Personalwirtschaftslehre 1, 3. Auflage, Stuttgart 1986, S. 230

besteht die Möglichkeit, die Daten automatisch aus der zuvor behandelten Komponente 'Personalplanung und -entwicklung' zu übertragen. Diese Komponente enthält die vollständigen Angaben über alle Planstellen eines Unternehmens und leitet die entsprechenden Daten der zu besetzenden Planstellen an die Beschaffungskomponente weiter. So beispielsweise den Besetzungs- bzw. Wiederbesetzungszeitpunkt, die erforderlichen Anforderungen einer Planstelle und die Tätigkeitsbeschreibung, die ebenso als Vorlage für die Stellenausschreibung verwendet werden kann.

In der Regel werden die zu besetzenden Vakanzen in Ausschreibungen veröffentlicht, wobei diese u.a. dazu dienen, eingehende Bewerbungen automatisch den richtigen Vakanzen zuzuordnen. Gleichzeitig wird durch den Bezug auf eine Ausschreibung dem Bewerber ein Medium und ein Personalbeschaffungsinstrument zugeordnet, um die Effektivität dieser Ausschreibungsart zu überprüfen. Hierdurch kann zukünftig eine gezieltere bzw. kostengünstigere Personalwerbung betrieben werden. Für den Fall einer Blindbewerbung erfolgt die Zuordnung zu einer Vakanz pauschal durch den jeweiligen Verantwortlichen.

Bereits bei der Datenerfassung der eingegangenen Bewerbungen muß im Hinblick auf die Entscheidung, welcher Bewerber in Erwägung kommt bzw. eingestellt wird, ein Auswahlprozeß durchlaufen werden. Diese Entscheidungsfindung wird in der SAP-Komponente durch zwei Varianten unterstützt.

In einem globalen Auswahlprozeß wird jeder Bewerber mit einbezogen, der nicht für eine bestimmte Vakanz, sondern generell für das Unternehmen von Interesse ist. Um den Bewerber jedoch einer Vakanz zuzuordnen, kann mit der Anwendungskomponente 'Personalplanung und -entwicklung' eine geeignete Vakanz zugeteilt werden, indem ein Abgleich der Qualifikations- und Anforderungsprofile durchgeführt wird. Darüber hinaus kann durch den Bewerberstatus (Gesamtstatus) genau dargestellt werden, welchen aktuellen Stand der Bewerber im globalen Auswahlprozeß einnimmt. So enthält der Status beispielsweise die Einträge 'in Bearbeitung', 'zurückgestellt', 'abgelehnt' oder 'einzustellen'.

Neben dem globalen Auswahlprozeß kann ein Auswahlprozeß bezüglich einer bestimmten Vakanz durchgeführt werden. Auch hier kann der aktuelle Stand anhand eines Bewerberstatus, dem Status der Vakanzzuordnung, dokumentiert werden. Für die Eignungsüberprüfung eines Bewerbers im Hinblick auf eine bestimmte Vakanz, stellt das System einen Kurzüberblick über die betreffende Person zur Verfügung. Dadurch besteht die Möglichkeit, die Entscheidungsfindung wesentlich zu erleichtern. Der Auswahlprozeß ist abgeschlossen, wenn die beteiligten Bewerber den Status 'abgelehnt' bzw. 'einzustellen' erhalten.

Im Rahmen der eigentlichen Ersterfassung wird jede Bewerbung in Form einer Schnellerfassung im System erfaßt. Hierbei wird dem Bewerber eine Bewerbernummer zugeteilt, mit deren Hilfe später u.a. die abgelegten Daten jederzeit wieder aufgerufen werden können. Zur Durchführung dieser Schnellerfassung werden vom System zwei Maßnahmen bereitgestellt. In der ersten Maßnahme werden obligatorisch von jedem Bewerber durch die Bewerbermaßnahme 'Ersterfassung Grunddaten' die fundamentalen Daten, beispielsweise der Name und die Anschrift, für den Briefverkehr bzw. für spätere statistische Zwecke erfaßt. Erfolgt in diesem Zusammenhang eine zusätzliche optische Archivierung der Bewerbungsunterlagen, wird eine Zuordnung der Daten zu den eingescannten Dokumenten vorgenommen.

Abb. 3-23: Ersterfassung der Grunddaten

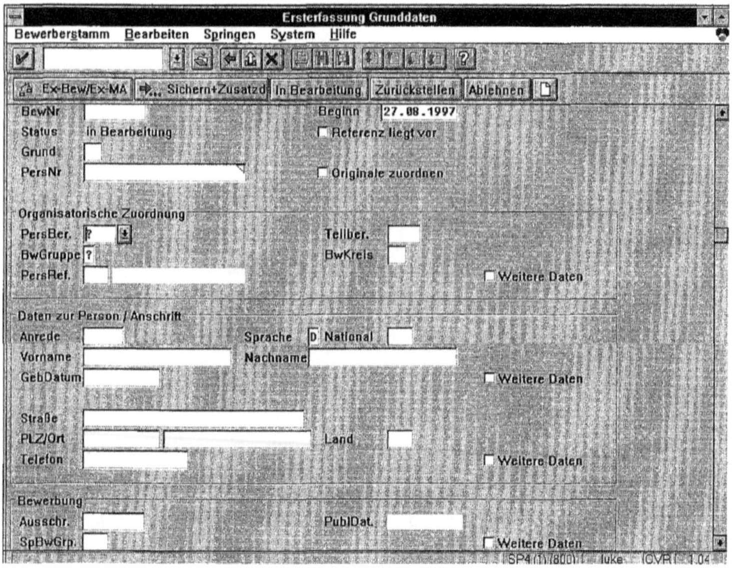

Quelle: Bildschirmausdruck des SAP R/3-Systems

In diesem Schritt wird außerdem eine automatische Überprüfung durch das System durchgeführt, inwiefern ein interner oder externer Bewerber bzw. ein Erst- oder Mehrfachbewerber vorliegt. Für den Fall einer internen Bewerbung werden die in der Personaladministration erfaßten Daten automatisch als Vorschlagswerte eingespielt. Bei einem Externen wird die manuelle Eingabe der Daten erforderlich. Abgesehen davon verzweigt das System bei Mehrfachbewerbungen automatisch in die Bewerbermaßnahme 'Erneute Bewerbung' und speichert die neue Bewerbung unter der bereits vorhandenen Bewerbernummer ab. Folglich wird eine Doppelerfassung von Daten vermieden. Besteht nach diesem Schritt der Erfassung kein weiteres Interesse an dem Bewerber, ist der Erfassungsaufwand an dieser Stelle abgeschlossen.

Ist der Bewerber für das Unternehmen weiterhin von Bedeutung, werden anschließend in der zweiten Bewerbungsmaßnahme 'Zusatzdaten erfassen' nähere Informationen gespeichert. Hierunter fallen sowohl Angaben über die Ausbildung und Qualifikationen als auch die Zuordnung zu einer Ausschreibung. Mit dieser zweistufigen Vorgehensweise wird erreicht, daß der Erfassungsaufwand für die nicht in Frage kommenden Bewerber verringert werden kann.

Abb. 3-24: Erfassung der Zusatzdaten

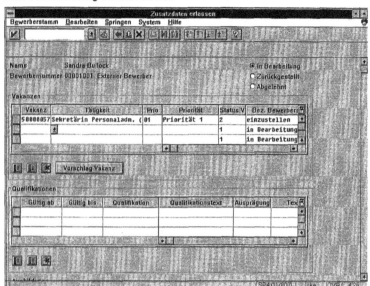

Quelle: Bildschirmausdruck des SAP R/3-Systems

Wird der Entschluß getroffen, einen bestimmten Bewerber einzustellen, können die gespeicherten Bewerberdaten in die Anwendungskomponente 'Personaladministration' übernommen werden. Besteht in diesem Zusammenhang eine Verknüpfung zwischen diesen beiden Anwendungsbereichen, können die Daten in einem direkten Datenaustausch übertragen werden. Bei einem nichtintegrierten Einsatz muß der Austausch über Datenträger stattfinden.

Neben dem zuvor erwähnten Infotyp 'Bewerbermaßnahmen' bestehen in der Personalbeschaffung noch weitere Infotypen, zu denen die jeweiligen Bewerberdaten gruppiert werden und die bei einem gezielten Zugriff auf die Daten bekannt sein müssen. Eine Übersicht beispielhafter Infotypen wird in der folgenden Abbildung gezeigt.

Abb. 3-25: Infotypen der Personalbeschaffung

Infotypbezeichnung	Inhalt
Bewerbermaßnahme	Speicherung der Bewerberdaten für die Ersterfassung und die Zusatzdaten.
Bewerbungen	Speicherung, ob sich eine Bewerbung auf eine Ausschreibung bezieht.
Vakanzzuordnung	Speicherung, welchen Vakanzen ein Bewerber zugeordnet ist.
Personalnummer des Bewerbers	Speicherung, welche Personalnummer ein interner Bewerber hat.

Quelle: SAP AG: Online-Dokumentation, PA-Personalbeschaffung, Walldorf 1996, S. 40 f;
Eigene Darstellung

Im Verlauf dieser Beschaffungsmaßnahme wird die Abwicklung der Bewerberkorrespondenz systemseitig unterstützt, indem die benötigten Briefe und Dokumente wie beispielsweise Einladungen, Zusagen bzw. Absagen über ein Textverarbeitungsprogramm automatisch erstellt werden. Dabei können durch Hinzufügung des Bewerbernamens bzw. der Anschrift, Standardbriefe unverändert bzw. individuell ausgerichtete Briefe durch leichte Änderungen in den Standardbriefen vereinfacht erstellt und ausgedruckt werden.[163]

Mit der Beschaffungskomponente werden allerdings nicht nur die Verwaltungsaktivitäten unterstützt, sondern zudem detaillierte Auswertungen über die Beschaffungskosten und -erfolge erstellt. Hierbei können u.a. Auswertungen über die angefallenen Ausschreibungskosten, die Kosten pro Bewerber und über die Durchlaufzeiten einer Bewerbung angefertigt werden. Die Auswertungen können als Instrument für die Wirtschaftlichkeits- und Erfolgskontrolle einer Beschaffungsmaßnahme benutzt werden.

3.5.2 Kritische Würdigung der Personalbeschaffung

Mit der Personalbeschaffungskomponente wird dem Anwender ein Instrument zur Verfügung gestellt, mit dem die Bearbeitung, Verwaltung und Auswertung

---

[163] Vgl.: SAP AG: Online-Dokumentation, PA-Personalbeschaffung, a.a.O., S.8 ff

von Bewerbungen durchgeführt werden kann. Zusätzlich wird der Beschaffungsprozeß im Hinblick auf die Bewerberauswahl, die Terminverfolgung und dem Schriftverkehr unterstützt.

Der Prozeß der Personalbeschaffung wird durch einen qualitativen und/oder quantitativen Personalbedarf ausgelöst. Obwohl die Bedarfsermittlung eine zentrale Ausgangsgröße für den Beschaffungsprozeß darstellt, wird diese im betriebswirtschaftlichen Sinn mit der Beschaffungskomponente oder mit anderen Komponenten nicht abgedeckt. Als Auslöser für den Beschaffungsprozeß dient im R/3-System lediglich eine derzeit vakante Stelle. Diese vakante Stelle muß zusätzlich in der Organisationskomponente manuell als solche gekennzeichnet werden. Ein automatischer Systemhinweis in der Beschaffungskomponente auf diese vakante Stelle ist auch nur dann gegeben, wenn diese Komponente mit der Organisationskomponente verknüpft ist.

Die für die Ermittlung des voraussichtlichen Personalbestands notwendigen Instrumente wie z.B. eine Abgangs-/Zugangs-Tabelle[164] oder ein Prognoseverfahren werden nicht unterstützt. Die dafür benötigten statistischen Größen können nicht erfaßt und berücksichtigt werden, wie beispielsweise die Fluktuationsrate oder Daten bezüglich der Arbeitsmarktentwicklung. Infolgedessen können Aussagen über die Personalbestandsentwicklung und den zukünftigen Brutto- bzw. Nettopersonalbedarf unter quantitativen, qualitativen und finanziellen Gesichtspunkten nicht mit Hilfe des Systems aufgestellt werden.

Neben diesem Kritikpunkt bezieht sich ein weiterer auf die Erstellung bzw. Auswertung der Profile. Die Komponente 'Personalbeschaffung' unterstützt zwar die Auswertung der Qualifikationsprofile der Bewerber gegenüber dem Anforderungsprofil der Stelle, aber eine automatische Analyse der Bewerbungsunterlagen wird nicht ermöglicht. Insbesondere die Auswertung des Lebenslaufes[165] hinsichtlich zeitlicher Widersprüche wird nicht unterstützt und muß vom Anwender manuell im System vermerkt werden. In diesem Zusammenhang sollte darum gewährleistet sein, daß die eingegangenen Bewerbungen sowohl von der Personalabteilung als auch, unabhängig von dieser, von der jeweiligen Fachabteilung ausgewertet werden. Anschließend können die beiden unabhängig voneinander erstellten Auswertungen verglichen

---

[164] Vgl.: Horsch, Dr. Jürgen: Personalplanung, in: Maess, Kerstin u.a.: a.a.O., S. 141
[165] Vgl.: Bisani, Fritz: a.a.O., S. 255

und die Auswahlentscheidung auf einer objektiveren Basis gefällt werden. Standardmäßig ist diese Doppelauswertung im System aber nicht vorgesehen. Die Fach- bzw. Personalabteilung greift deshalb auf bereits von der jeweils anderen Abteilung bewertete Bewerbungsunterlagen zu. Daher müssen im System entweder zwei voneinander unabhängige Auswertungsmöglichkeiten für einen Bewerber geschaffen oder der Bewerber unter zwei Bewerbernummern geführt werden.

Im Rahmen der Feststellung des Eignungspotentials des Bewerbers besteht zudem die Notwendigkeit, daß zur Erstellung von Profilauswertungen Beurteilungskriterien[166] im System festgelegt werden. Hierfür werden die Anforderungen des jeweiligen Arbeitsplatzes (Anforderungsprofil) zugrunde gelegt. Kritisch ist hierbei die mangelnde Objektivität des Anwenders bei der Kriterieneinstufung des Bewerbers, die eine richtige Entscheidungsfindung in Frage stellt. Die Operationalisierung der nicht meßbaren Einflußgrößen, vor allem die der Schlüsselqualifikationen, beruht auch im R/3-System auf dem subjektiven Einschätzungsvermögen des Anwenders. Eine Unterstützung der Entscheidungsfindung durch das System könnte dagegen den Auswahlprozeß objektiver gestalten. Allerdings wäre es ebenso bedenklich, wenn das System die Operationalisierung der Einflußfaktoren ohne Einfluß des Anwenders durchführen könnte. Bei einer Entscheidungsfindung allein durch das System, würde der Anwender lediglich als Befehlsempfänger fungieren, ohne jegliche Beeinflussungs- und Kontrollmöglichkeit der Auswahlergebnisse.

Die Durchführung des Auswahlprozesses wird, wie bereits erwähnt, durch Profilvergleiche im System unterstützt. Dieser Profilvergleich ist jedoch nur mit integriertem Einsatz der Organisations- und Qualifikationskomponente durchführbar und könnte deswegen eine Nutzungseinschränkung der Beschaffungskomponente darstellen. Neben dem Profilvergleich werden keine weiteren Auswahlmethoden angeboten, geschweige denn unterstützt. Leistungstests in Form von Fragebögen, die danach durch das System ausgewertet werden könnten, sind nicht enthalten. Genauso wenig Assessment-Center[167], die beispielsweise durch im System enthaltene Planspiele zur

---

[166] Für die Festlegung der Beurteilungskriterien bedarf es der Zustimmung des Betriebsrates (§ 94 BetrVG).
[167] Vgl.: Bühner, Rolf: a.a.O., S. 106 f

Unterstützung der Potentialerkennung herangezogen werden könnten. Die Test-bzw. Assessment-Center-Ergebnisse, die z.B. Hinweise auf die soziale Kompetenz des Bewerbers geben, müssen daher durch den Anwender manuell aufbereitet werden. Die aufbereiteten, durchaus subjektiven Ergebnisse werden anschließend in das System eingegeben und können im Bewerber-Qualifikationsprofil angezeigt werden.

Zusätzlich zu den zuvor beschriebenen kritischen Gesichtspunkten sind gesetzliche Restriktionen zu berücksichtigen, die die Funktionalität der Komponente weiter einengen.
Die Beschaffungskomponente sieht vor, daß mit Eingang einer Bewerbung bzw. mit Eingabe der Bewerberdaten automatisch durch das System erkannt wird, ob sich der Bewerber in der Vergangenheit schon einmal beworben hat. Diese Funktionalität stellt eine Erleichterung der Datenerfassung dar, weil entsprechende Daten vom System automatisch eingespielt werden. Allerdings steht diese vorteilhafte Funktionalität mit dem Bundesdatenschutzgesetz im Konflikt. Dahingehend ist es rechtlich nicht zulässig, die Daten von nicht eingestellten Bewerbern nach Abschluß eines Bewerbungsverfahrens weiterhin aufzubewahren[168]. Für die Aufbewahrung der Daten ist eine ausdrückliche Zustimmung des Bewerbers notwendig[169]. Eine derartige Nutzung der Funktionsweise der Beschaffungskomponente setzt voraus, daß die Daten der ehemaligen Bewerber aufbewahrt werden. Um die rechtlichen Reglementierungen einhalten zu können, muß folglich im standardisierten Einladungs- oder Absageschreiben die Einwilligung des Bewerbers im Hinblick auf die Aufbewahrung der Bewerberdaten eingeholt werden.[170]
Neben diesen datenschutzrechtlichen Aspekten muß bei der Personalbeschaffung bzw. -einstellung der Betriebsrat berücksichtigt werden[171]. Einen Hinweis auf eine Beteiligung des Betriebsrates ist an keiner Stelle der Personalbeschaffungskomponente gegeben. Daher wäre eine Mitteilung durch das System wünschenswert, ob eine Beteiligung des Betriebsrates stattgefunden hat und wenn nicht, in welcher Form diese stattzufinden hat.
Bezüglich der Personalbeschaffungskomponente kann zusammenfassend festgehalten werden, daß der Name dieser Komponente mehr verspricht als er

---

[168] Vgl.: Bundesverfassungsgericht-Entscheidung vom 15.12.1983 zu Art. 2 Abs. 1 Grundgesetz („Volkszählungsurteil")
[169] Vgl.: § 4 BDSG
[170] Vgl.: Steckler, Prof. Dr. Brunhilde: a.a.O., S. 338
[171] Vgl.: § 99 Abs. 2 BetrVG

beinhaltet. Die fehlende Personalbedarfsermittlung, der zwingend notwendige Einsatz der Organisations- und Qualifikationskomponente sowie die mangelnde Berücksichtigung des Datenschutzes bzw. Betriebsverfassungsgesetzes erfordern noch einige Verbesserungen. Zudem trägt auch diese Komponente nicht zu einer objektiveren Entscheidungsfindung bei der Bewerberauswahl bei. Der Einsatz der Personalbeschaffungskomponente ist deshalb nur für die Verwaltung von Massenbewerbungen lohnenswert, wenn demnach viele Bewerbungen auf viele (freie) Stellen eingehen. Infolgedessen ist der Einsatz überwiegend für große Unternehmen von Vorteil, bei denen die nutzbaren Vorteile der Komponente in einem angemessenen Verhältnis zu den Kosten der Komponenteneinführung stehen.

3.6 Reisekosten

Angesichts der zunehmenden Globalisierung der Märkte müssen sich auch die Unternehmen dieser Wirtschaftsentwicklung anpassen. Dahingehend spielt die Präsenz der Unternehmen am Ort des Geschehens eine immer wichtigere Rolle, wodurch verstärkt nationale und internationale Reisetätigkeiten der Mitarbeiter ausgelöst werden. Vor allem im Dienstleistungssektor und dort insbesondere im Beratungsbereich stellen die Reisekosten einen verhältnismäßig großen Kosten- und Zeitfaktor dar. Infolgedessen kommt der Verwaltung und Abrechnung der Reisen bzw. Reisekosten eine nicht zu unterschätzende betriebliche Bedeutung zu. Nicht nur die Interessen des Unternehmens und der Mitarbeiter sind relevant, sondern auch das Finanzamt erhebt Anspruch auf eine korrekte steuerliche Behandlung der Reisekosten.

Um der wirtschaftlichen Entwicklung und den Anspruchsgruppen gerecht zu werden, tritt der Einsatz eines EDV-gestützten Reisemanagements zunehmend in den Vordergrund, welches die Abwicklung von Reisetätigkeiten unterstützt und den Arbeitsaufwand stark reduziert.

3.6.1 Funktionalität der SAP-Komponente

Der Leistungsumfang der SAP-Komponente unterstützt angefangen bei der Antragserfassung und der Genehmigung über die Abrechnung bis hin zur Auszahlung und Verbuchung der Reisekosten den gesamten Prozeß der Reisekostenbearbeitung.

Eine grundlegende Voraussetzung für die Erfassung und Bearbeitung von Reisekostendaten, ist das Vorhandensein eines Mitarbeiterstammsatzes, der der Reisekostenkomponente die notwendigen Mitarbeiterinformationen zur Verfügung stellt. Wesentliche Daten sind u.a. der Mitarbeitername, die organisatorische Zuordnung, die Bankverbindung und vor allem die Reiseprivilegien, mit deren Hilfe mitarbeiterspezifische Reise- und Spesenberechtigungen definiert werden können, beispielsweise die Höhe der Erstattungsbeträge und die Fahrzeugart. Dieser Stammsatz kann einerseits direkt in der Reisekostenkomponente über einen sogenannten 'Ministammsatz' oder in der Komponente 'Personaladministration' angelegt werden. Für die spätere Abrechnung und Verbuchung der Reisekosten muß jeder Arbeitnehmer eine Kostenstelle zugewiesen bekommen.

Zur Durchführung der Reisedatenerfassung muß zunächst der Organisationsablauf der Reisekostenabwicklung festgelegt werden. Hierbei besteht in der Reisekostenkomponente die Wahlmöglichkeit zwischen einer zentralen oder dezentralen Erfassung, die beide im System standardmäßig definiert sind. Gleichwohl können unternehmensspezifische Arbeitsabläufe berücksichtigt werden.

Im Rahmen der zentralen Organisationsform erfolgt die Erfassung der Reisedaten durch die zuständige Fachabteilung, wobei an dieser Stelle wiederum zwei Varianten zur Auswahl stehen. Zum einen kann die Beantragung einer Reise vor Beginn der Reisetätigkeit erfolgen. Hierfür muß ein schriftlicher Antrag bei der Fachabteilung eingereicht, geprüft, genehmigt und anschließend im System zentral erfaßt werden. Nach Abschluß der Reisetätigkeit werden die bereits erfaßten Daten durch die fehlenden Daten, die der Mitarbeiter nachträglich einreicht, im System ergänzt. Zum anderen werden bei der zweiten Variante die Reisedaten erst nach erfolgter Reisetätigkeit der Fachabteilung übermittelt und dort zentral erfaßt. Somit entfällt die vorherige Beantragung der Reise durch den Mitarbeiter.

Die Form der dezentralen Organisationsform verlagert die Erfassung der Reisedaten in die Bereiche, denen die reisenden Mitarbeiter zugeordnet sind. Auch hier werden zwei alternative Abläufe unterschieden. Größtenteils entspricht die erste Alternative, bei der die Beantragung vor Reiseaufnahme erfolgt, der zuvor erläuterten zentralen Variante. Der Unterschied ist jedoch, daß die Reisen nicht durch die Fachabteilung, sondern durch die einzelnen Bereiche erfaßt und genehmigt werden. In der zweiten Variante werden die Reisedaten durch die Mitarbeiter selbst ins System eingegeben und nach Beendigung der Reise ergänzt. Nachdem dieser Eingabevorgang abgeschlossen ist, wird der Reiseantrag an die Fachabteilung weitergeleitet, dort überprüft und im nachhinein genehmigt.

Innerhalb dieser Organisationsformen der Reisedatenerfassung besteht die Möglichkeit, zwischen mehreren Erfassungsarten zu wählen. Dabei können neben der Einzelerfassung, in der genau eine Reise detailliert erfaßt wird, auch gleichzeitig mehrere ein- bzw. mehrtägige Inlandsreisen eines Mitarbeiters über die Schnellerfassung bearbeitet werden. Zudem kann eine wöchentliche

Erfassung mittels Wochenberichte durchgeführt und vorab geleistete Reisekostenauszahlungen über eine Vorschußerfassung berücksichtigt werden. Welche Erfassungsart letztendlich für eine bestimmte Reise geeignet ist, hängt u.a. auch vom Reisetyp[172] ab. Während die Einzelerfassung auf jeden Reisetyp anwendbar ist, besteht für die anderen Erfassungsarten nur eine eingeschränkte Verwendbarkeit. So kann beispielsweise eine Auslandsreise nicht über einen Wochenbericht bzw. über eine Schnellerfassung eingegeben werden sondern lediglich mit Hilfe der Einzelerfassung.

Für einen Reisetyp werden schließlich die Rahmendaten einer Reise erfaßt, die für das Anlegen einer Reise unbedingt erforderlich sind. Zu den Rahmendaten einer Reise gehören u.a. der Zeitraum, das Hauptziel mit Orts- und Reisegrundangabe sowie die Eigenschaften einer Reise. Mittels dieser Eigenschaften wird definiert, auf welche Pauschal- oder Höchstsätze zugegriffen werden soll. An dieser Stelle wird ebenfalls ein Reiseschema ausgewählt, damit die Masken der Erfassungsarten dem jeweiligen Reisetyp (Inlands-/Auslandsreise) entsprechen. Außerdem muß hinterlegt werden, ob die Reisekosten pauschal oder über Einzelnachweise abgerechnet werden sollen. Im Rahmen der Pauschalabrechnung ist eine pauschale Erstattung der Reisekosten unabhängig von den tatsächlich angefallenen Reiseaufwendungen gegeben, da für die Abrechnung eine Fahrtkosten-, Verpflegungs- und Unterkunftspauschale zugrunde gelegt wird. Dagegen werden bei der Einzelnachweisabrechnung die tatsächlichen Aufwendungen anhand von Belegen errechnet. Schließlich muß im Zusammenhang mit den Rahmendaten ebenso die Kontierung der Reisekosten festgelegt werden, was beispielsweise die Zuordnung der Kosten zu einer Kostenstelle oder zu einem Auftrag zur Folge hat.

---

[172] Unter einem Reisetyp versteht die SAP-Online-Dokumentation beispielsweise eine Differenzierung in eine Inlands- bzw. Auslandsreise oder in eine ein- bzw. mehrtägige Reise.

Abb. 3-26: Rahmendaten einer Reise

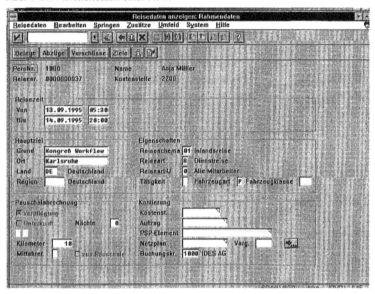

Quelle: Bildschirmausdruck des SAP R/3-Systems

Neben diesen Rahmendaten müssen ferner Zusatzdaten für eine Reise erfaßt werden wie beispielsweise Vorschüsse, Zwischenziele und Einzelnachweise. Anhand der Reisezwischenziele wird z.B. später die Abrechnung und Kostenaufteilung unterstützt.

Der Verlauf der Reisedatenerfassung kann über einen Reisestatus dokumentiert werden. Dieser Status gibt an, in welcher Bearbeitungsphase sich eine Reise befindet. Über einen Genehmigungsstatus kann genau aufgezeigt werden, ob eine Reise bereits erfolgt oder genehmigt ist. Inwiefern nun eine Reise in der nächsten Abrechnung berücksichtigt werden soll, kann über einen Abrechnungsstatus festgelegt werden, der angibt, ob die Reise offen ist, storniert oder abgerechnet werden soll.

Nachdem die Erfassung aller Reise- und Reisekostendaten abgeschlossen ist, erfolgt die Kostenaufteilung und schließlich die Reisekostenabrechnung.

Durch die Kostenaufteilung können die Reisekosten nach unterschiedlichen Gesichtspunkten für die Reisekostenabrechnung aufgegliedert werden. Das System ermöglicht sowohl die Kostenaufteilung der Reisegesamtkosten als auch die Aufteilung der Kosten einzelner Zwischenziele bzw. einzelner Belege. Bei den beiden ersten Möglichkeiten kann eine prozentuale Aufteilung erfolgen, während bei der Belegbetragsverteilung ebenfalls eine absolute Kostenverteilung vorgenommen werden kann.

Die in der Reisekostenabrechnung ermittelten Abrechnungsergebnisse dienen der weiteren Berechnung des Erstattungs-, Steuerfrei- und Hinzurechnungsbetrags für den Mitarbeiter. Im Anschluß daran werden die Ergebnisse der Reisekostenabrechnung an die Finanzbuchhaltung, Kostenrechnung und Personalabrechnung weitergeleitet, sofern die Reisekostenerstattungen mit der Lohn- und Gehaltsabrechnung ausgezahlt werden sollen. Als Alternative können die Erstattungsbeträge auch unabhängig von der Personalabrechnung über einen Datenträgeraustausch oder über die Finanzbuchhaltung erstattet werden. Bei einer Erstattung über die Finanzbuchhaltung wird ein Mitarbeiterkonto eingerichtet, das den Mitarbeiter als Kreditor oder Debitor kennzeichnet. Die Auszahlung der Reisekosten wird dabei durch die Finanzbuchhaltung veranlaßt.

Weiterhin werden Formulare und Bescheinigungen mit diesen Abrechnungsergebnissen erstellt. Die Nachweise dienen dem Mitarbeiter einerseits zur Kontrolle der Reise- und Reisekostendaten und andererseits als Werbekostennachweis zur Vorlage beim Finanzamt. Neben diesen Nachweisen können durch die Reisekostenkomponente Statistiken und Auswertungen erzeugt werden, mit deren Hilfe verschiedene Analysen durchführbar sind.[173]

3.6.2 Kritische Würdigung der Reisekosten

Durch die Komponente 'Reisekosten' wird dem Anwender die Möglichkeit eröffnet, die Reisekostenabwicklung von der Antragserfassung über die Genehmigung und Abrechnung bis hin zur Auszahlung und Verbuchung durchzuführen. Dabei ist auf Grund der regelmäßigen Updates der R/3-Software sichergestellt, daß die Abwicklung der Reisekostenabrechnung stets nach den aktuellen steuerrechtlichen Vorschriften durchgeführt wird.

---

[173] Vgl.: SAP AG: Online-Dokumentation, PA-Reisekosten, Walldorf 1996

Probleme können allerdings sowohl bei ablauforganisatorischen als auch inhaltlichen Gesichtspunkten bei der Gestaltung der Reisekostenabrechnung auftreten. Die Reisekostenkomponente besitzt bereits eine Vielzahl von vordefinierten Abläufen einer Reisekostenabrechnung. Solange diese standardmäßigen Abläufe übernommen werden, bestehen keine größeren Probleme. Sobald jedoch ein Unternehmen ablauforganisatorische Besonderheiten aufweist, können Anpassungsprobleme entstehen. Diese Besonderheiten können in der Regel nur mit selbsterstellten Programmen ergänzt werden. Ebenso zeigen sich Anpassungsprobleme bei den Reisekostennachweisen für die Mitarbeiter. Auch hier können die Nachweise nur mit viel Aufwand für den individuellen Bedarf modifiziert werden.

Anpassungsprobleme können sich ebenfalls im Hinblick auf die inhaltliche Gestaltung der Reisekostenabrechnung ergeben. Die Reisekostenkomponente berücksichtigt die gesetzlich vorgeschriebenen Aspekte für die Reisekostenabrechnung. Jedoch bieten Unternehmen, die eine ausgeprägte Reisetätigkeit aufweisen, ihren Mitarbeitern häufig besondere Erstattungsbeträge an, die über die gesetzlichen Regelungen hinausreichen. Für die Berücksichtigung dieser unternehmensindividuellen Regelungen bedarf es im Regelfall eines größeren Anpassungsaufwandes. Diese Anpassungen können durchaus über die Customizing-Einstellungen hinaus gehen und daher zu Programmierungen führen. Mit definierbaren Reiseprivilegien können mitarbeiterspezifische Berechtigungen festgelegt und so beispielsweise als Instrument zur Motivationssteigerung verwendet werden. Hierbei wird z.B. definiert, welcher Mitarbeiter welchen Firmenwagen benutzen darf oder welche Spesenberechtigungen besitzt. Mit der Festlegung dieser Reiseprivilegien können Mitarbeitern mit besonders guten Leistungen individuelle Privilegien z.B. für die Fahrzeugbenutzung eingeräumt werden. Die relativ starre Privilegienfestlegung bringt aber auch Probleme mit sich. Sollten individuelle Abweichungen über diese Privilegien hinaus auftreten, sind diese nicht ohne weiteres im System erfaßbar. Selbst wenn die Abweichungen im Einzelfall genehmigt sind und nur einmalig auftreten, müssen die Privilegien vor der Eingabe der Reisekostendaten vermerkt sein. Ansonsten wird das System die Annahme der Daten verweigern. An dieser Stelle sollte das System die Erfassung von einmaligen Vorfällen ohne Änderung der Privilegien gestatten. Dadurch wäre eine schnellere Abwicklung der Reisekostenerfassung in Einzelfallsituationen möglich.

Gleichzeitig stellen weitreichende Reiseprivilegien einen großen Kostenfaktor für das Unternehmen dar. Hierfür wäre eine Softwarefunktion interessant, die eine Art Anreizsystem unterstützen würde. Dem Mitarbeiter kann beispielsweise ein Bonus eingeräumt werden, wenn er seine Reiseprivilegien nicht voll ausschöpft. Steht dem Mitarbeiter z.b. eine Fahrt erster Klasse zu und nutzt dieser nur die zweite Klasse, könnte der eingesparte Betrag als Bonus anteilig an den Mitarbeiter ausgezahlt werden. Der Mitarbeiter hätte einen Anreiz, seine Reiseprivilegien nicht bis zum letzten auszuschöpfen, und der Arbeitgeber hätte geringere Reisekosten zu tragen. Ein zusätzlicher Vorteil dieser Regelung wäre, daß der Mitarbeiter kostenorientierter denken würde und einer möglichen Manipulation der Reisekostenbeträge durch den Mitarbeiter entgegnet werden kann.

Eine weitere fehlende Funktionalität in der Reisekostenkomponente besteht im Hinblick auf Versicherungen. Sofern keine dauerhaften Reiseversicherungen (z.B. Jahres-Reisegepäckversicherung) durch das Unternehmen für die Reisenden abgeschlossen wurden, wäre ein Hinweis bzw. eine Empfehlung durch das System auf Abschluß einer entsprechenden Versicherung für die Reise angebracht. Infolgedessen könnte gewährleistet werden, daß Kosten auf Grund von Reiseschäden in einem überschaubaren Rahmen bleiben würden. Eine weitere Unterstützung der Reisedatenbearbeitung könnte speziell für Auslandsreisen erfolgen. Bei Auslandsreisen könnte das System Prophylaxen vorschlagen, die für das jeweilige Land erforderlich sind, wie z.B. Schutzimpfungen.

Unterstützend für die Reisetätigkeit wäre zudem ein integriertes Routenplanungssystem. Vor Antritt einer Reise könnten bereits Reisedaten, wie z.B. das Reiseziel, erfaßt werden. Über das Navigationssystem kann anschließend die schnellste Verbindung zwischen Start- und Zielort sowie das günstigste Verkehrsmittel ermittelt werden. Dieses Routensystem unterstützt dabei sowohl den Mitarbeiter als auch das Unternehmen. Während dem Mitarbeiter die Planung seiner Reise erleichtert wird, stellt das Navigationssystem für das Unternehmen ein Instrument zur Kosteneinsparung dar.

Nach Darlegung dieser positiven und negativen Gesichtspunkte kann abschließend festgehalten werden, daß der Einsatz der Reisekostenkomponente für die Abwicklung der Reisetätigkeit durchaus geeignet ist. Vor allem bei der Übernahme der Standardabläufe und -funktionen wird die rationelle Gestaltung der Reisekostenabrechnung unterstützt. Ein Anpassungsaufwand, der bei betriebsindividuellen Besonderheiten entstehen würde, wäre sicherlich lohnenswert, wenn die Anzahl der durchgeführten Reisen diesen Aufwand rechtfertigt. Darüber hinaus kann durch die konsequente Berücksichtigung der steuerrechtlichen Aspekte den Wünschen des Unternehmens, der Finanzbehörde, wie auch anderen Adressaten bezüglich der Richtigkeit der Reisekostenabrechnung entsprochen werden. Zudem kann die Reisekostenkomponente unabhängig von der Personaladministration eingesetzt werden, da in der Komponente 'Reisekosten' ein eigener 'Ministammsatz' für die Reisenden angelegt werden kann.

3.7   Informationssystem

Der Begriff 'Informationssystem' bzw. 'Personalinformationssystem' wird häufig als Bezeichnung für die komplette Software, die im Personalbereich eingesetzt wird, verwendet. Der Autor Hentze definiert in diesem Zusammenhang das Personalinformationssystem als ein „System zur Gewinnung, Speicherung, Verarbeitung, Auswertung und Übertragung personal- und arbeitsplatzbezogener Informationen"[174]. Anders ist die Begriffsverwendung in der SAP R/3-Software. Hier wird der Begriff 'Informationssystem' für eine Komponente verwendet, mit deren Hilfe der Anwender Auswertungen bzw. Kennzahlen erstellen kann. Der Begriff 'Informationssystem' wird im R/3-Sprachgebrauch folglich als ein eigenständiger Teilbereich der kompletten Software verstanden.

3.7.1 Funktionalität der SAP-Komponente

Das 'Informationssystem' des Moduls 'Personalwirtschaft' stellt neben den Auswertungen innerhalb der jeweiligen Komponenten, ein zusätzliches Auswertungsinstrument für die in der R/3-Software enthaltenen personalwirtschaftlichen Daten bereit. Dieses Instrument greift dabei auf die Organisationsstrukturen des Unternehmens zurück, die in der anfangs erläuterten Anwendungskomponente 'Organisation' definiert wurden.

Im Rahmen der Auswertungen kann der Anwender durch Festlegung einer Organisationseinheit bestimmte Kennzahlen ermitteln, die als Steuerungsgrößen für das Unternehmen dienen können. Diese Auswertungen können sowohl mit Vergangenheits-, Gegenwarts- als auch mit Zukunftsdaten erstellt werden.

Nachdem festgelegt wurde, für welchen Unternehmensbereich und Zeitraum die Auswertungen erfolgen sollen, wird anschließend ein bestimmtes Auswertungsteilgebiet ausgewählt und dieses durch eine entsprechende 'Anwendungsfunktion' näher spezifiziert. Die folgende Tabelle verdeutlicht, welche Möglichkeiten der Auswertungen dem Anwender zur Verfügung stehen.

---

[174] Hentze, Joachim: Personalwirtschaftslehre 2, a.a.O., S. 332

Abb. 3-27: Auswertungsmöglichkeiten

Teilgebiet	Beispielhafte Anwendungsfunktionen
Vorgaben	• Eingrenzen des Auswertungszeitraums
EMPLDATA	• Mitarbeiterverzeichnis • Be- und Abzüge • Telefonverzeichnis • An- und Abwesenheiten pro Mitarbeiter
Organisation	• Stellenbeschreibung • Vakante Planstellen • Planstellenbesetzung • Arbeitsplätze • Mitarbeiteranzahl
Personalbestand	• Nationalitäten • Altersstruktur • Schwerbehinderungen • Personenstatistiken
Qualifikation	• Personen mit bestimmten Qualifikationen • Qualifikationsdefizite • Qualifikationsprofile von Personen • Anforderungsprofil

Quelle: SAP R/3-System;
    Eigene Darstellung

Für den Fall, daß der Anwender beispielsweise eine Auswertung über die Nationalitäten der Mitarbeiter in der Personalabteilung aufstellen möchte, muß zunächst die Organisationsstruktur auf die Personalabteilung eingegrenzt werden. Danach kann im Auswertungsteilgebiet 'Personalbestand' die Anwendungsfunktion 'Nationalität' ausgewählt werden. Im einzelnen verdeutlicht die dann erscheinende Auswertung, welche Nationalitäten in der Personalabteilung vertreten sind sowie eine prozentuale und absolute Aufgliederung dieser Mitarbeiterzahlen nach dem Geschlecht.

Abb. 3-28: Nationalitätenauswertung für die Personalabteilung

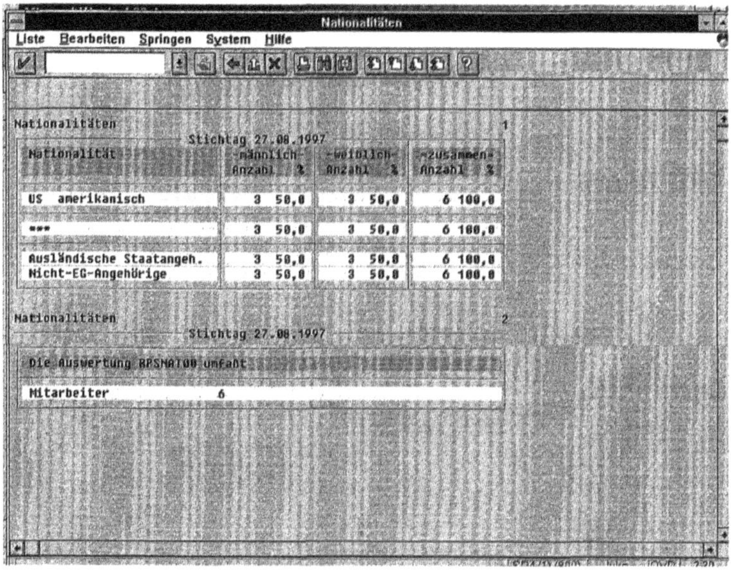

Quelle: Bildschirmausdruck des SAP R/3-Systems

Durch die Möglichkeit, Daten externer Quellen (z.B. spezifische Branchendaten, Daten der Verbände) im System den eigenen Werten gegenüberzustellen, kann der Anwender außerdem erkennen, inwiefern die eigenen von den Daten anderer Unternehmen abweichen. Ebenso können die Auswertungen um eigene Kennzahlen ergänzt werden, je nachdem welche betriebsindividuellen Informationsbedürfnisse abgedeckt werden sollen.[175]

3.7.2 Kritische Würdigung des Informationssystems

Im Rahmen der Komponente 'Informationssystem' wird die Erstellung von personalwirtschaftlichen Auswertungen ermöglicht. Hierfür werden die im Personalbereich angefallenen Daten aggregiert und aussagegerecht dargestellt.

Die Bezeichnung dieser personalwirtschaftlichen Komponente ist etwas irreführend. Im allgemeinen verbindet der Anwender mit dem Begriff

---

[175] Vgl.: SAP AG: Funktionen im Detail..., a.a.O., S. 3-5 f

'Personalinformationssystem' ein System, das sowohl die Erfassung und Speicherung als auch die Verarbeitung und Auswertung von personenbezogenen Daten umfaßt. Bei näherer Betrachtung ist das Informationssystem des Personalwirtschaftsmoduls jedoch nur ein Bestandteil von dem, was im allgemeinen unter Personalinformationssystemen verstanden wird. Eine Umbenennung dieser Komponente beispielsweise in 'personalstatistische Auswertungen' wäre an dieser Stelle aussagekräftiger.

In der Informationssystemkomponente sind eine Vielzahl von Auswertungen integriert. Diese standardmäßig vorgegebenen Auswertungen sind ebenfalls in den jeweiligen personalwirtschaftlichen Komponenten enthalten. Demzufolge ist das 'Informationssystem' nur eine Zusammenfassung aller Auswertungen der einzelnen personalwirtschaftlichen Komponenten. Diese Zusammenfassung gibt jedoch einen Überblick über die Auswertungen, ohne in die einzelnen personalwirtschaftlichen Komponenten verzweigen zu müssen. Die Erstellung neuer Auswertungen durch den Anwender ist ohne weiteres in dieser Komponente möglich.

Die Auswertungen können aber nur in Verbindung mit den entsprechenden Komponenten des Personalwirtschaftsmoduls durchgeführt werden. Bei einer Auswertung wie beispielsweise über die Nationalitäten einer Abteilung, muß sowohl die Organisations- als auch die Administrationskomponente im Einsatz sein. Diese zwingende Integration anderer Komponenten hat daher eine stark einschränkende Wirkung auf das Nutzungspotential der Informationssystemkomponente.

Für den Fall, daß die Informationssystemkomponente mit den anderen personalwirtschaftlichen Komponenten verknüpft ist, können diverse Personalstatistiken erstellt werden. Die für die Personalstatistik benötigten Personalstrukturdaten[176], -bewegungsdaten[177] und -leistungsdaten[178] sind in den jeweiligen personalwirtschaftlichen Komponenten enthalten.[179] Doch trotz dieser verfügbaren Daten sind die standardmäßig angebotenen Auswertungen nicht ausreichend, um als Kontrollinstrument für die Personalarbeit zu dienen. Diese

---

[176] Zu den Personalstrukturdaten gehören u.a. demographische Mitarbeiterdaten, wie z.B. Alter, Betriebszugehörigkeit.
[177] Zu den Personalbewegungsdaten gehören z.B. Qualifizierungsmaßnahmen oder Positionsänderungen.
[178] Zu den Personalleistungsdaten gehören z.B. die erreichten Zeitgrade bei der Akkordarbeit oder Leistungsentgelte.
[179] Vgl.: Bisani, Fritz: a.a.O., S. 333 f

Tatsache hat zur Konsequenz, daß der Anwender durch Eigenprogrammierung das SAP-Informationssystem in seiner standardmäßigen Auslieferung ergänzen muß. Zudem handelt es sich bei der Komponente auf keinen Fall um ein Personalcontrolling[180]. Sofern das 'Informationssystem' jedoch als Personalstatistiklieferant angesehen wird, kann es als Datenbasis für ein Personalcontrolling herangezogen werden[181].

Als Gesamturteil kann herausgestellt werden, daß die Komponente 'Informationssystem' lediglich eine Auflistung der im Modul 'Personalwirtschaft' bereits vorhandenen Auswertungen darstellt. Vorteilhaft ist, daß für den Gebrauch der Auswertungen nicht jede einzelne Komponente aufgerufen werden muß. Trotz fehlender Auswertungen kann das 'Informationssystem' dennoch als Grundlage für personalpolitische Entscheidungen herangezogen werden. Darüber hinaus unterstützen die statistischen Auswertungen die Personalplanung und übernehmen Kontrollaufgaben, wie beispielsweise die der Fehlzeiten. Im Bedarfsfall können fehlende Auswertungen in der SAP-Komponente selbst erstellt bzw. ergänzt werden und tragen somit zur Verbesserung der Entscheidungsfindung bei. Da ebenfalls die Möglichkeit besteht, externe Daten den eigenen Daten im System gegenüberzustellen, kann das 'Informationssystem' als eine Art Frühwarnsystem genutzt werden. Hierdurch können Fehlentwicklungen frühzeitig erkannt und entgegnet werden.

---

[180] Unter Personalcontrolling ist die Ausrichtung der Planung, Steuerung und Kontrolle personalwirtschaftlicher Prozesse auf den wirtschaftlichen Erfolg des Unternehmens zu verstehen. Personalcontrolling bezieht sich auf die personalwirtschaftlichen Teilfunktionen mit dem besonderen Anspruch, Wirtschaftlichkeitspotentiale offenzulegen und in einer „prozessual-ganzheitlichen" Sichtweise freizusetzen. (Bühner, Rolf: a.a.O., S. 372)
[181] Vgl.: Bisani, Fritz: a.a.O., S. 332

3.8 Empfehlung für die Vorlesung Personalwirtschaft

Die Einstufung der einzelnen Komponenten ist als Empfehlung für die Vorlesung 'Personalwirtschaft' im Rahmen des Schwerpunktes 'Personalwesen' angedacht. Für die Empfehlung werden dabei weniger die qualitativen Gesichtspunkte berücksichtigt, die bereits in den jeweiligen kritischen Würdigungen aufgeführt wurden. Vielmehr wird der Aspekt der Anschaulichkeit bei der praktischen Nutzung der entsprechenden Komponenten betrachtet. Mit der Anzahl der Symbole wird verdeutlicht, inwiefern die Funktionsweisen der Komponenten anhand einer simulierten Fallstudie nachvollziehbar sind. Hierfür werden jeweils Anwendungsbeispiele für die 'sehr-gut-geeigneten'-Komponenten aufgezeigt.

Symbolbedeutung: ☺ ☺ ☺   sehr gut geeignet

   ☺ ☺   gut geeignet

   ☺   weniger gut geeignet

   ☹   nicht geeignet

Abb. 3-29: Empfehlung für die Vorlesung Personalwirtschaft

Komponente	Empfehlung	Anwendungsbeispiel
Personaladministration	☺ ☺ ☺	Einstellung eines Mitarbeiters bzw. Anlegen eines Mitarbeiterstammsatzes
Zeitwirtschaft	☺ ☺	
Entgeltberechnung		
• Leistungslohn	☺ ☺	
• Personalabrechnung	☺ ☺	
• Arbeitgeber-Leistungen	☺	
Planung		
• Organisation	☺ ☺ ☺	Einrichten einer Unternehmensstruktur
• Qualifikation	☺ ☺ ☺	Durchführen eines Profilvergleiches

• Karriere- und Nachfolgeplanung	☺ ☺	
• Veranstaltungsmanagement	☹	
• Personalkapazitätsplanung	☺	
• Personaleinsatzplanung	☺ ☺	
• Personalkostenplanung	☺ ☺	
Personalbeschaffung	☺	
Reisekosten	☺	
Personalinformationssystem	☺ ☺ ☺	Durchführen von statistischen Auswertungen

Quelle: Eigene Darstellung

4.0 Art und Weise der Software-Einführung

Neben der Technologie und der eigentlichen Anwendung bzw. Bedienung ist bei umfangreicher Software der Einführungsprozeß von entscheidender Bedeutung. Hierbei hängt die Vorgehensweise sowohl von dem Umfang der Geschäftsprozeßoptimierung als auch von der ablauforganisatorischen Gestaltung des Einführungsprozesses ab.

4.1 Umfang der Geschäftsprozeßoptimierung

Vor der eigentlichen Software-Einführung sollte sich ein Unternehmen darüber im Klaren sein, welches Ziel mit dieser Einführung bezüglich der Geschäftsprozeßoptimierung erreicht werden soll. Diese fundamentale Zielsetzung hat anschließend Einfluß auf die ablauforganisatorische Vorgehensweise[182] der Software-Einführung. Grundlegend muß festgestellt werden, in welchem Umfang eine Reorganisation der eigenen Geschäftsprozesse stattfinden soll. Je nachdem wie groß der Anteil des reinen Einführungsaufwands im Verhältnis zu den gewünschten Business-Reengineering-Effekten sein soll, kann im allgemeinen zwischen vier Ausprägungen der Geschäftsprozeßoptimierung unterschieden werden.

Die erste Ausprägung ist dadurch gekennzeichnet, daß die Software eingeführt werden soll, ohne eine Reorganisation der Geschäftsprozesse vorzunehmen. Dabei werden die unternehmensindividuellen Prozesse lediglich den R/3-Erfordernissen im notwendigen Umfang angepaßt. Bei dieser Vorgehensweise steht die Geschwindigkeit der Einführung im Vordergrund und weniger die erzielbare Optimierung der Geschäftsprozesse.

Eine weitere Vorgehensweise orientiert sich im Rahmen der Einführung an den in der R/3-Software bereits integrierten Geschäftsprozessen. Bei dieser Methode ist häufig ein unternehmensspezifisch entwickeltes Vorgängersystem vorhanden, das auf Grund der höheren Flexibilität, Anpassungsfähigkeit und Integrierbarkeit des R/3-Systems durch dieses abgelöst werden soll. Hierbei werden die bisherigen Geschäftsprozesse gezielt untersucht und die

---

[182] Vgl.: Kapitel 4.2 Ablauforganisatorische Vorgehensweise

vorgeschlagenen SAP-Geschäftsprozesse bei der Reorganisation berücksichtigt. Das Ziel dieser Vorgehensweise ist eine relativ schnelle Implementierung mit einer teilweise gleichzeitig stattfindenden Geschäftsprozeßoptimierung.

Im Rahmen der dritten Möglichkeit liegt der Schwerpunkt auf der Geschäftsprozeßoptimierung. Bei dieser Optimierung werden die neugestalteten Geschäftsprozesse gleichzeitig an der Umsetzbarkeit mit der R/3-Software ausgerichtet und falls erforderlich, die Unternehmensprozesse entsprechend angepaßt. Vorrangig ist hierbei die volle Ausnutzung der Geschäftsprozeßoptimierungseffekte, ohne die SAP-Funktionalität außer Acht zu lassen.

Bei der letzten Möglichkeit steht die komplette Innovation der Geschäftsprozesse im Vordergrund. Erst nach Beendigung dieser Optimierung erfolgt die Auswahl der SAP-Module, die am effizientesten zum erwünschten Erfolg führen. Dahingehend müssen evtl. zur optimalen Prozeßunterstützung unternehmensindividuelle Zusatzprogrammierungen vorgenommen werden. Oberstes Ziel dieser Methode ist, veraltete Strukturen und Abläufe im Unternehmen abzuschaffen, neu zu definieren und anschließend die Umsetzbarkeit mit Hilfe der R/3-Software zu prüfen. Die Geschwindigkeit der Einführung ist an dieser Stelle von untergeordneter Bedeutung.[183]

Welchen Stellenwert die Geschäftsprozeßoptimierung nun tatsächlich für ein Unternehmen einnimmt, hängt von einer betriebsindividuellen Bedarfsanalyse ab. Dabei wird sowohl der Zeitfaktor, die bestehenden Rahmenbedingungen und letztendlich auch die Kosten, die im Zusammenhang mit der jeweiligen Einführungsart entstehen, berücksichtigt.

---

[183] Vgl.: SAP AG: CeBIT '97 (CD), Walldorf 1997

4.2 Ablauforganisatorische Vorgehensweise

Die Einführung einer Software stellt eine komplexe, nicht zu unterschätzende Aufgabenstellung für das Unternehmen dar, die eine genaue Planung der Vorgehensweise erfordert. Um für die Einführung das erforderliche fachliche Know-how der betroffenen Unternehmensbereiche gezielt koordinieren zu können, ist die Einrichtung eines Projektes von Vorteil. Hierbei ist unter dem Begriff des Projektes eine „komplexe und zumeist umfangreiche, einmalige und damit jeweils neuartige Aufgabenstellung" zu verstehen, „deren Erledigung in der Regel zeitlich befristet ist und Mitarbeitern aus verschiedenartigen Stellen übertragen wird."[184] Im Hinblick auf die Zielerreichung müssen die Projektaufgaben klar definiert, die interne Projektorganisation und Verantwortung festgelegt sowie die Projektbeteiligten benannt werden.

Für die Unterstützung der Einführungsplanung und -durchführung einer Software stellt die SAP ein 4-Phasenmodell, das sogenannte R/3-Vorgehensmodell, zur Verfügung. Dieses Modell zeigt auf, welche Arbeitsschritte in welcher Reihenfolge durchzuführen sind. Für diese Vorgehensweise wird der Einführungsprozeß in bestimmte Phasen und diese wiederum in eine Vielzahl von Arbeitsschritten aufgegliedert, die im Verlauf der Einführung bearbeitet werden müssen. Dadurch wird ein strukturierter, übersichtlicher und somit transparenter R/3-Projektablauf gesichert, der ebenfalls das Risiko von Fehlplanungen mindert. Mit der folgenden Abbildung werden die vier Phasen dargestellt und die jeweils dazu gehörenden Arbeitsschritte beispielhaft aufgezählt.

Abb. 4-1: R/3-Vorgehensmodell

Phase	Arbeitsschritt
Organisation und Konzeption	• Organisation der Projektarbeit
	• Erstellen der Anforderungsanalyse (Ist-Aufnahme)
	• Abgleich mit der R/3-Funktionalität
	⇒ Ziel: Sollkonzept

---

[184] Berthel, Jürgen: Personalmanagement - Grundzug für Konzeptionen betrieblicher Personalarbeit, 4. Auflage, Stuttgart 1995, S. 315

Detaillierung und Realisierung	• Umsetzung des Sollkonzeptes (Parametrisierung / Customizing) • Berechtigungsverwaltung • Abschlußtest ⇒ Ziel: Prototyp (Unternehmensdatenmodell)
Produktionsvorbereitung	• Installation der Hard- und Software • Datenübernahme • Anwenderschulungen ⇒ Ziel: Produktivsystem
Produktivbetrieb	• Optimierung und Betreuung des Systems

Quelle: SAP AG: SAP R/3-Vorgehensmodell, Walldorf 1996;
Eigene Darstellung

In der Praxis kann eine derartig klare Trennung der einzelnen Phasen nicht immer vorgenommen werden, weil diese Phasen in der Regel ineinander überfließen und sich gegenseitig beeinflussen. Die einzelnen Phasen des R/3-Vorgehensmodells weisen zudem einen hohen Abstraktionsgrad auf, um den Einsatz sowohl für jede Anwendungskomponente der SAP-Software als auch für jedes Unternehmen zu ermöglichen.

Ungeachtet der Vorgaben des SAP-Vorgehensmodells, weisen die in der Praxis einer Software-Einführung zugrundeliegenden Phasenmodelle Unterschiede bezüglich der Prozeßgliederung auf. Diese Abweichungen sind zum einen dadurch begründet, daß die Vorgehensweisen an die jeweiligen betriebsspezifischen Besonderheiten angepaßt werden müssen. Zum anderen entwickeln die an einer Einführung beteiligten Unternehmensberatungen eigene Vorgehensmodelle, die auf deren Projekt- und Einführungserfahrung basieren. Im allgemeinen orientieren sich diese Modelle dennoch weitgehend an den SAP-Empfehlungen, wobei allerdings die Gliederungstiefen der einzelnen Arbeitsschritte innerhalb der jeweiligen Phase differieren.[185]

In der folgenden Abbildung wird vereinfacht ein weiteres Phasenmodell· dargestellt, das jedoch die Grundprinzipien des R/3-Vorgehensmodells durchaus widerspiegelt. Wie aus der nachfolgenden Gegenüberstellung ersichtlich ist, entspricht dieses Modell im großen und ganzen der Vorgehensweise in dieser

---

[185] Vgl.: Arbeitsgemeinschaft arbeitsorientierte Forschung und Schulung (AFOS): SAP, Arbeit, Management - Durch systematische Arbeitsgestaltung zum Projekterfolg, Braunschweig/ Wiesbaden 1996, S. 194

Diplomarbeit, wobei jedoch kleine Änderungen im Hinblick auf die Verständlichkeit für den Leser durchgeführt werden mußten.

Abb. 4-2: Allgemeines Phasenmodell

Phasen	Diplomarbeit	
	Kapitel	Titel
1. Bestandsaufnahme	5.0	Ist-Analyse des Personalbereichs der syskoplan GmbH
2. Sollkonzept	6.0	Definition des Sollkonzeptes der syskoplan GmbH
3. Implementierung	7.0	Realisierung

Quelle: SAP AG: CeBIT '96 (CD), a.a.O.;
     Eigene Darstellung

In der Phase der 'Bestandsaufnahme' erfolgt zunächst die Erfassung und Beschreibung der gegenwärtigen Geschäftsprozesse und der Organisationsstruktur. Mit einer anschließenden Bewertung sollen gezielt Schwachstellen dieses Ist-Zustands aufgedeckt werden, aus denen zugleich die Anforderungen für das nachfolgende Sollkonzept resultieren. Um die grundlegenden Informationen für diese Ist-Aufnahme zu erhalten, wird zuerst auf bereits schriftlich niedergelegte Unterlagen des Unternehmens zurückgegriffen, wie beispielsweise Geschäftsberichte, Stellenbeschreibungen, Betriebsablaufpläne, Verfahrensanweisungen, Formulare, Listen oder Organigramme. In der Regel sind diese schriftlichen Unterlagen für eine Ist-Erfassung nicht detailliert genug und müssen infolgedessen für den eigentlichen Bedarf ergänzt und konkretisiert werden. Im einzelnen kann diese Informationsergänzung z.B. in Form einer schriftlichen Befragung erfolgen, wobei die Aussagekraft von Fragebögen durch die Unehrlichkeit oder Lustlosigkeit der Befragten stark beeinträchtigt werden kann. Im Gegensatz dazu ist eine mündliche Befragung in Form eines Interviews wahrscheinlich ergebnisreicher. Hierbei können vorformulierte Fragestellungen, an denen sich der Interviewer orientiert, sehr hilfreich sein. Weitere beispielhafte Erhebungstechniken stellen die Mitarbeiterbeobachtung oder die Selbstaufschreibung dar, bei der der Mitarbeiter ein dafür vorgesehenes Formular ausfüllen muß.

Welche dieser Methoden letztendlich gewählt wird, hängt u.a. von der Anzahl der betroffenen Mitarbeiter, dem Zeitfaktor, der Anonymität und von den gewünschten Ergebnissen der Erhebung ab. So kann eine größere Mitarbeiteranzahl in einer geringeren Zeit unter Wahrung der Anonymität mit einem Fragebogen erfaßt werden, wogegen eine höhere Validität der Ergebnisse eher durch ein Interview erzielt werden kann.

In der Sollkonzeptphase wird anschließend ausgearbeitet, wie die zukünftige Aufbau- und Ablauforganisationsstruktur innerhalb der R/3-Software gestaltet werden soll. Die in der Ist-Analyse aufgezeigten Mängel dienen dabei als Ausgangsbasis. Damit das Projektteam effektiv an der Konzepterstellung arbeiten kann, müssen bereits im Vorfeld Schulungen für das Team im Hinblick auf die Funktionalität und Leistung der Software stattfinden. Diese Schulungen können zum einen intern durch qualifizierte Mitarbeiter bzw. externe Dozenten durchgeführt werden oder direkt bei der SAP AG in Walldorf.

Ein Hilfsmittel für die Erstellung des Sollkonzeptes ist das sogenannte R/3-Referenzmodell, das die in der Software integrierten Geschäftsprozesse in grafischer Form darstellt. Dadurch kann einerseits ermittelt werden, wie der Ist-Zustand funktional durch die bereits integrierten Abläufe abgedeckt bzw. welcher Anpassungsaufwand erforderlich wird. Andererseits können relevante alternative Geschäftsprozeßabläufe ausgewählt werden, um somit im Sinne des Business Reengineering[186] die bisherigen Geschäftsprozesse neu zu gestalten bzw. zu optimieren.

Zu Beginn dieser Phase ist das Sollkonzept zunächst nur eine grobe Vorstellung von dem, was zukünftig geleistet werden soll und wie die Realisierung aussehen könnte. Im Laufe der Zeit entsteht jedoch ein detailliertes Konzept, das auf der R/3-Software basiert.

Im Rahmen der dritten Phase erfolgt die Realisierung der Software-Einführung. Hierbei werden die betrieblichen Geschäftsprozesse auf Grundlage des Sollkonzeptes implementiert (Customizing[187]), d.h. das System an die betriebsindividuellen Bedürfnisse angepaßt. Dies kann zum einen durch einfache Tabelleneinträge oder durch zusätzlichen Programmieraufwand in der SAP-eigenen Programmiersprache ABAP/4 erfolgen. Außerdem werden in der Implementierungsphase die Daten der alten auf die neue Software übertragen und Anwenderschulungen[188] durchgeführt. Sowohl die Festlegung der Art und

---

[186] Vgl.: Kapitel 1.1 Begründung für die Themenauswahl
[187] Vgl.: Kapitel 7.1 Begriff und Ablauf des Customizing
[188] Vgl.: Kapitel 7.2 Produktionsvorbereitung

Weise der Datenübernahme als auch die Planung der Schulungen erfolgt bereits in der Phase des Sollkonzeptes.

Am Ende der Realisierungsphase erfolgt mit dem Produktivstart der endgültige Einsatz der Software im Unternehmen.[189]

---

[189] Vgl.: Stahlknecht, Prof. Dr. Peter: Einführung in die Wirtschaftsinformatik, 5. Auflage, Berlin/Heidelberg 1991, S. 238-250

5.0 Ist-Analyse des Personalbereichs der Mardi GmbH

Im Anschluß an die Vermittlung der theoretischen Grundlagen folgt der praktische Teil der Diplomarbeit. Nachdem der Leser einen theoretischen Überblick über die Software SAP R/3 und insbesondere über das Modul 'Personalwirtschaft' erhalten hat, wird in den kommenden Kapiteln die Einführung dieser R/3-Software bei der Mardi GmbH beschrieben. Dabei geht die Beschreibung von einer passiv beobachtenden Betrachtungsweise aus. Der in diesem Kapitel durchgeführten Ist-Analyse schließt sich in den folgenden Kapiteln das Sollkonzept und die Realisierung an.

Die Einführung der SAP R/3-Software[190] erfolgt bei Mardi im Rahmen eines Projektes. Dabei setzt sich das Projektteam zum einen aus SAP-Unerfahrenen und zum anderen aus SAP-erfahrenen Außendienstmitarbeitern der Mardi GmbH zusammen. Eine Mitwirkung bzw. Mitbestimmung eines Betriebsrates muß bei der Software-Einführung nicht berücksichtigt werden, da bei der Mardi GmbH kein Betriebsrat eingerichtet ist. Obwohl Mardi keine Berater im Bereich Personalwesen beschäftigt, soll auf die Hilfe externer Berater verzichtet werden.

Die Vorgehensweise des Projektteams entspricht größtenteils der im vierten Kapitel beschriebenen Vorgehensweise bei der Software-Einführung. Für den personalwirtschaftlichen Bereich der Software ist eine Mitarbeiterin aus dem Verwaltungsbereich verantwortlich.

Das Kapitel der Ist-Analyse umfaßt zunächst die Vorstellung der Mardi GmbH, indem auf die Struktur und das Aufgabengebiet eingegangen wird. Die sich anschließende Bestandsaufnahme beschreibt die eingesetzten EDV-Verfahren und Geschäftsprozesse, wobei ausschließlich die personalwirtschaftlichen Bereiche betrachtet werden. Im Anschluß daran erfolgt die Schwachstellenanalyse des erfaßten Ist-Zustandes. Aus dieser Analyse lassen sich die Ziele bzw. Anforderungen des Unternehmens ableiten, die in der Regel Bestandteil des Sollkonzeptes sind. Um dem Leser jedoch den direkten Bezug zu den festgestellten Mängeln zu ermöglichen, erfolgt die Zieldefinition direkt im Anschluß an die Schwachstellenanalyse.

Für die Aufnahme des Ist-Zustandes muß zunächst die Erhebungsmethode festgelegt werden.

---

[190] Neben dem Modul 'Personalwirtschaft' werden die Komponenten 'Finanzwesen', 'Controlling' und 'Vertrieb' eingesetzt. Diese Komponenten sind jedoch nicht Gegenstand der Diplomarbeit.

Anfangs kann auf eine bereits erstellte Ist-Beschreibung zurückgegriffen werden, die im Rahmen der Projektarbeit erstellt worden ist. Diese Beschreibung zeigt grob und zum großen Teil in aufzählender Weise die gesamten Arbeitsabläufe der Verwaltung. Eine Differenzierung in Funktionsbereiche ist nicht vorgenommen worden. Diese fehlende funktionsbezogene Aufgliederung und die Verwendung betriebsinterner Begriffe erschweren dem Außenstehenden das Verständnis dieser Beschreibung. Aus diesen Gründen kann nur bedingt auf die Ist-Beschreibung zurückgegriffen werden. Zumal auch keine Stellenbeschreibungen existieren, müssen die weiteren grundlegenden Informationen aus den verfügbaren Formularen, Listen und Organisationsschaubildern entnommen werden. Diese Unterlagen sind jedoch für die Bestandsaufnahme dieser Diplomarbeit nicht ausreichend. Daher werden die zusätzlich benötigten Informationen durch Interviews mit den jeweiligen Sachbearbeitern ermittelt und anschließend protokolliert. Die Entscheidung für die Wahl dieser Erhebungsmethode ist dadurch begründet, da ansonsten eine Darstellung der einzelnen Details der Geschäftsprozesse nicht möglich gewesen wäre. Die Darstellung der Geschäftsprozesse geht hierbei initiativ von den Befragten aus, wobei Unklarheiten sofort durch Gegenfragen der Interviewer beseitigt werden. Im nachhinein auftretende Fragen bezüglich des Protokolls werden in einem zweiten Interview geklärt, indem gezielte Fragen bezüglich der Unklarheiten gestellt werden, die evtl. auch durch Interviews mit anderen Sachbearbeitern entstehen können.

Zur Überprüfung des schriftlich niedergelegten Ist-Zustandes werden die fertigen Beschreibungen der Geschäftsprozesse den jeweiligen Sachbearbeitern vorgelegt, um dadurch mögliche Mißverständnisse weitgehend auszuschließen.

5.1 Unternehmensüberblick

Die Mardi Gesellschaft für Hard- und Softwareplanung mbH ist ein mittelständisches Dienstleistungsunternehmen und im Bereich der Unternehmensberatung tätig. Ihre Aufgabe ist die Beratung und Realisierung von Lösungen im System- und Kommunikationsbereich.

Mardi wurde 1983 in Bielefeld gegründet, wo sich seitdem ihr Hauptsitz befindet. Mittlerweile werden außerdem Niederlassungen in Hamburg, Düsseldorf und Frankfurt unterhalten. Darüber hinaus besitzt die Mardi GmbH eine 100 %-ige Beteiligung an der Gäpa GmbH in Bielefeld.

Neben bundesweiten Projekten hat Mardi ihre Aktivitäten zunehmend international ausgerichtet. Dies wird deutlich durch eine 100 %-ige Beteiligung an dem amerikanischen Unternehmen Mardi consulting inc. in Quincy und durch eine 50 %-Beteiligung an der INTER GmbH in St. Petersburg, ein Joint Venture mit der russischen Hochschule für Luft- und Raumfahrt.

Abb. 5-1: Unternehmensstruktur

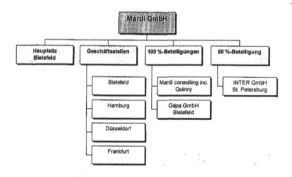

Quelle: Mardi Geschäftsbericht 1996, Bielefeld 1997;
Eigene Darstellung

Das zugrundeliegende Stammkapital in Höhe von zwei Millionen Deutsche Mark wird anteilig von den beiden Geschäftsführern mit je 40 % und 10 %, der Internationale Info-Systeme AG (IIS AG) mit 40 % und von mehreren Mitarbeitern in Höhe von 10 % gehalten.

Seit ihrer Gründung ist die Mardi GmbH stetig gewachsen. Dieses Wachstum spiegelt sich besonders in der Entwicklung des Umsatzes und der Mitarbeiterzahl der Unternehmensberatung wider. So konnte der Umsatz im Jahr 1996 gegenüber dem Vorjahr um rund 30 % gesteigert werden und auch 1997 wird mit einer weiteren Erhöhung um etwa 10 % auf 40 Millionen Deutsche Mark gerechnet.

Abb. 5-2: Umsatzentwicklung in Mio. DM

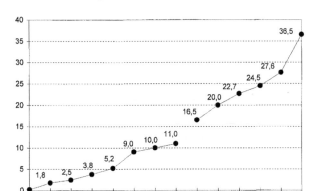

Quelle: Mardi Geschäftsbericht 1996, a.a.O.;
Eigene Darstellung

Ebenso zeigt die Entwicklung der Mitarbeiterzahl einen stetigen Trend nach oben, welcher von einer qualitativen Personalentwicklung begleitet wird. Gegenüber dem Geschäftsjahr 1995 erhöhte sich die Anzahl der Mitarbeiter um rund 25 % auf derzeit 161 Mitarbeiter. Auch in der aktuellen Periode 1997 wird mit einer Einstellung von etwa 40 neuen Mitarbeitern gerechnet.[191]

---

[191] Vgl.: Mardi Geschäftsbericht 1996, a.a.O.

Abb. 5-3: Mitarbeiterentwicklung

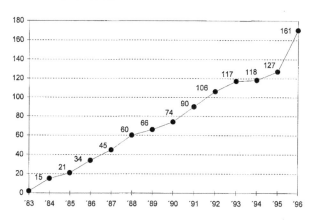

Quelle: Mardi Geschäftsbericht 1996, a.a.O.;
Eigene Darstellung

Das Dienstleistungsspektrum der Mardi GmbH umfaßt im wesentlichen die Durchführung von Projekten in der Informationstechnologie. Diese Durchführung erstreckt sich von der Analyse über Konzeption, Realisierung, Einführung und Schulung bis hin zur Wartung. Im Rahmen der Software- und Systemintegration werden auf der Basis von Standardsoftwareprodukten und ergänzenden Komponenten kundenindividuelle Lösungen in heterogenen Systemlandschaften erstellt. Dabei liegt der funktionale Schwerpunkt auf den Geschäftsprozessen des Vertriebs, der Distribution und der Instandhaltung/Serviceabwicklung. Im Laufe der Zeit hat sich die Unternehmensberatung hierbei auf die Beratung der Branchen Services, Finanzen und HighTech-Industry spezialisiert.

Partnerschaften mit marktführenden Anbietern wie Microsoft, Internationale Info-Systeme AG, SDI Office GmbH und der SAP AG unterstützen das Leistungsangebot der Mardi GmbH.
Besonders im Bereich der SAP-Software hat die Gesellschaft zahlreiche SAP-Einführungen, insbesondere des Systems R/3, abgeschlossen und zählt namhafte Unternehmen wie u.a. Siemens AG, Hewlett Packard Corp., Bertelsmann AG , Düsseldorfer Rückversicherungs-AG, Rank Xerox GmbH und Nordrhein AG zu ihrem Kundenstamm.[192]

---

[192] Vgl. : Mardi Unternehmensbroschüre, Bielefeld 1996

5.2 Aufbauorganisation

Im Rahmen ihrer Aufbauorganisation verfolgt die Mardi GmbH das Prinzip der kurzen Informationswege. Mit Hilfe einer flachen Hierarchie soll die Selbstkoordination der Mitarbeiter gefördert werden.

Die oberste Hierarchieebene bildet die Geschäftsstellenleitung, die der Bereichsebene übergeordnet ist. In dieser Bereichsebene erfolgt wiederum die Einteilung in einzelne Bereiche, die jeweils durch einen Bereichsleiter geführt werden. Der Bereichsebene schließt sich als letzte Stufe die Mitarbeiterebene an, die dem jeweiligen Bereichsleiter direkt unterstellt ist. Diese einfache Struktur ist u.a. dadurch bedingt, weil Mardi als Unternehmensberatung[193] überwiegend Berater beschäftigt, die im Außendienst in Projekten tätig sind und dementsprechend der Verwaltungsbereich relativ klein ausfällt.

Bei der Einteilung der Bereiche nimmt die Geschäftsstelle Bielefeld eine Sonderstellung gegenüber den anderen Geschäftsstellen ein.

Abb. 5-4: Aufteilung der Tätigkeitsbereiche

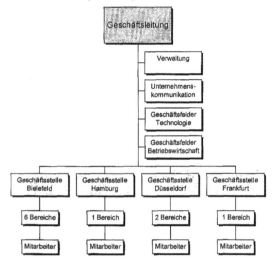

Quelle: Mardi GmbH, Bielefeld;
Eigene Darstellung

---

[193] Vgl.: Kapitel 5.1 Unternehmensüberblick

Die Mardi hat zum einen Bereiche, die den einzelnen Geschäftsstellen zugeordnet sind. Zum anderen Bereiche, die geschäftsstellenübergreifend tätig werden. In denjenigen Bereichen, die den einzelnen Geschäftsstellen direkt zugeordnet sind, wird das operative Geschäft abgewickelt. Dort werden im einzelnen die Personal-, Vertriebs- und Projektaktivitäten durchgeführt. Eine Unterstützung dieser operativen Geschäfte erfolgt zentral aus Bielefeld durch die geschäftsstellenübergreifenden Bereiche. Diese Bereiche stellen zentral das betriebswirtschaftliche und technologische Wissen zur Verfügung.

Durch den Bereich Unternehmenskommunikation erfolgt die Unterstützung der internen und der externen Informationskanäle der Bereiche. Zu dem internen Aufgabengebiet gehört in erster Linie das Pflegen des Intranets und die Erstellung der Mitarbeiterzeitschrift. Dagegen gehören die Betreuung des Internets sowie die allgemeine Öffentlichkeitsarbeit mittels Messeteilnahmen, Vorträgen und Fachartikeln zum externen Kommunikationsbereich.

Desweiteren gehört zu diesen zentralen Bereichen die Verwaltung, die sowohl die Finanzbuchhaltung und Anlagenbuchhaltung als auch die Personalabrechnung für das gesamte Unternehmen übernimmt.

5.3 Eingesetzte EDV-Verfahren

Nachdem zuvor die allgemeine Aufbauorganisation der Mardi GmbH aufgezeigt wurde, folgt die nähere Beschreibung der Ablauforganisation im personalwirtschaftlichen Bereich. Hierbei wird zunächst beschrieben, welche EDV-Verfahren eingesetzt werden. Bei der Darstellung der eingesetzten EDV-Verfahren werden nur zwei Verfahren beschrieben, die dv-technisch den weitaus größten Aufgabenbereich in der Personalwirtschaft abdecken. Die zusätzlich eingesetzten Softwareprogramme[194] bleiben hier außer Betracht, da sie von untergeordneter Bedeutung bei der Darstellung der untersuchten personalwirtschaftlichen Geschäftsprozesse sind. Im einzelnen werden die beiden Softwareprogramme MIS und DATEV beschrieben.

5.3.1 Mardi-Informations-System (MIS)

Das MIS ist ein speziell für Mardi programmiertes Informationssystem, das unter der Windows-Oberfläche läuft. Mit dieser Individualsoftware werden sowohl die Personaladministration als auch der Vertriebsbereich einschließlich der Projektabwicklung unterstützt. Ferner werden die Sekretariatstätigkeiten, wie beispielsweise die Brief- und Dokumentenverwaltung, mit Hilfe des MIS durchgeführt.

Im Personalbereich übernimmt das MIS[195] die Erfassung, Bearbeitung und Verwaltung von Personalstamm-[196] und Personalbewegungsdaten[197] sowie die Ausgabe entsprechender Auswertungen und Listen.

Die Mitarbeiterstammdaten sämtlicher Geschäftsstellen werden einmalig im System erfaßt und gegebenenfalls an mögliche Änderungen angepaßt. Zu diesen Personaldaten gehören unter anderem der Name, die Anschrift, das Geburts- und Eintrittsdatum als auch die individuellen Vertragsvereinbarungen eines Mitarbeiters.

---

[194] Zusätzlich werden Softwareprogramme wie beispielsweise MS-Word und MS-Excel verwendet.
[195] Vgl.: Anhang 21: Datenfluß des MIS
[196] Unter Stammdaten werden die Daten verstanden, die über einen längeren Zeitraum beibehalten werden.
[197] Bei den Bewegungsdaten handelt es sich um Daten, die laufend Änderungen unterliegen.

Außerdem müssen im Rahmen der laufenden monatlichen Tätigkeiten die relevanten personalwirtschaftlichen Bewegungsdaten manuell in das MIS eingegeben werden. Bei diesen Daten handelt es sich zum einen um die für die Zeiterfassung[198] relevanten geleisteten Stunden, Urlaubs- und Krankheitstage des Monatsberichts. Zum anderen werden im MIS die Reisekosten[199] der Mitarbeiter erfaßt, die während der Diensttätigkeit angefallen sind und die dem Kunden in Rechnung gestellt werden sollen.

Die Datenerfassung der Mitarbeiterstammdaten erfolgt zentral in Bielefeld für alle Geschäftsstellen, während die monatlich notwendigen Bewegungsdaten auf sehr unterschiedliche Art und Weise zusammengetragen werden. Obwohl in der Niederlassung Düsseldorf bereits die Daten im dort installierten MIS erfaßt wurden, müssen die für Bielefeld notwendigen Personaldaten nochmals vor Ort eingegeben werden, da die beiden Systeme nicht miteinander verbunden sind. Hierfür müssen die entsprechenden Daten in Düsseldorf ausgedruckt und anschließend nach Bielefeld geschickt werden. Für die Datenerfassung der Geschäftsstelle Hamburg kommt monatlich ein dafür zuständiger Sachbearbeiter zur Hauptgeschäftsstelle und gibt die relevanten Daten persönlich im Informationssystem ein. Dagegen erfolgt die Dateneingabe der Geschäftsstelle Frankfurt durch eine dafür vorgesehene Sachbearbeiterin in Bielefeld, indem die Monatsberichte und Reisekostenformulare per Post aus Frankfurt übermittelt werden.

Auf diese Weise fließen die erfaßten Daten, die in Bielefeld für zentrale Aufgaben zur Verfügung stehen müssen, zusammen. Hierzu gehören z.B. Daten für die Gehalts- und Reisekostenabrechnung, die zentral in Bielefeld für alle Geschäftsstellen erstellt wird.

Nachdem die Dateneingabe und -verarbeitung im MIS für den jeweiligen Monat abgeschlossen ist, werden die monatlichen Einzeldaten in Form von Listen und Auswertungen ausgedruckt. Hiernach wird zum Monatsanfang die sogenannte Monatsinitialisierung durchgeführt. Durch dieses Vorgehen werden die monatlichen personalwirtschaftlichen Bewegungsdaten den Stammdaten der Mitarbeiter hinzugefügt und kumuliert ausgewiesen. Zusätzlich werden die Daten des abgelaufenen Monats gelöscht, so daß nur noch eine kumulierte Sichtweise

---

[198] Vgl.: Kapitel 5.4.3 Arbeitszeitregelung
[199] Vgl.: Kapitel 5.4.4 Reisekosten

der Daten verfügbar ist, wie beispielsweise die Darstellung der geleisteten Arbeitszeiten in der Mitarbeiter-Stundenstatistik[200].

Die erstellten Ausdrucke dienen anschließend teilweise als Grundlage für die Gehaltsabrechnung[201], indem die relevanten Daten in Bielefeld zentral für alle Geschäftsstellen in die DATEV-Software manuell eingegeben werden.

5.3.2 DATEV

Die DATEV (Datenverarbeitungsorganisation des steuerberatenden Berufes in der Bundesrepublik Deutschland, eingetragene Genossenschaft) ist ein Softwarehaus mit integriertem Rechenzentrum, das sich auf steuerlich betriebswirtschaftliche Anwendungen für den steuerberatenden Beruf spezialisiert hat. Die eingetragene Genossenschaft, mit Stammsitz in Nürnberg, entstand im Jahr 1966 aus einem freiwilligen Zusammenschluß von freiberuflich tätigen Steuerberatern. Mittlerweile zählt die DATEV mit derzeit 35.000 Mitgliedern zu den größten Informationsdienstleistungsunternehmen und Softwarehäusern in Europa, wobei ausschließlich Angehörige des steuerberatenden Berufes die Mitgliedschaft in der Genossenschaft erwerben und die angebotenen Dienstleistungen in Anspruch nehmen können.[202]

Das Leistungsspektrum der DATEV umfaßt die elektronische Datenverarbeitung und die damit verbundenen Dienstleistungen, den Service und die Software. Sie deckt damit im Rahmen ihres Angebots die klassischen Bereiche ab, wie zum Beispiel die Buchführung, den Jahresabschluß und die Personalwirtschaft.

Das Unternehmen, welches die DATEV-Software oder die Dienstleistung in Anspruch nimmt, kann zwischen zwei Varianten der Unterstützung wählen. Zum einen können die kompletten Verwaltungsaufgaben eines oder mehrerer Unternehmensbereiche an den Steuerberater abgegeben werden. Dieser führt mit Hilfe des DATEV-Systems die Tätigkeiten durch und stellt dem Unternehmen die fertigen Unterlagen zur Verfügung. Zum anderen kann das Erfassungssystem im Unternehmen selbst installiert werden, über das die zuvor eingegebenen Informationen per Datennetz an das DATEV-Rechenzentrum

---

[200] Vgl.: Kapitel 5.4.3 Arbeitszeitregelung
[201] Vgl.: Kapitel 5.3.2 DATEV
[202] Vgl.: DATEV - Die Genossenschaft der Steuerberater, Nürnberg 1996

geschickt werden. An dieser Stelle muß sich das Unternehmen entscheiden, ob die ausgewerteten Daten auf ihren PC zurück übertragen werden und/oder der Ausdruck der Listen und Auswertungen im Rechenzentrum der DATEV erfolgen soll.

Für Mardi übernimmt die DATEV[203] einerseits die komplette Finanzbuchhaltung. Andererseits unterstützt die Software im Bereich der Personalwirtschaft die Verbuchung und Verarbeitung der Daten für die Gehaltsabrechnung[204], die Anfertigung der Gehaltsbelege und Auswertungen sowie die Erstellung der Datenträger zur Gehaltsüberweisung.

Diesbezüglich müssen sowohl die Stammdaten des Unternehmens[205] als auch die der Mitarbeiter in das von der DATEV installierte Erfassungssystem eingegeben werden. Für die Erfassung dieser Stammdaten muß ein dafür vorgesehener Vordruck ausgefüllt werden, der anschließend als Eingabehilfe zugrunde gelegt wird.

Für die Gehaltsabrechnung müssen monatlich die dafür benötigten Bewegungsdaten in die DATEV eingegeben werden. Diese manuelle Dateneingabe erfolgt zentral in Bielefeld durch die zuständigen Sachbearbeiter. Als Informationsquellen dienen hierbei die Listen und Auswertungen aus dem MIS und speziell dafür erstellte Übersichten. Anschließend werden diese Daten über das Datennetz der DATEV an das Rechenzentrum geschickt und dort aufbereitet, verarbeitet und auch ausgedruckt. Eine Datenrückübertragung auf den PC von Mardi erfolgt hierbei nicht. Die Gehaltsabrechnung wird einschließlich ergänzender Statistiken, Auswertungen und dem Datenträgerband für die Gehaltsüberweisung per Post an Mardi zurückgeschickt.

---

[203] Vgl.: Anhang 22: Datenfluß der DATEV
[204] Vgl.: Kapitel 5.4.5 Gehaltsabrechnung
[205] Die Stammdaten des Unternehmens werden als Mandantendaten bezeichnet. Hierunter fallen u.a. die Lohnarten und die Bankdaten von Mardi.

5.4 Darstellung der Geschäftsprozesse

Die zuvor beschriebenen EDV-Verfahren bilden die Grundlage für die Arbeitsabläufe der Mardi GmbH. In der folgenden Beschreibung der Geschäftsprozesse werden ausschließlich die personalwirtschaftlichen Abläufe[206] der Mardi dargestellt. Eine Personalabteilung im engeren Sinn besteht bei Mardi allerdings nicht. Deshalb werden die personalwirtschaftlichen Aufgaben aus der gesamten Ablauforganisation herausselektiert und sinnvoll zusammengefaßt. Dabei wird die Zusammenfassung der einzelnen Personalarbeiten bereits im Hinblick auf die SAP-Menüstruktur vorgenommen. Hierdurch kann die spätere Zuordnung der Mardi-Geschäftsprozesse zu den entsprechenden Anwendungskomponenten erleichtert werden.

5.4.1 Personalplanung

Zu Beginn eines Jahres erfolgt eine Jahresanfangsplanung. In dieser Planung ermittelt jeder Bereichsleiter das Ergebnis, das mit den vorhandenen und zukünftigen Mitarbeitern erzielt werden soll.

Diese Ergebnisplanung[207] besteht aus personalwirtschaftlicher Sicht zum einen aus der Personalkostenplanung der jeweiligen Bereiche. Zum anderen aus der Personalumsatzplanung, die Auskunft darüber gibt, wieviel Umsatz voraussichtlich durch die Bereichsmitarbeiter erwirtschaftet wird.

Aus dieser Ergebnisplanung resultiert wiederum die eigentliche Personalplanung, die Informationen über die Quantität der zur Verfügung stehenden Mitarbeiter gibt. Hierbei wird sowohl eine mögliche Erhöhung der Mitarbeiterzahl als auch eine jährliche Fluktuationsrate einkalkuliert. Anhand dieser Planung ermittelt der Bereichsleiter den zusätzlichen Personalbedarf und plant die sich anschließenden Maßnahmen der Personalbeschaffung[208].

Nachdem die Bereichsleiter ihre Personal- und Ergebnisplanung abgeschlossen haben, werden die Jahresplanungen der einzelnen Bereiche auf Geschäftsstellenebene konsolidiert. Dadurch wird der Personalbedarf und das Planungsergebnis für jede Geschäftsstelle ersichtlich.

---

[206] Vgl.: Anhang 23: Überblick der Geschäftsprozesse im Personalbereich
[207] Vgl.: Anhang 24: Personal- und Ergebnisplanung
[208] Vgl.: Kapitel 5.4.2 Personalbeschaffung und -einstellung

Im Anschluß daran werden die Geschäftsstellenplanungen zur Unternehmensplanung aggregiert. Dadurch kann ein Gesamteindruck der zu erwartenden Geschäftsentwicklung des Unternehmens vermittelt werden. An dieser Stelle unterliegen die Planzahlen einer Kontrolle durch die Geschäftsleitung, die bei erkennbaren Fehlplanungen entsprechende Korrekturen auf den Bereichsebenen auslöst.

Zur Überprüfung der am Jahresanfang festgelegten Planzahlen werden im Laufe des Jahres weitere Planungsprozesse durchgeführt. Diese Planungen ermöglichen, unter Berücksichtigung der bisherigen Entwicklung, die Beurteilung der zuvor fixierten Vorgaben für das noch verbleibende Geschäftsjahr. Werden bei dieser Kontrolle Abweichungen von den bereits geplanten Sollzahlen festgestellt, ergreift die Geschäftsführung Gegenmaßnahmen. Diese Maßnahmen sollen zur ursprünglichen Zielsetzung zurückführen bzw. zu neuen Zielsetzungen hinführen. Hierbei können sich wiederum Auswirkungen auf die ursprüngliche Personalplanung ergeben.

Neben diesen überwiegend mittelfristigen Planungsprozessen, erstellt Mardi außerdem auf den Bereichsebenen eine eher kurzfristige Personaleinsatzplanung[209].
Diese Spontaneität ist dadurch bedingt, daß Mardi sehr kurzfristig auf Projektanfragen reagiert und sich somit der Ressourceneinsatz am Kundenbedarf orientiert. Mit Abgabe eines Angebots für eine Projektdurchführung erfolgt eine Grobeinteilung der Mitarbeiterressourcen, die bei anschließender Auftragserteilung konkretisiert wird.
Zur Deckung dieses kurzfristigen Einsatzbedarfs stehen dem Bereichsleiter in der Regel drei Möglichkeiten der Bedarfsdeckung zur Verfügung. Zunächst wird der Bereichsleiter versuchen, den Bedarf durch Mitarbeiter aus dem eigenen Bereich zu decken. Besteht hier bereits ein Engpaß, überprüft der Bereichsleiter das Mitarbeiterpotential in den anderen Bereichen der Geschäftsstellen. Sollten in einem Bereich noch freie Ressourcen verfügbar sein, wird nach informeller Kommunikation zwischen den Bereichsleitern der freie Mitarbeiter im suchenden Bereich eingesetzt. Ist eine Bedarfsdeckung durch andere Bereiche nicht möglich, kommt nur noch eine Personalneueinstellung oder der Einsatz von Freiberuflern in Betracht.

---

[209] Vgl.: Anhang 25: Personaleinsatzplanung

Nachdem die Ressourcenplanung abgeschlossen ist, erfolgt der Einsatz des Mitarbeiters beim Kunden zur Durchführung des Projektes.

Zu einer Personalplanung gehören neben der Personalkosten-, Personalbedarfs- und Personaleinsatzplanung außerdem die Karriereplanung. Eine Karriereplanung im engeren Sinn wird bei Mardi nicht durchgeführt, da Aufstiegschancen auf Grund der flachen Hierarchie sich relativ selten ergeben. Dagegen wird eine Art Karriereplanung im weiteren Sinne zum einen durch Zuteilung einer fachlichen Verantwortung in einem Projekt durchgeführt. Zum anderen mit Hilfe von Mitarbeitergesprächen, die einmal jährlich zwischen dem Mitarbeiter und dem Bereichsleiter stattfinden. Hierbei wird eine Art Karriere in Form einer Gehaltserhöhung verdeutlicht, deren Ausmaß sich an der Quantität und Qualität der Mitarbeiterleistung orientiert.

5.4.2 Personalbeschaffung und -einstellung

Im Anschluß an die Personalbedarfsermittlung erfolgt die Personalbeschaffung[210]. Bei Mardi wird die Rekrutierung grundsätzlich extern[211] mit Hilfe von Stellenausschreibungen durchgeführt, die in Zeitungen, im Internet und/oder in anderen Medien veröffentlicht werden. Welcher Beschaffungsweg letztendlich gewählt wird, liegt im Ermessen der jeweiligen Geschäftsstelle, in deren Bereich die Vakanz aufgetreten ist. Hierbei können auch Empfehlungen für die Akquisition oder bereits vorhandene Direktbewerbungen in Betracht gezogen werden.

Bei Ausschreibungen, die sich auf mehrere Stellen beziehen, wird nach Eingang der Bewerbungen eine Grobsortierung unter Berücksichtigung verschiedener Kriterien vorgenommen, so z.B. nach Tätigkeitsgebieten.
Anschließend erfolgt im Hinblick auf das erste Vorstellungsgespräch eine Vorauswahl der eingegangenen Bewerbungen durch den jeweiligen

---

[210] Vgl.: Anhang 26: Personalbeschaffung
[211] Eine interne Beschaffung erfolgt derzeit nicht, da die Mitarbeiterzahl mit der Unternehmensexpansion Schritt halten soll.

Bereichsleiter. Das daraufhin folgende Gespräch findet zwischen dem Bewerber, dem jeweiligen Bereichsleiter und einer anderen Führungskraft bzw. einem Mardi-Mitarbeiter statt. Nach Beendigung dieser Auswahlphase erfolgt eine weitere Selektion auf Grund der im Gespräch gewonnenen Eindrücke über die Bewerber.

Die verbleibenden Bewerber werden nun zu einem zweiten Bewerbungsgespräch eingeladen, das zwischen dem Bewerber, mindestens zwei Bereichsleitern oder einem Mitglied der Geschäftsleitung stattfindet. In Absprache mit der Geschäftsleitung wird schließlich die Entscheidung über die Einstellung bzw. Nichteinstellung des Bewerbers gefällt.

Bereits vor dem endgültigen Entschluß zur Einstellung[212] erfolgen Vertragsverhandlungen zwischen dem Arbeitgeber und dem zukünftigen Mitarbeiter. Hierbei bilden speziell von Mardi konzipierte Standardverträge die Ausgangsgröße, die dem Bereichsleiter einen Spielraum innerhalb einer bestimmten Bandbreite bei der Gehaltsfestlegung einräumen. Für den Fall, daß eine Einigung bei der Vertragsverhandlung zustande kommt und der Einstellungsentschluß für Mardi feststeht, wird der aus der Verhandlung resultierende Vertrag in dreimaliger Ausfertigung erstellt. Ein Exemplar verbleibt für Kontrollzwecke bei Mardi, während die beiden anderen Exemplare der zukünftige Mitarbeiter erhält. Von diesen beiden Exemplaren ist eines für die persönlichen Unterlagen bestimmt, und das zweite sendet der neue Mitarbeiter unterschrieben an Mardi zurück. Nach Eingang des unterschriebenen Vertrages bei Mardi, wird das Kontrollexemplar vernichtet und der unterschriebene Arbeitsvertrag in der Personalakte des Mitarbeiters abgelegt. Zusätzlich werden die Personalstamm- und Vertragsdaten manuell im MIS erfaßt.

Mit Aufnahme der Tätigkeit füllt der neue Mitarbeiter einen Fragebogen zwecks Dokumentierung seiner Kenntnisse und Fähigkeiten aus. Dieses Mitarbeiterprofil wird in der KUMA-Datei (Kunden-Mitarbeiter-Informationssystem) erfaßt und soll als Grundlage für die Einsatzplanung und Mitarbeiterentwicklung herangezogen werden. Um stets eine aktuelle Grundlage für diese Planungs- und Entwicklungsmaßnahmen aufweisen zu können, ist eine Fortschreibung des Mitarbeiterprofils vorgesehen. Diesbezüglich sollen die Fertigkeiten und Kenntnisse, die der Mitarbeiter durch Projektarbeiten erlangt, ergänzt werden.

---

[212] Vgl.: Anhang 27: Personaleinstellung

Diese Aufgabe wird jedoch nur eingeschränkt durch die Bereichsleiter und Mitarbeiter durchgeführt.

5.4.3 Arbeitszeitregelung

Ein wesentlicher Bestandteil der Mitarbeiterverträge der Mardi ist ein eigenes Arbeitszeitmodell. Dieses Arbeitszeitmodell ist Basis für die Zeitaufschreibung der Mitarbeiter im Monatsbericht und gleichzeitig für ein zusätzliches leistungsabhängiges Entgelt.

Die Gestaltung der Arbeitszeit[213] basiert bei Mardi auf einem Jahresarbeitszeitmodell. Basisgröße bildet hierbei eine jährliche Planzahl, die ein Mitarbeiter innerhalb eines Jahres erreichen sollte. Bei Vollzeitbeschäftigten beträgt diese Planzahl 1700 Stunden[214], während bei Teilzeitbeschäftigten eine prozentuale Anrechnung auf die Arbeitszeit erfolgt. Dieses Arbeitszeitmodell erlaubt dem Mitarbeiter eine flexible Gestaltung der Tages-, Wochen- bzw. Monatsabläufe unter Ausnutzung der gesamten Wochentage einschließlich der Sonn- und Feiertage. Dies ist auch der Grund dafür, warum es bei Mardi keinerlei Stundenzuschläge gibt. Von dieser Arbeitszeitregelung sind die Führungskräfte ausgeschlossen, so z.B. die Bereichsleiter.

Am Ende eines Monats muß jeder Mitarbeiter für die Zeiterfassung einen Monatsbericht[215] per Computer ausfüllen, der sowohl die geleisteten Stunden als auch die Krankheits- und Urlaubstage des abgelaufenen Monats beinhaltet. Nachdem das Formular ausgedruckt wurde, erfolgt eine Weiterleitung an das zuständige Sekretariat der jeweiligen Geschäftsstelle. Dort wird der Monatsbericht im MIS erfaßt. Die eingegebenen Daten dienen als Grundlage für die Ermittlung der Stunden, die zur Erreichung der Jahresplanzahl beitragen.

Die Besonderheit dieser Arbeitszeitermittlung ist, daß nicht jede geleistete Stunde zur Erreichung der Planzahl beiträgt. Lediglich die wertschöpfenden Stunden werden im Monatsbericht erfaßt.
Hierunter versteht Mardi die Tätigkeiten, die ein Mitarbeiter im Zusammenhang mit einem bestimmten Projekt leistet. Dies können zum einen fakturierte Stunden

---

[213] Vgl.: Anhang 28: Arbeitszeitregelung
[214] Die Jahresplanzahl von 1700 Stunden basiert auf einer angenommenen 40 Stundenwoche, abzüglich Jahresurlaub und Aus-/Fortbildungsmaßnahmen.
[215] Vgl.: Anhang 29: Formular Monatsbericht

sein, die dem Kunden auf Grund eines Festpreisprojektes[216] oder Aufwandsprojektes[217] in Rechnung gestellt werden. Ebenso gehören zu diesen sogenannten wertschöpfenden a-Stunden Einarbeitungs- und Fahrtzeiten, die auf der Rechnung des Kunden ausgewiesen werden.

Zum anderen erfaßt der Monatsbericht die b-Stunden, die gleichermaßen zur Erreichung der wertschöpfenden Stunden beitragen. Diese b-Stunden umfassen die Zeiten, die bei dem Kunden nicht fakturiert werden, jedoch zur Wertschöpfung des Unternehmens indirekt beitragen und einem bestimmten Projekt zugeordnet werden können.

Eine Sonderregelung gilt für die c-Stunden, die aus Tätigkeiten ohne Projektbezug resultieren. Hierzu können z.B. die Einarbeitungszeiten von neueingestellten Mitarbeitern oder Schulungen gehören, wenn sie zur Wertschöpfung des Unternehmens indirekt beitragen. Zur Erfassung dieser Stunden als wertschöpfende Stunden bedarf es der Genehmigung des jeweiligen Bereichsleiters. Bleibt die Genehmigung aus, können diese geleisteten Stunden im Monatsbericht nicht vermerkt werden.

Im Monatsbericht werden ferner die Urlaubs- und Krankheitstage erfaßt. Diese haben jedoch keinerlei Auswirkung auf die Berechnung der wertschöpfenden Stunden.

Die so aufgezeichneten Zeiten fließen in eine Mitarbeiter-Stundenstatistik ein, die im MIS erstellt wird. Diese monatliche Auswertung vermittelt einen Überblick über die insgesamt geleisteten wertschöpfenden Stunden und deren Aufteilung, die Krankheits- und Urlaubstage sowie den verbleibenden Resturlaub. Im Rahmen der Mitarbeiter-Stundenstatistik werden drei Kennzahlen ermittelt. Für die erste und zweite Kennzahl wird die Anzahl der fakturierten Stunden zur möglichen Arbeitszeit[218] bzw. zu den gesamten wertschöpfenden Stunden des Mitarbeiters in Beziehung gesetzt. Die dritte Kennzahl ist der prozentuale Anteil der wertschöpfenden Stunden an der möglichen monatlichen Arbeitszeit des Mitarbeiters. Die ermittelten Kennzahlen werden im Unternehmen anschließend als Hilfe für Unternehmensentscheidungen herangezogen.

Unabhängig von den im Bericht ausgewiesenen wertschöpfenden Stunden, erhält jeder Mitarbeiter monatlich ein fixes Gehalt. Entstandene wertschöpfende

---

[216] Festpreisprojekte sind Projekte, die mit einem zuvor ausgehandeltem Pauschalpreis abgerechnet werden.
[217] Aufwandsprojekte sind Projekte, die nach erbrachter Leistung abgerechnet werden.
[218] Unter der möglichen Arbeitszeit versteht Mardi die 40-Stunden-Woche.

Überstunden, die aus einer Überschreitung der monatlichen Planzahl[219] resultieren, werden nicht sofort ausgezahlt. Für diese Überstunden werden monatliche Rückstellungen gebildet, sofern die bisher erreichte Ist-Arbeitszeit das bis zu diesem Zeitpunkt benötigte Soll übersteigt. Hierbei ergibt sich die Rückstellungshöhe aus der Überstundenzahl und der entsprechenden pauschalen Überstundenvergütung. Die Ermittlung der wertschöpfenden Überstunden und der entsprechenden Rückstellungsbeträge sowie deren Kumulation bis zum Jahresende erfolgt mit dem MIS.

Übersteigen am Jahresende die geleisteten wertschöpfenden Arbeitsstunden die Jahresplanzahl, erfolgt durch manuelle Auflösung der zuvor erstellten Rückstellungen eine Auszahlung der im Laufe des Jahres entstandenen Überstunden. Die Auswirkungen einer Unterschreitung der Sollstundenzahl liegen beim jeweiligen Bereichsleiter, der bei seiner Entscheidung die Ursachen für diese Fehlzeiten berücksichtigt.

5.4.4 Reisekosten

Auf Grund der stark ausgeprägten Reisetätigkeit der Mitarbeiter kommt der Bearbeitung der Reisekosten[220] bei Mardi eine besondere Bedeutung zu. Hierbei müssen sowohl die steuerrechtlichen als auch die abrechnungstechnischen Aspekte bei der Bearbeitung berücksichtigt werden.

Für die Durchführung der Reise benötigt der Mitarbeiter keine Genehmigung. Erst im Anschluß an die Reise muß ein dafür vorgesehenes Formular ausgefüllt werden. Dieses Reisekostenabrechnungsformular[221] steht jedem Mitarbeiter zentral über den Computer zur Verfügung und muß monatlich pro Projekt ausgefüllt werden. Der Mitarbeiter muß die Daten seiner Reisetätigkeit per Computer in diesem Formular erfassen und ist für die Korrektheit der Spesenabrechnung verantwortlich.

Bereits beim Ausfüllen des Formulars muß der Mitarbeiter steuerrechtliche Aspekte berücksichtigen. Diese Aspekte sind Bestandteil der Spesenordnung[222], die jeder Mitarbeiter ausgehändigt bekommt. Die Spesenordnung sieht eine

---

[219] Monatliche Planzahl bei Vollzeit = Jahresplanzahl 1700 Std./ 12 Monate = 141,67 Std./Monat
[220] Vgl.: Anhang 30: Reisekosten
[221] Vgl.: Anhang 31: Reisekostenabrechnungs-Formular
[222] Vgl.: Anhang 32: Spesenordnung

Differenzierung nach der Dauer der Tätigkeit vor, die durch eine entsprechende Abwesenheitszeit bestimmt und der ein bestimmter Spesen- bzw. Fahrtkostenerstattungsbetrag zugeordnet wird. Dahingehend muß der Mitarbeiter zunächst den Status seiner auswärtigen Tätigkeit bestimmen, d.h. die Reise muß als Dienstreise bzw. als Abordnung gekennzeichnet werden. Diese Angaben sind wiederum wichtig für die Berechnung und Versteuerung des geldwerten Vorteils, der aus der privaten Nutzung eines Firmenfahrzeuges für Familienheimfahrten resultieren kann.

Der Status der Dienstreise[223] liegt vor, wenn ein Arbeitnehmer, der eine regelmäßige Arbeitsstätte[224] hat, aus beruflichen Gründen bis zu drei Monaten außerhalb dieser Arbeitsstätte regelmäßig beim Kunden tätig wird. Nach Überschreiten dieser drei Monate wird die auswärtige Arbeitsstätte automatisch zur regelmäßigen Arbeitsstätte und die Tätigkeit erhält den Status der Abordnung.
Zusätzlich muß der Mitarbeiter die ihm entstandenen Reisekosten[225] in das Abrechnungsformular eintragen. Hierunter fallen die Übernachtungs-, Verpflegungs- und Reisenebenkosten, welche grundsätzlich nach den eingereichten Belegen abgerechnet werden sowie die Fahrtkosten[226]. Eine Fahrtkostenerstattung ist nur dann begründet, wenn der Mitarbeiter einen Privatwagen anstelle eines Firmenwagens für seine Reisetätigkeit genutzt hat. Die Höhe der Fahrtkostenerstattung ergibt sich aus der Kilometeranzahl und einem aus der Spesenordnung resultierenden Kilometersatz.[227]

Ist die Datenerfassung im Reisekostenformular abgeschlossen, werden nachfolgend die Beträge automatisch durch den Computer aggregiert. Anschließend druckt der Mitarbeiter das Formular aus und reicht dieses zur Erfassung und Bearbeitung an den zuständigen Sachbearbeiter weiter, der die

---

[223] Vgl.: Abschnitt 37 Abs. 3 LStR
[224] Vgl.: Abschnitt 37 Abs. 2 LStR
[225] Vgl.: Abschnitt 37 Abs. 1 S. 1 LStR
[226] Vgl.: Abschnitt 38 Abs. 1 LStR
[227] Nähere Informationen hierzu: Griese, Dr. Thomas: Dienstreise, in: Küttner, Dr. Wolfdieter: Personalbuch 1997, 4. Auflage, Düsseldorf 1997, S. 705 ff

Abrechnung auf ihre Korrektheit prüft. Daraufhin erfaßt der Sachbearbeiter im MIS die Reisekosten, die später auf der Kundenrechnung in Erscheinung treten sollen. Im Anschluß daran werden die durch den Mitarbeiter zu versteuernden Spesen aus den Reisekostenformularen manuell herausgefiltert und in einem Tabellenkalkulationsprogramm erfaßt. Mit der daraus resultierenden Übersicht werden die für die Gehaltsabrechnung relevanten Daten nochmals manuell in das DATEV-System eingegeben. In der Finanzbuchhaltung werden diese Reisekostenbeträge zusätzlich auf dem Formular manuell kontiert und anschließend verbucht.

Weiterhin müssen die Daten der Firmenfahrzeuge (z.B. Listenpreis) im MIS erfaßt werden. Die sich daraus ergebenen zu versteuernden Werte werden manuell anhand von MIS-Listen in die DATEV-Software übertragen, um somit in das steuerpflichtige Bruttogehalt einfließen zu können.

Die Auszahlung der entstandenen Reisekosten selbst erfolgt nicht mit der monatlichen Gehaltsabrechnung, sondern separat über das Überweisungsprogramm COPIZ[228]. Hierfür bedarf es der nochmaligen manuellen Eingabe der Reisekostengesamtbeträge.

5.4.5 Gehaltsabrechnung

Die Gehaltsabrechnung[229] der Mardi GmbH wird zentral in der Hauptgeschäftsstelle Bielefeld für sämtliche Niederlassungen abgewickelt. Zur Durchführung der vollständige Abrechnung nimmt die Unternehmensberatung die Serviceleistung des externen Dienstleistungsunternehmens DATEV[230] in Nürnberg in Anspruch.

Für die Bearbeitung und Erstellung der Gehaltsabrechnung benötigt die DATEV eine grundlegende Informationsbasis. Diese bilden die im MIS erfaßten Daten, die an Hand von ausgedruckten Listen manuell in das Erfassungssystem der DATEV eingegeben werden müssen. Zusätzlich werden für die Eingabe weitere Übersichten erstellt.

---

[228] COPIZ = Commerzbank Personalcomputer Inlands-Zahlungsverkehr
[229] Vgl.: Anhang 33: Gehaltsabrechnung
[230] Vgl.: Kapitel 5.3.2 DATEV

Mit Hilfe der MIS-Listen erfolgt eine manuelle Übernahme der Personalstammdaten, der individuellen Vertragsdaten der Mitarbeiter und Angaben über die Firmenfahrzeuge. Die Angaben über die Firmenfahrzeuge dienen zur Ermittlung des geldwerten Vorteils und dessen Versteuerung. Desweiteren werden die Reisekostendaten eingegeben, die jedoch nicht mit der Gehaltsabrechnung zur Auszahlung gelangen, sondern lediglich für die Ermittlung des steuerpflichtigen Einkommens herangezogen werden. Die eigentliche Erstattung der Reisekosten erfolgt durch eine separate Überweisung.[231]

Außerdem fließen Zusatzzahlungen in die Gehaltsabrechnung ein, die jeweils manuell ermittelt werden. Hierzu gehören einerseits das 13. Monatsgehalt und andererseits die Vergütung der entstandenen Überstunden. Das 13. Monatsgehalt wird je zur Hälfte als Urlaubs- und Weihnachtsgeld im Juli und November ausgezahlt. Hierfür werden die zuvor gebildeten monatlichen Rückstellungen aufgelöst. Als weitere Zusatzzahlung werden die entstandenen Überstunden[232], die über das Jahr hinweg kumuliert wurden, einmalig zum Jahresende ausgezahlt. Daher haben diese Stunden nur zum Ende des Jahres Einfluß auf die monatliche Gehaltsabrechnung. Ansonsten wird ein Gehaltsfixum als Ausgangsgröße zugrunde gelegt.

Zusätzlich muß die DATEV über die vermögenswirksamen Leistungen, Mitarbeiterdarlehen, Direktversicherungen, Umsatzbeteiligungen und diverse Abschlagszahlungen in Kenntnis gesetzt werden, um die Gehaltsabrechnung durchführen zu können.

Nachdem die Datenerfassung in das Erfassungssystem der DATEV erfolgt ist, werden diese per Modem an die DATEV weitergeleitet und dort aufbereitet. Im Anschluß an diese Datenaufbereitung erstellt die DATEV zum 24. jedes Monats ein Datenträgerband für die Kreditinstitute, welches zusammen mit den gedruckten Gehaltsabrechnungen an Mardi gesendet wird. Mardi leitet das Band an das entsprechende Kreditinstitut und die Gehaltsabrechnungen an die Mitarbeiter weiter. Die Auszahlung des Gehalts erfolgt zum ersten eines Monats. Weiterhin umfaßt das Serviceangebot des DATEV-Rechenzentrums die Bereitstellung von Informationsgrundlagen, die Mardi für Angaben und Überweisungen an externe Empfänger benötigt. So beispielsweise die

---

[231] Vgl.: Kapitel 5.4.4 Reisekosten
[232] Vgl.: Kapitel 5.4.3 Arbeitszeitregelung

Aufstellung der Krankenkassenbeiträge, die pro Monat gezahlt werden müssen und die Erstellung der dazu gehörenden Überweisungsbelege. Außerdem erhält Mardi eine Liste, mit deren Hilfe die Berufsgenossenschaftsbeiträge der Mardi manuell ermittelt werden können. Für die Zahlungen an das Finanzamt bekommt die Unternehmensberatung durch die DATEV einen Buchungsbeleg je Mitarbeiter ausgestellt, der danach in der Finanzbuchhaltung erfaßt und zur Abrechnung mit dem Finanzamt benötigt wird.

Die Überweisungen der vermögenswirksamen Leistungen sowie die Auszahlung der Reisekosten zum zehnten des Monats werden separat durch Mardi mit dem Überweisungsprogramms COPIZ[233] durchgeführt. Dafür ist eine nochmalige Eingabe der entsprechenden Daten in dieses Programm notwendig.

Neben der Gehaltsabrechnung erhält Mardi zusätzlich monatliche und jährliche Listen sowie Auswertungen. Hierzu gehören z.B. die monatlichen Lohnjournals mit den kumulierten Bruttogehältern und jährliche Gehaltslisten einschließlich einer Gegenüberstellung zu vorherigen Jahren. Darüber hinaus bekommt Mardi Krankenkassenlisten mit den jeweiligen Gesamtbeiträgen zur Sozialversicherung, die Liste der Be- und Abzugsarten und die gesetzlichen Meldungen, wie DÜVO- und Finanzamtmeldungen.

---

[233] COPIZ = Commerzbank Personalcomputer Inlands-Zahlungsverkehr

5.5 Schwachstellenanalyse und Zieldefinition

Nachdem die Beschreibung der Ist-Situation erfolgt ist, können mit der Schwachstellenanalyse die qualitativen Mängel der personalwirtschaftlichen Geschäftsprozesse bei Mardi ermittelt werden. Diese Mängel können gleichzeitig als Anforderungen für das neue System zugrunde gelegt werden.

Bei Mardi resultieren die Schwachstellen der Geschäftsprozesse zum größten Teil aus den eingesetzten EDV-Verfahren MIS und DATEV. Hierbei löst die fehlende Integration dieser beiden Systeme eine Kette von Mängeln aus, die sich auf die Wirtschaftlichkeit der Geschäftsprozesse niederschlagen. Diese Inkompatibilität bewirkt, daß die beiden Systeme nicht durch eine Schnittstelle miteinander verknüpft werden können und somit unabhängig voneinander laufen. Jedes System besitzt dadurch eine eigene Datenbank, die jeweils separat verwaltet werden muß. Infolgedessen entstehen manuelle Doppelerfassungsprozesse, da die Stamm- und Bewegungsdaten sowohl im MIS als auch im DATEV-System erfaßt werden müssen. Diese Mehrfacherfassung läßt Datenredundanzen entstehen und führt gleichzeitig zu einem erhöhtem Risiko der fehlerhaften Datenübernahme. Darüber hinaus entsteht ein erhöhter Arbeits- und Zeitaufwand, der wiederum eine zeitliche Verzögerung bei der Dateneingabe auslöst und somit die Aktualität der Daten einschränkt. In diesem Zusammenhang wird die Datenaktualität auch durch die zeitliche Abhängigkeit zum DATEV-Rechenzentrum beeinträchtigt. Um dennoch möglichst schnell Entscheidungen treffen zu können, wird monatlich bereits vor Eingang der DATEV-Auswertungen manuell eine Betriebsabrechnung erstellt, die zusätzlich als Kontrollinstrument herangezogen wird.

Ein weiterer Mangel im MIS ist die fehlende Historienfähigkeit, die dadurch bedingt ist, daß die monatlichen Bewegungsdaten durch die bereits beschriebene Monatsinitialisierung gelöscht und anschließend nur noch kumuliert ausgewiesen werden. Folglich können keine detaillierten Zeitraumauswertungen für die Vergangenheit erstellt werden, weil eine Transparenz der zeitlichen Datenentwicklung nicht gegeben ist. Auch die Möglichkeit der Datenrevision im System selbst besteht aus diesem Grund nicht mehr.

Aus der Schwachstellenanalyse resultiert die Zielsetzung der Mardi GmbH, die zuvor analysierten Mängel zu beseitigen. Damit soll eine effizientere Gestaltung der Geschäftsprozesse im Personalbereich erzielt werden. Die bisher zum Einsatz kommenden Systeme MIS und DATEV sollen durch ein einheitliches System abgelöst werden. Dabei soll eine zentrale Datenbasis entstehen, der Datenerfassungsaufwand minimiert, Datenredundanzen vermieden und eine dauerhafte Datenaktualität gewährleistet sowie die Euro-Umstellung ermöglicht werden.

Zusätzlich zu dieser Mängelbeseitigung spielen bei der Entscheidung für ein neues System zur Unterstützung der administrativen Prozesse strategische Überlegungen eine wichtige Rolle. Diesbezüglich will Mardi in diesen Bereich die Software intern zum Einsatz bringen, für die sie extern im Rahmen ihres Dienstleistungsspektrums Beratungsangebote anbietet. Aus diesem Grund blieben bei der Auswahl alternative Standardprogramme und eine Kosten/Nutzen-Analyse bezüglich der SAP R/3-Software außer Betracht.

6.0 Definition des Sollkonzeptes der Mardi GmbH

Das Sollkonzept stellt das Ziel eines Verbesserungsprozesses dar. Für Mardi ist das Ziel, wie bereits in Kapitel 5.5 beschrieben, eine Verbesserung der derzeitigen Geschäftsprozesse und dabei vor allem der administrativen Prozesse durch den Einsatz von SAP R/3.

Da Mardi die Geschäftsprozeßabläufe nur geringfügigen Modifikationen unterwerfen möchte, werden lediglich die Prozesse im R/3-System realisiert, die mit relativ wenig Änderungsaufwand in den Komponenten abbildbar sind. Infolgedessen setzt Mardi nur die Komponenten 'Personaladministration', 'Personalabrechnung' und 'Reisekosten' des Personalwirtschaftsmoduls ein. Im Mittelpunkt dieses Sollkonzeptes steht daher die Abbildung der neuen Prozeßabläufe der Mardi GmbH in diesen drei SAP-Komponenten. Nach dieser Darstellung werden die Begründungen herausgestellt, weshalb Mardi auf den Einsatz der weiteren Komponenten des Personalwirtschaftsmoduls verzichtet.

6.1 Eingesetzte Komponenten

Bei der Einführung der R/3-Software wird die Mardi GmbH drei Komponenten des Moduls 'Personalwirtschaft' einsetzen. Zu den eingesetzten Komponenten gehören die 'Personaladministration', die 'Personalabrechnung' sowie die 'Reisekosten'. In diesem Abschnitt wird beschrieben, wie die entsprechend umgesetzten Geschäftsprozesse der Mardi in der R/3-Software aussehen und welche Funktionen dabei eingesetzt werden sollen.

6.1.1 Personaladministration

Die Stammdatenverwaltung erfolgt bei der Mardi GmbH mit Einführung dieser Komponente dezentral von allen Geschäftsstellen aus. Demnach kann jede Geschäftsstelle ihre Daten in die Personaladministrationskomponente eingeben. Die eingegebenen Daten werden schließlich zentral in Bielefeld in einer Datenbank gespeichert. Somit stehen jeder Geschäftsstelle die jeweils aktuellen Daten zur Verfügung.

Abb. 6-1: Soll-Ablauf der Stammdatenerfassung

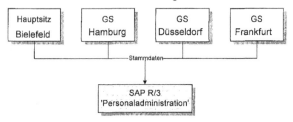

Quelle: Mardi GmbH, Bielefeld;

Eigene Darstellung

Damit die Personalnummern auf Grund der dezentralen Erfassung nicht doppelt vergeben werden, soll eine automatische Personalnummernvergabe durch das System erfolgen.

Für die Verarbeitung von komplexen Personalmaßnahmen möchte Mardi, daß der Anwender durch die wichtigsten Stammdaten-Erfassungsmasken geführt wird. Dafür müssen die einzelnen Infotypen und deren Reihenfolge für Mardi speziell im Customizing definiert werden. Als Personalmaßnahmen sollen sowohl die Einstellung, der organisatorische Wechsel, die Änderung von Mitarbeiterbezügen als auch der Aus- und Wiedereintritt eines Mitarbeiters genutzt werden. Für diese Maßnahmen soll das System außerdem automatisch die dafür benötigten DÜVO-An- bzw. Abmeldungen erzeugen.

Beim Ablauf der Personalmaßnahme 'Einstellung' sollen mit Hilfe des Customizing dem Anwender folgende Infotypen automatisch zur Verfügung gestellt werden:

Abb. 6-2: Infotypen für die Maßnahme 'Einstellung'

Infotyp		Eingaben für Mardi
Nr.	Bezeichnung	(Beispiele)
0000	Maßnahmen anlegen	• Gültigkeitszeitraum • Personalbereich • Mitarbeitergruppe • Mitarbeiterkreis
0002	Daten zur Person anlegen	• Name/ Vorname • Geburtsdatum

0001	Organisatorische Zuordnung anlegen	• Teilbereich • Kostenstelle[234]
0006	Anschriften anlegen	• Straße • Postleitzahl / Ort
0007	Sollarbeitszeit anlegen	• Arbeitszeitplanregel • Arbeitsstunden pro Tag
0008	Basisbezüge anlegen	• Tarifgruppe • Stufe
0009	Bankverbindung anlegen	• Bankleitzahl • Kontonummer
0010	Vermögensbildung anlegen	• Lohnart • Betrag
0012	Steuerdaten Deutschland anlegen	• Steuerkarte • Finanzamt
0013	Sozialversicherung Deutschland anlegen	• Sozialversicherungsschlüssel • Rentenversicherungsnummer • Zuordnung Kranken- und Pflegekasse
0020	DÜVO anlegen	• Tätigkeit • Stellung im Beruf • Ausbildung
0005	Urlaubsanspruch anlegen	• z.Zt. nicht relevant

Quelle: Mardi GmbH, Bielefeld 1997;
          Eigene Darstellung

Bei der Einstellung müssen in der Regel neben diesen automatisch vorgeschlagenen Infotypen noch weitere Personalstammdaten gepflegt werden. Dafür sollen anhand einer Checkliste die betreffenden Informationstypen durchlaufen werden. Hierzu gehören beispielsweise Informationen zu den Be- und Abzügen, Kindergeld, Direktversicherungen, Firmenfahrzeuge, Mitarbeiterdarlehen und Reiseprivilegien.

---

[234] Bei Mardi soll die organisatorische Zuordnung über eine Kostenstelle erfolgen, die jedem Mitarbeiter zugeordnet wird. Der Mitarbeiter kann dadurch dem entsprechenden Bereich und auch der Geschäftsstelle zugeordnet werden.

Die Personalmaßnahmen 'Organisatorischer Wechsel', 'Änderung der Bezüge', 'Aus-' und 'Wiedereintritt' sollen entsprechend der Maßnahme 'Einstellung' verlaufen. Auch hier wird der Anwender automatisch vom System durch die relevanten Erfassungsmasken geführt und zur Eingabe der entsprechenden Daten aufgefordert.

Durch den Einsatz der Komponente 'Personaladministration' wird eine zentrale Datenbasis entstehen, auf die jede Geschäftsstelle zugreifen kann. Eine Verwaltung mehrerer Datenbestände, die bisher sowohl in der DATEV-Software als auch im MIS vorhanden waren, soll zukünftig nicht mehr erforderlich sein. Daher können Datenredundanzen und Fehler, die durch die manuelle Mehrfacheingabe der Daten entstanden sind, vermieden werden.

6.1.2 Personalabrechnung

Die Gehaltsabrechnung der Mardi GmbH wird wie bisher in Bielefeld für alle anderen Geschäftsstellen durchgeführt. Dafür wird eine nochmalige Eingabe der für die Gehaltsabrechnung relevanten Stamm- und Bewegungsdaten nicht mehr erforderlich sein. Die benötigten Daten werden automatisch von der Personaladministrations- und Reisekostenkomponente in die Gehaltsabrechnung übertragen.

Im Rahmen der Gehaltsabrechnung soll sowohl die Brutto- als auch Nettoberechnung der Gehälter für die Mitarbeiter durchgeführt werden. Die hierfür benötigten Lohnarten, müssen jedoch vorher definiert werden. Zu den Lohnarten der Mardi gehören u.a. das Gehalt, der Nettobezug, die wertschöpfenden Stunden und die Tantiemen. Durch die anschließende Lohnartenschlüsselung bzw. -generierung werden diese Lohnarten durch das System entsprechend ihres Verwendungszweckes / -zeitpunktes eigenständig in die Abrechnung aufgenommen. So werden beispielsweise die Urlaubs- und Weihnachtsgeldzahlungen zukünftig automatisch im entsprechenden Monat in die Bruttoberechnung einbezogen.

Abb. 6-3: Soll-Ablauf der Personalabrechnung

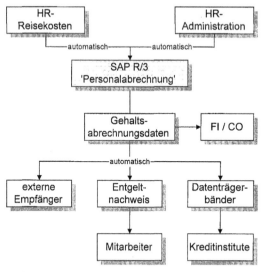

Quelle: Mardi GmbH, Bielefeld 1997;
Eigene Darstellung

Nachdem die R/3-Komponente das jeweilige Mitarbeiterbruttogehalt ermittelt hat, wird das Nettogehalt errechnet. Für das Nettogehalt werden die gesetzlichen als auch mitarbeiterindividuellen Abzüge automatisch durch die 'Personalabrechnung' durchgeführt. Anschließend werden die Gehaltsabrechnungsdaten an die Module FI bzw. CO weitergeleitet, damit dort die entsprechenden Buchungen vorgenommen werden können.

Die Nachweise für die externen Empfänger werden mit der Abrechnungskomponente ebenfalls automatisch erstellt und müssen nur noch an die externen Stellen weitergeleitet werden. Zu den Nachweisen gehören z.B. Sozialversicherungsnachweise der einzelnen Mitarbeiter. Ferner soll das System eigenständig die jeweiligen Entgeltnachweise für die Mitarbeiter erstellen. Darüber hinaus werden automatisch die Datenträgerbänder für die Überweisungen durch die Kreditinstitute an die Mitarbeiter erstellt.

Durch den Einsatz der R/3-Komponente 'Personalabrechnung' werden die manuellen Tätigkeiten der Sachbearbeiter, die im Zusammenhang mit der Gehaltsabrechnung angefallen sind, auf ein Minimum reduziert. Die doppelten

Eingaben der Gehaltsdaten, die sowohl in der DATEV-Software als auch im COPIZ-Überweisungsprogamm erfolgen mußten, werden zukünftig entfallen. Neben dieser Arbeitserleichterung wird ein weiterer Vorteil die Historienfähigkeit des Systems sein. Dadurch werden zukünftig die Abrechnungsdaten auch nach Abschluß der Gehaltsabrechnung weiterhin vorhanden sein. Folglich können ebenso im nachhinein Vergangenheitsauswertungen erstellt werden.

6.1.3 Reisekosten

Nachdem der Mitarbeiter seine Reise[235] durchgeführt hat, wird er wie bisher das Reisekostenabrechnungsformular[236] mit Hilfe des Computers ausfüllen. Hierbei sind die bereits in Kapitel 5.4.4 genannten rechtlichen Aspekte zu berücksichtigen. Nach Beendigung der Eingabe druckt der Mitarbeiter das Formular aus und reicht dieses zur Überprüfung an den zuständigen Sachbearbeiter weiter.

An dieser Stelle sollen die kompletten Reise- bzw. Reisekostendaten[237] in der R/3-Komponente 'Reisekosten' durch den Sachbearbeiter erfaßt werden. Auf Grund der Tatsache, daß Mardi den Mitarbeitern die Reisekosten-Erstattungsbeträge außerhalb der Lohn- und Gehaltsabrechnung überweist, muß für jeden Mitarbeiter ein sogenannter HR-Kreditor angelegt werden. Durch diesen HR-Kreditor kann das System erkennen, für welche Mitarbeiter Reisekosten-Beträge ausgezahlt werden sollen. Für die Mitarbeiter, die zum ersten Mal eine Reisekostenerstattung erhalten, muß deshalb stets ein HR-Kreditor angelegt werden. Wird das Anlegen eines HR-Kreditors vergessen, kann das System diesen Mitarbeiter für die Reisekostenerstattung nicht berücksichtigen.

Bei der Eingabe der Daten kann bereits die Genehmigung der Reise im System erfolgen, indem der Reisestatus 'Reise erfolgt' eingetragen wird. Diese

---

[235] Vgl.: Kapitel 5.4.4 Reisekosten
[236] Vgl.: Anhang 31: Reisekostenabrechnungs-Formular
[237] Die Eingabe der zu fakturierenden Reisekosten wird separat in der SD-Komponente erfolgen.

Reisegenehmigung wird notwendig, damit die Reisekostendaten auch abgerechnet werden können. Neben der direkten Reisegenehmigung bei der Dateneingabe, kann diese auch gesamtheitlich erfolgen. Dafür werden die gewünschten Reisen selektiert und anschließend in einem Erfassungsvorgang genehmigt.

Abb. 6-4: Soll-Ablauf der Reisekosten

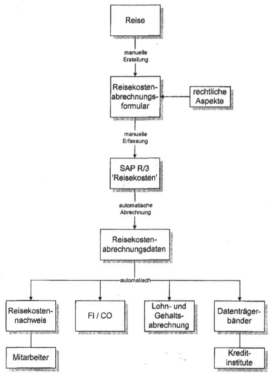

Quelle: Mardi GmbH, Bielefeld 1997;
         Eigene Darstellung

Im Anschluß an die Erfassung der Reise- bzw. Reisekostendaten, soll die Abrechnung der jeweiligen Mitarbeiterreisen durch die R/3-Komponente 'Reisekosten' erfolgen. Hierfür werden keine weiteren Eingaben des Sachbearbeiters hinsichtlich steuerrechtlicher Aspekte erforderlich sein, da das System über alle abrechnungsrelevanten Daten verfügt.

Nachdem die Abrechnung der Reise durch das System durchgeführt wurde, werden die Reisedaten in den Modulen FI bzw. CO verbucht. Zusätzlich werden die Daten an die HR-Komponente 'Personalabrechnung' weitergeleitet, um die Reisekostendaten in die entsprechenden Brutti der nächsten Gehaltsabrechnung miteinzubeziehen. Ferner soll die Option bestehen, die Abrechnungsdaten in einem Reisekostennachweisformular für den Mitarbeiter auszudrucken.

Die Auszahlung der Reisekosten soll wie bisher mit einer separaten Überweisung erfolgen und nicht mit der Lohn- und Gehaltsabrechnung. Für diese Überweisung wird die Reisekostenkomponente zukünftig automatisch anhand der vorliegenden Abrechnungsdaten die erforderlichen Überweisungsbänder erstellen. Diese Bänder werden anschließend von der Mardi an die jeweiligen Kreditinstitute weitergereicht, damit die Überweisung der Reisekosten-Erstattungsbeträge an die Mitarbeiter erfolgen kann.

Auf Grund der Einführung der SAP R/3-Software und der Ablösung von MIS und DATEV wird der arbeitsintensive Erfassungsaufwand bei der Reisekostenabrechnung entfallen. Dabei verringert sich im Zusammenhang mit R/3 nicht nur der Arbeitsaufwand sondern auch die Gefahr, daß Daten bei einer nochmaligen Eingabe falsch erfaßt werden. Außerdem stehen die erfaßten Daten nach der Abrechnung weiterhin zur Verfügung und werden nicht wie bei der Monatsinitialisierung[238] gelöscht.

---

[238] Vgl.: Kapitel 5.3.1 Mardi-Informations-System (MIS)

6.2 Nicht eingesetzte Komponenten

Im Rahmen der Einführung der SAP R/3-Software werden die HR-Komponenten 'Zeitwirtschaft', 'Leistungslohn', 'Arbeitgeber-Leistungen', 'Planung', 'Personalbeschaffung' und 'Informationssystem' bei der Mardi GmbH nicht eingesetzt. Für die Entscheidung gegen den Einsatz dieser Komponenten waren unterschiedliche Gründe ausschlaggebend, die im folgenden erläutert werden:

- **Zeitwirtschaft**

  Die Integration der Zeitwirtschaftskomponente wird nicht durchgeführt, da das Arbeitszeitmodell der Mardi GmbH nicht ohne weiteres in der R/3-Software abgebildet werden kann. Problematisch wäre vor allem die Erfassung der wertschöpfenden Stunden sowie deren Aufteilung in a-,b- und c-Stunden. Für diese Mardi-spezifische Stundenaufteilung müßten umfangreiche Eigenprogrammierungen vorgenommen werden. Damit die wertschöpfenden Stunden dennoch für die Überstundenermittlung und Kundenrechnungen zur Verfügung stehen, wurde ein Weg über das Modul CO gefunden. In diesem Modul werden auch die benötigten Statistiken wie z.B. die Mitarbeiter-Stundenstatistik einschließlich der entsprechenden Kennzahlen erstellt. Ein weiterer Entscheidungsgrund gegen den Einsatz der Zeitwirtschaftskomponente besteht darin, daß insbesondere die Abbildung flexibler Arbeitszeitmodelle große Mängel aufweist[239].

- **Leistungslohn**

  Die Komponente 'Leistungslohn' ist für Mardi bedeutungslos, weil die Unternehmensberatung als Dienstleistungsunternehmen im Rahmen ihrer Tätigkeit keinerlei Akkordarbeiten durchführt. Die Mitarbeiter werden grundsätzlich mit einem monatlichen Gehalt entlohnt.

- **Arbeitgeber-Leistungen**

  Die Komponente 'Arbeitgeber-Leistungen' wird dann lohnenswert, wenn ein Unternehmen seinen Arbeitnehmern eine Vielzahl von Arbeitgeberleistungen einräumt. Für Mardi ist der Einsatz dieser Komponente überflüssig, da sich der Umfang der Zusatzleistungen in einer Größenordnung befindet, die ohne Probleme noch die manuelle Verwaltung durch die Sachbearbeiter zuläßt.

---

[239] Vgl.: Kapitel 3.2.2 Kritische Würdigung der Zeitwirtschaft

- **Planung**

  Der Einsatz der Planungskomponente mit ihren Unterkomponenten setzt zwingend die Implementierung der Komponente 'Organisation' voraus. Eine Struktur im Sinne dieser Organisationskomponente existiert bei Mardi nicht. Daher müßte Mardi seine Organisationsstruktur der R/3-Software anpassen. Eine Anpassung wurde aber von der Unternehmensberatung nicht in Betracht gezogen. Die organisatorische Zuordnung der Mitarbeiter erfolgt daher über die Kostenstellen[240]. Durch die Zuweisung einer Kostenstelle zu einem Mitarbeiter kann dieser automatisch einer Geschäftsstelle bzw. einem Bereich zugeordnet werden.

  Darüber hinaus ist ein Einsatz der Planungskomponente auf Grund der relativ kurzfristigen Planung von Mardi nicht geeignet.

- **Personalbeschaffung**

  Die Komponente 'Personalbeschaffung' ist, wie bereits in Kapitel 3.5.2 erwähnt, für eine Verwaltung von Massenbewerbungen gut geeignet. Für Mardi ist der Einsatz dieser Komponente mit der derzeitigen Anzahl von Bewerbungen jedoch nicht erforderlich. Eine manuelle Verwaltung der Bewerbungen ist hierfür noch ausreichend. Zudem kann die Unternehmensberatung die durchaus vorteilhaften Profilvergleiche in der Beschaffungskomponente ohnehin nicht nutzen. Hierfür wäre der Einsatz der Organisationskomponente notwendig. Abgesehen davon wird die Entscheidung für einen Bewerber überwiegend rein gefühlsmäßig getroffen und umfangreiche Profilvergleiche würden den Entscheidungsprozeß nur unnötig verzögern.

- **Informationssystem**

  Für Mardi ist die Informationssystemkomponente von keinem Wert, da die Organisationskomponente nicht eingesetzt wird. Die statistischen Auswertungen[241] der Mardi werden infolgedessen, wie bereits erwähnt, mit Hilfe des Moduls CO erstellt. Für diese Auswertungen müssen kleine Programme (Reports) geschrieben werden, damit die entsprechend

---

[240] Vgl.: Kapitel 6.1.1 Personaladministration
[241] Zu den statistischen Auswertungen der Mardi gehören die Mitarbeiter-Stundenstatistik (monatlich/kumuliert) und eine Auflistung der auszuzahlenden wertschöpfenden Stunden.

benötigten Größen aggregiert werden können. Aus der Mitarbeiter-Stundenstatistik resultieren anschließend auch die jeweiligen Kennzahlen[242].

Die Entscheidungsgründe leiten sich zum großen Teil aus der Unternehmensgröße der Mardi GmbH ab. Als mittelständisches Unternehmen mit derzeit ca. 160 Mitarbeitern ist der Einsatz weiterer Komponenten nicht lohnenswert. Der durch den zusätzlichen Einsatz entstehende Arbeits- und Kostenaufwand würde sich nicht rentieren, da eine manuelle Verwaltung bzw. eine einfachere oder kostengünstigere Software ausreichen würde. Ebenso basieren die Entscheidungen von Mardi darauf, möglichst wenig bzw. gar keinen Programmieraufwand anzuwenden. Daher ist eine unternehmensindividuelle Anpassung, bei der das Customizing allein nicht ausreicht, weitgehend ausgeschlossen.

Die derzeitigen Entscheidungsgrundlagen können sich sicherlich zukünftig verschieben. So ist anzunehmen, daß durch einen weiteren starken Anstieg der Mitarbeiterzahl der Einsatz weiterer Komponenten in Erwägung gezogen wird. Darüber hinaus werden zukünftig wahrscheinlich auch weitere Komponenten eingesetzt, wenn der Einsatz der jetzt eingeführten Komponenten zu den gewünschten Zielen führt.

---

[242] Vgl.: Kapitel 5.4.3 Arbeitszeitregelung

7.0 Realisierung

Nachdem die Ist-Analyse und das Sollkonzept erstellt wurden, schließt sich die Realisierung an. Dabei umfaßt die in diesem Kapitel beschriebene Realisierung sowohl die Beschreibung des Customizing als auch die Aufgabenbeschreibung der Produktionsvorbereitung. Der sich anschließende Produktivbetrieb wird nur kurz der Vollständigkeit halber erwähnt. Im Anschluß an die theoretischen Grundlagen wird anhand der Mardi GmbH die Umsetzung der Rahmenbedingungen in der Praxis aufgezeigt. Die eigentliche Feineinstellung des Systems ist jedoch nicht Bestandteil dieser Diplomarbeit, da eine nähere Ausführung zu umfangreich ausfallen würde.

7.1 Begriff und Ablauf des Customizing

Auf der Basis des zuvor definierten Sollkonzeptes[243] wird in der Phase der Realisierung die Standardsoftware an die betriebsindividuellen Anforderungen und Bedürfnisse angepaßt. Diese Anpassung wird im SAP-Sprachgebrauch als Customizing[244] bezeichnet. Konkret bedeutet dies, daß mit Hilfe der Customizing-Einstellungen der optimale Prozeßweg für den zukünftigen Anwender eingestellt wird, damit dieser die Bearbeitung seiner Aufgaben effektiv durchführen kann.

Hierfür sind im R/3-System eine Vielzahl von Parametern einzustellen, die in Tabellen eingetragen und abgespeichert werden. Die Strukturen dieser Tabellen sind für den Anwender bei der Einstellung physisch nicht sichtbar, da die Systemeinstellungen durch betriebswirtschaftlich beschriebene Transaktionen erfolgen. Die folgende Darstellung zeigt die Struktur einer Tabelle, in der die Kündigungsfristen eingestellt werden können.

---

[243] Vgl.: Kapitel 6.0 Definition des Sollkonzeptes der Mardi GmbH
[244] Der Begriff Customizing kommt aus dem Englischen und bedeutet frei übersetzt 'auf den Kunden zuschneiden'.

Abb. 7-1: Customizing-Einstellung

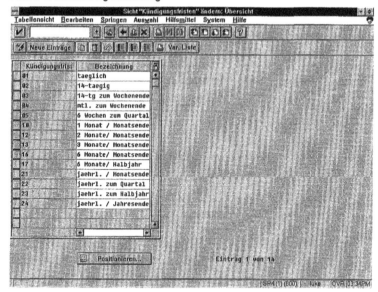

Quelle: Bildschirmausdruck des SAP R/3-Systems

Vorteilhaft ist beim Customizing auch, daß der Anwender nicht die jeweiligen technischen Namen der Tabellen kennen muß. Durch die Verknüpfung logisch zusammenhängender Tabellen ist gewährleistet, daß alle betroffenen Tabellen tatsächlich bearbeitet werden. Die Tabellen-Einstellungen können somit auch von Customizing-Unerfahrenen durchgeführt werden. Hierbei hat sich als Vorteil herausgestellt, die Systemeinstellungen durch Mitarbeiter des eigenen Unternehmens durchführen zu lassen und dabei eine Unterstützung durch externe Berater in Anspruch zu nehmen. Dadurch kann das Unternehmen von den bei der Einstellung erworbenen Erfahrungen auch nach Beendigung des Projektes profitieren.

Im Hinblick auf die Customizing-Einstellungen wird mit der Installation der R/3-Software ein System zur Verfügung gestellt, das bereits Voreinstellüngen[245] (siehe Abb. 7-1) der SAP für ein branchenneutrales Modellunternehmen beinhaltet. Dieser sogenannte 'Mandant[246] 000', der keine Stamm- und

---

[245] Beispielsweise werden in der Komponente Personaladministration bereits Kündigungsfristen vorgegeben wie u.a. sechs Wochen zum Quartalsende oder ein Monat zum Monatsende.
[246] Wie bereits in Kapitel 2.2.4 erwähnt, stellt ein Mandant eine handelsrechtlich und organisatorisch abgeschlossene Einheit dar.

Bewegungsdaten enthält, dient als Referenzmandant (Originalmandant) und ist für Systemeinstellungen jeglicher Art gesperrt[247]. Für die konkreten Einstellungen des Customizing wird daher nicht der Originalmandant verwendet, sondern eine Kopie, die in der Regel als 'Mandant 001' bezeichnet wird. Dieser Einstellungsmandant ist zunächst nur ein Testmandant, aus dem später der Produktivmandant resultiert.

Zur Sicherstellung des organisatorischen Ablaufs und der richtigen Parametereinstellungen muß im Rahmen des Customizing zunächst eine geeignete Reihenfolge für diese betriebsindividuellen Aufgaben geschaffen werden. Hierfür stellt die SAP einen sogenannten Einführungsleitfaden zur Verfügung, der auf Grund der englischen Bezeichnung auch als IMG (Implementation Guide) bezeichnet wird.

Abb. 7-2: Einführungsleitfaden

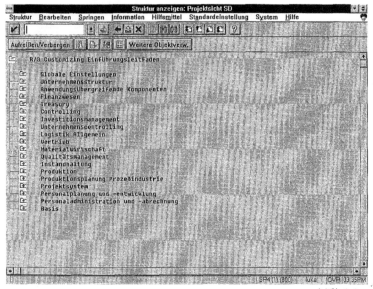

Quelle: Bildschirmausdruck des SAP R/3-Systems

Im einzelnen beschreibt dieser Leitfaden, welche Aktivitäten vorzunehmen sind, wofür diese benötigt werden und welche Auswirkungen diese Einstellungen haben. Ferner werden Empfehlungen hinsichtlich der vorzunehmenden

---

[247] Lediglich für einen Release-Wechsel wird der 'Mandant 000' verändert.

Einstellungen gegeben. Wie aus der vorstehenden Abbildung ersichtlich ist, besitzt der SAP-Leitfaden einen hierarchischen Aufbau und ist nach betriebswirtschaftlichen Anwendungsbereichen gegliedert.

Jeder ausgewählte Anwendungsbereich, so z.b. die 'Personaladministration und Abrechnung', zeigt detailliert, welche Customizing-Einstellungen für diesen Bereich durchzuführen sind. In der Regel sind hierbei für die Mußaktivitäten bereits Voreinstellungen gepflegt, an die sich der Anwender orientieren bzw. aus denen er eine Auswahl treffen kann. Außerdem können zu jedem Anwendungsbereich eigene Notizen hinzugefügt und zur Erläuterung Online-Dokumentationen aufgerufen werden. Um sicherzustellen, daß keine Parametereinstellungen vergessen werden, ist empfehlenswert, die hierarchische Struktur des Einführungsleitfadens von oben nach unten schrittweise durchzugehen.

Das Durchgehen dieses gesamten Einführungsleitfadens ist jedoch nicht immer erforderlich. Um den Arbeits- und Zeitaufwand zu reduzieren, kann ein unternehmensspezifischer Leitfaden konfiguriert werden. Dabei werden in diesem Unternehmens-IMG nur die betriebswirtschaftlichen Anwendungsbereiche übernommen, die im Unternehmen auch wirklich zum Einsatz kommen sollen. Erfolgt die Einführung des R/3-Systems durch mehrere Projektteams, kann sogar für jedes Team ein projektspezifischer IMG erstellt werden, der nur noch die Aktivitäten für das jeweilige Projekt enthält.

Die im IMG zu Beginn stehenden Anwendungen (siehe Abb. 7-2) 'Globale Einstellungen'[248], 'Unternehmensstruktur'[249] und 'Anwendungsübergreifende Funktionen'[250] sowie die letzte Funktion 'Basis'[251] müssen jedoch stets übernommen und eingestellt werden, da sie die Grundlage für alle anderen Anwendungen bilden.

Neben diesen zwingend vorgeschriebenen Einstellungen, werden im Verlauf des Customizing die Stammdaten und Prozesse der einzelnen Module sowie die Berechtigungsverwaltung festgelegt. Desweiteren werden die Schnittstellen zu anderen Softwareprodukten und notwendige Erweiterungen realisiert, die durch

---

[248] Im Punkt 'Globale Einstellungen' werden beispielsweise Länderschlüssel, Währungen und Maßeinheiten eingestellt.
[249] Im Punkt 'Unternehmensstruktur' werden die Organisationselemente wie Buchungskreise, Kostenrechnungskreise und Werke festgelegt.
[250] Im Punkt 'Anwendungsübergreifende Funktionen' wird beispielsweise die Berechtigungsverwaltung eingestellt.
[251] Im Punkt 'Basis' werden beispielsweise die optische Archivierung und das Workflow eingestellt.

das Sollkonzept gefordert, durch das System jedoch nicht zur Verfügung gestellt werden. Nach diesen Aktivitäten werden die Systemeinstellungen auf ihre Funktionalität geprüft und fehlerhafte Parametereinträge korrigiert.

Mit Abschluß dieser Customizing- und Testphase existiert ein im R/3-System abgebildetes unternehmensspezifisches Anwendungssystem, das auf dem zuvor definierten Sollkonzept basiert. [252]

---

[252] Vgl.: Engels, Andreas u.a.: a.a.O., S. 99 ff

7.2 Produktionsvorbereitung

Nachdem im Rahmen der Customizing-Einstellungen die Software an das Unternehmen angepaßt wurde, erfolgt die Vorbereitung für den produktiven Einsatz des Systems im Unternehmen.[253] Die in diesem Zusammenhang anfallenden Aufgaben umfassen zum einen die Ausbildung der Anwender im Hinblick auf die zukünftig durchzuführenden Tätigkeiten. Zum anderen muß die Datenübernahme vom alten in das neue System organisiert und durchgeführt werden.

Auf Grund der Komplexität der Software sind fachlich fundierte Anwenderschulungen von großer Wichtigkeit. Im Vordergrund steht hierbei einerseits das Interesse des Unternehmens, das eine fehlerhafte Bedienung der Software und die damit verbundenen unangenehmen Auswirkungen auf das Unternehmen möglichst vermeiden möchte. Andererseits fördern Schulungen die Arbeitszufriedenheit bzw. -motivation der Mitarbeiter, da Unsicherheiten in der Bedienung und Handhabung der Software reduziert werden. Infolgedessen müssen die Anwender sowohl die neue Ablauforganisation und damit die zukünftigen Datenwege des Unternehmens als auch die Funktionalitäten des R/3-Systems kennenlernen. Um dieses Ziel erreichen zu können, ist eine an den jeweiligen betrieblichen und insbesondere den individuellen Erfordernissen ausgerichtete Gestaltung der Schulungsmaßnahmen erforderlich.

Grundsätzlich besteht die Möglichkeit, zwischen zwei klassischen Ausbildungsmethoden zu wählen. Die Schulung kann zum einen in Form eines Selbststudiums erfolgen, wobei sich der Anwender mit Hilfe von Büchern und weiteren Informationsunterlagen in das System einarbeitet. Diese kognitive Ausbildungsmethode erweist sich jedoch für das Erlernen der R/3-Software als eher ungeeignet, da eine Übertragung der theoretischen Erkenntnisse auf die Praxis angesichts der R/3-Komplexität zu kompliziert ist. Eine Schulung kann zum anderen auch in Form eines Seminars stattfinden. Hierbei können neben externen Seminaren, bei denen sich die Lerngruppe aus Mitarbeitern der unterschiedlichsten Unternehmen zusammensetzt, auch unternehmensinterne Seminare durchgeführt werden. Der Vorteil dieser internen Schulungen liegt darin, daß gezielt auf betriebsindividuelle Besonderheiten und

---

[253] Diese Tätigkeiten können auch parallel zum Customizing beginnen.

die Arbeitssituation der Teilnehmer eingegangen werden kann. Für die Durchführung dieser internen Seminare müssen sowohl ein qualifizierter interner oder externer Dozent zur Verfügung stehen als auch die entsprechenden Räumlichkeiten und Arbeitsmittel. Allerdings zeigt sich die Problematik, daß weder bei internen noch bei externen Seminaren innerhalb der Lerngruppe auf jeden Anwender Rücksicht genommen werden kann. Eine individuelle Berücksichtigung der Teilnehmer ist jedoch notwendig, weil die Motivation, die Lernfähigkeit bzw. -bereitschaft und das Vorwissen der Teilnehmer unterschiedlich stark ausgeprägt sind. Damit zumindest eine gleiche Ausgangsbasis bezüglich der Vorkenntnisse gegeben ist, kann das Grundwissen durch ein sogenanntes 'Computer Based Training' (CBT) bei den Anwendern geschaffen werden.

Mit Hilfe dieses 'Computer Based Training' besteht die Möglichkeit, dem Lernenden das benötigte R/3-Grundwissen direkt am Computer zu vermitteln. In Form von dv-gesteuerten Simulationen wird dem Anwender sowohl das fundamentale Basiswissen als auch die speziellen Funktionalitäten der einzelnen Anwendungskomponenten visuell und verbal nähergebracht. Neben automatischen Aufforderungen durch das System, bestimmte Interaktionen selbst durchzuführen, besteht am Ende einer jeden Lektion jeweils die Möglichkeit, den eigenen Lernerfolg zu überprüfen. Diese Selbstkontrolle kann entweder in Form von offenen bzw. geschlossenen Fragestellungen erfolgen oder durch Übertragung des Lernstoffs auf ein simuliertes Anwendungsbeispiel. Das 'Computer Based Training' hat den Vorteil, daß der Anwender den Lernrhythmus, den Lernumfang und den jeweiligen Lerninhalt selbst bestimmen kann und somit von der Vorgehensweise in einem Seminar unabhängig ist. Allerdings besteht der Nachteil, daß diese Standardlernprogramme inhaltlich nicht bzw. nur nach großem Konfigurationsaufwand den betriebsindividuellen Bedürfnissen entsprechen und die Simulationen auch nicht unbedingt realitätsgetreu abgebildet sind. Deshalb kann das 'Computer Based Training' auf keinen Fall als Alternative für die Seminarteilnahme angesehen werden, sondern stellt lediglich eine sinnvolle Ergänzung dar.

In Anbetracht dieser Gesichtspunkte kann der Teilnehmer das benötigte allgemeine Basiswissen über das 'Computer Based Training' erlangen, während anschließend die unternehmensspezifisch benötigten Kenntnisse in Form von Seminaren vermittelt werden.

Neben diesen Schulungsmaßnahmen sollten zur zusätzlichen Unterstützung der zukünftigen Tätigkeiten des Mitarbeiters auch Anwenderdokumentationen erstellt werden. Diese Dokumentationen, die dem Systembenutzer als Handbuch dienen, beschreiben detailliert wie die Abläufe, Aufgaben und die Systembenutzung der neuen R/3-Software speziell für den Anwender aussehen werden.[254]

Darüber hinaus befaßt sich die Realisierungsphase mit den technischen Vorbereitungen für den Produktivbetrieb der Software. Neben der Einrichtung der dv-technischen Infrastruktur, z.B. der Installation von Personalcomputern, steht hierbei die organisatorische Abwicklung der Datenübernahme im Mittelpunkt.

Bei dieser Datenübernahme werden zunächst nur die in dem SAP-Testsystem[255] erfaßten Customizing-Einstellungen in das SAP-Produktivsystem[256] übernommen. Zu einem vorher bestimmten Zeitpunkt wird das alte System durch das neue System ersetzt. Dafür besteht die Notwendigkeit die Stamm- und Bewegungsdaten aus dem alten System in das SAP-Produktivsystem zu übertragen. Dieser Datentransfer kann mit Hilfe von Systemschnittstellen durchgeführt werden. Unter einer Schnittstelle kann allgemein der „Übergang an der Grenze zwischen zwei gleichartigen Einheiten mit vereinbarten Regeln für die Übergabe von Daten oder Signalen"[257] verstanden werden. Besonders bei großen Datenbeständen spielen diese Schnittstellen, die eine dialogfreie Übernahme ermöglichen, eine erleichternde Rolle. Demgegenüber besteht auch die Möglichkeit, die Daten manuell in das neue System zu übernehmen. Hierbei muß jedoch auf Grund der nochmaligen Erfassung ein großer Zeitaufwand und ein erhöhtes Fehlerrisiko bei der Übertragung in Kauf genommen werden. Auf der anderen Seite besteht der Vorteil, veraltete Daten bereits bei der Eingabe zu überprüfen und ggf. zu aktualisieren bzw. zu ändern.

Im Zusammenhang mit der Umstellung des alten auf das neue System, kann eine von drei alternativen Umstellungsmethoden ausgewählt werden.

---

[254] Vgl.: Bartels, Ulrich; Siebeck, Christoph: SAP-Ausbildung im Wandel, in: Wenzel, Paul (Hrsg.): Geschäftsprozeßoptimierung mit SAP R/3, Braunschweig/Wiesbaden 1995, S. 291-306
[255] Im Testsystem können zunächst die Einstellungen getestet werden. Anschließend werden die getesteten und geprüften Einstellungen in das Produktivsystem übertragen.
[256] Das SAP-Produktivsystem ist das System, das im Unternehmen tatsächlich zum Einsatz kommt.
[257] Stahlknecht, Prof. Dr. Peter: a.a.O., S. 86

Einerseits besteht die Möglichkeit eine Komplettablösung des alten Systems zu einem festen Stichtag[258] vorzunehmen. Aus Vorsichts- und Sicherheitsgründen kann andererseits für die erste Zeit nach der Umstellung ein Parallelbetrieb beider Systeme zweckmäßig sein. Außerdem besteht die Möglichkeit eine Kombination beider Übernahmealternativen zu wählen, indem sukzessive Stichtagsumstellungen für die einzelnen betriebswirtschaftlichen Anwendungen durchgeführt werden.

Die Durchführung der Komplettumstellung des Systems zu einem festen Stichtag bedeutet, daß an einem bestimmten Tag die Daten des Altsystems vollständig von der SAP-Software übernommen werden. Hierbei besteht der Vorteil, daß nur die Daten des neuen Systems gepflegt werden müssen und dadurch auch eine vereinfachte Wartung ermöglicht wird. Zudem erhöht sich die Systemakzeptanz des Anwenders, da sich dieser nur auf das neue System konzentrieren muß. Bei dieser Vorgehensweise können ferner die Altdatenbestände überprüft und evtl. nicht mehr benötigte Daten im Rahmen der Übertragung gelöscht werden. Dadurch kann der Datenübertragungsumfang reduziert und der Datenbestand gleichzeitig aktualisiert werden.

Hingegen entsteht beim Parallelbetrieb beider Systeme ein doppelter Datenpflegeaufwand, dem aber der Vorteil der Ergebniskontrolle gegenübersteht. Bei dieser Umstellungsmethode kann überprüft werden, ob das neue System zum gleichen Endergebnis wie das Altsystem kommt, wobei jedoch Voraussetzung ist, daß die Altdaten unverändert in das neue System übernommen werden. Als Vorteil erweist sich diese Methode in betrieblichen Notsituationen. Wenn beispielsweise bei der Umstellung Probleme auftreten, kann auf das Altsystem zurückgegriffen werden. Infolgedessen kann das aufgetretene Problem bei dem Neusystem behoben werden, ohne die operativen Geschäfte des Unternehmens zu beeinträchtigen.

In der Praxis wird zumeist eine Mischform verwendet. Dabei laufen das alte und das neue Produktivsystem zunächst parallel. Bei Bedarf werden die Daten für die jeweiligen neuen Anwendungen aus dem Altsystem in das neue System zu einem Stichtag übernommen, so daß eine Datenpflege für diese Anwendungen nur noch im neuen System vorgenommen werden muß.

Der Entschluß, welche Schulungs- bzw. Umstellungsmethode letztendlich eingesetzt wird, sollte mit den jeweiligen Anwendern in den einzelnen

---

[258] Diese Art der Umstellungsmethode wird auch als sogenannter Big Bang bezeichnet.

Fachabteilungen abgesprochen werden, um somit eine gesicherte Software-Einführung zu gewährleisten.

Mit Ablauf der Produktionsvorbereitung ist die Realisierungsphase und damit die Software-Einführung abgeschlossen. Der sich anschließende Produktivstart stellt dem Anwender das System zur Durchführung seiner Aufgaben endgültig zur Verfügung.[259]

Die zunehmende Dynamik der Marktsituation und die damit verbundene Dynamik in der Softwarebranche erfordern auch nach der Software-Einführung weitere Aktivitäten der Anwender. Auf Grund der Release-Wechsel der SAP-Software sind die Anwender in der Lage, sich stets an die aktuellen Marktänderungen (z.B. steuerrechtlicher Art) anzupassen. Jeder Release-Wechsel stellt wiederum eine weitere „kleine Software-Einführung" dar, der die Aktivitäten des Vorgehensmodells in verkürzter Form wieder in Gang setzt. Als Konsequenz daraus besteht der Bedarf und auch die Pflicht, die Anwender mit Hilfe von Anwenderschulungen jederzeit auf den aktuellsten Wissensstand zu halten, um somit in Zukunft das effektive Arbeiten mit dem System zu sichern.

---

[259] Vgl.: SAP AG: CeBIT '97 (CD), a.a.O.

7.3 Umsetzung bei der Mardi GmbH

In diesem Kapitel soll die zuvor theoretisch dargestellte Realisierungsphase einer Software-Einführung auf die Mardi GmbH übertragen werden.

Die Ausgangsgröße für die Realisierung bei der Mardi GmbH ist der SAP-Einführungsleitfaden, der im Kapitel 7.1 bereits theoretisch beschrieben wurde. Da Mardi nicht alle Komponenten der R/3-Software einführt[260], wird der SAP-Leitfaden speziell auf die Belange des Projektes zugeschnitten. In diesem Zusammenhang werden die nicht benötigten Module herausgenommen, wie z.B. die Komponente 'Produktionsplanung und -steuerung'.

Abb. 7-3: Projekt-IMG der Mardi GmbH

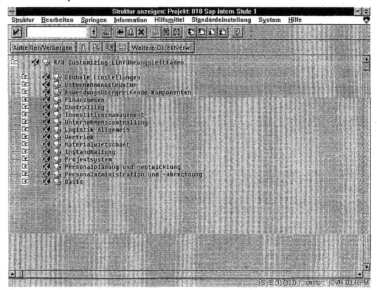

Quelle: Bildschirmausdruck des SAP R/3-Systems

---

[260] Vgl.: Kapitel 6.2 Nicht eingesetzte Komponenten

Der sich anschließende Ablauf des Customizing wird schrittweise nach diesem Projekt-IMG vorgenommen. Hierfür ist eine enge Zusammenarbeit zwischen den einzelnen Projektteilnehmern, den späteren Systemanwendern und der Geschäftsführung notwendig.

Für das Modul 'Personalwirtschaft' wird das Customizing durch eine Mitarbeiterin der Verwaltung durchgeführt. Dafür hat sich die Mitarbeiterin das notwendige SAP-Wissen anhand entsprechender Fachliteratur (z.B. Online-Dokumentationen) angeeignet. Eine zusätzliche Teilnahme an SAP-Seminaren hat nicht stattgefunden. Die unternehmensspezifischen Eigenschaften im Personalbereich von Mardi sind ihr auf Grund der Verwaltungstätigkeit bereits bekannt. Um die Customizing-Einstellungen durchführen zu können, ist eine umfassende Kooperation und Kommunikation sowohl mit den Mitarbeitern der Verwaltung als auch innerhalb der Projektgruppe erforderlich. So kann gewährleistet werden, daß die modulübergreifenden Einstellungen allen Projekt- bzw. Zielansprüchen gerecht werden.

Das Sollkonzept[261] der Mardi orientiert sich mit ihren zukünftigen Geschäftsprozeßabläufen weitgehend am SAP-Standard. Deshalb kann die Anpassung der Software an die unternehmensindividuellen Bedürfnisse größtenteils über das Customizing durchgeführt werden. Ein großer Teil der bereits in der R/3-Software integrierten Standardfunktionen und -einstellungen kann dabei übernommen werden. Neben diesen Standardfunktionen müssen aber auch unternehmensspezifische Anpassungen vorgenommen werden. So müssen z.B. die Kündigungsfristen von Mardi definiert werden, da diese Kündigungsmöglichkeiten nicht standardmäßig im System vorgesehen sind.

---

[261] Vgl.: Kapitel 6.0 Definition des Sollkonzeptes der Mardi GmbH

Abb. 7-4: Customizing-Einstellung der Mardi GmbH

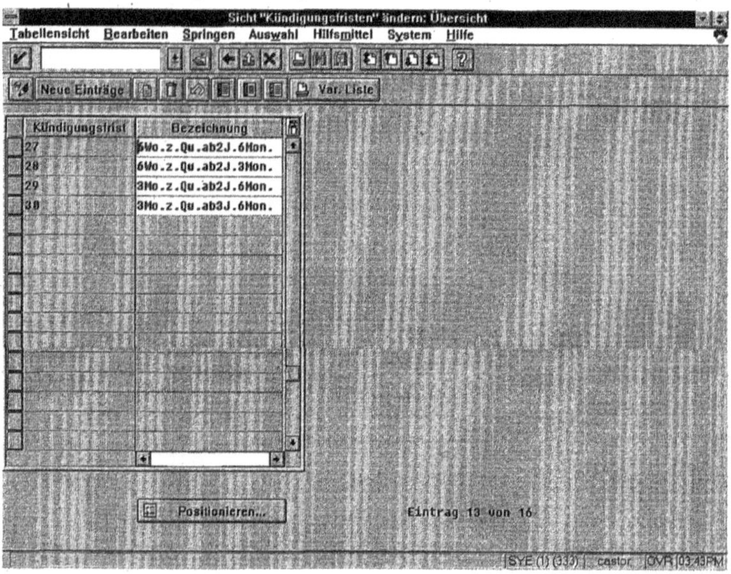

Quelle: Bildschirmausdruck des SAP R/3-Systems

Nachdem alle Customizing-Einstellungen realisiert sind, wird zur Überprüfung dieser Systemeinstellungen zunächst ein paralleler Testablauf im Personalbereich durchgeführt. Dieser Testablauf im R/3-System erfolgt anhand einer Abrechnung für einen Mitarbeiter, die mit der DATEV-Abrechnung abgeglichen wird. Sobald feststeht, daß die Ergebnisdaten des Mitarbeiters im SAP und somit die entsprechenden Einstellungen korrekt sind, werden die Einstellungen in das Produktivsystem übernommen.

Nachdem die Einstellungen ins Produktivsystem übertragen worden sind, erfolgt die Datenübernahme vom alten in das neue System. Eine automatische Übernahme ist bei Mardi nicht möglich, da zum einen keine Schnittstelle zu dem MIS vorhanden ist und zum anderen die Daten des DATEV-Systems zur automatischen Überspielung von der DATEV nicht zur Verfügung gestellt werden. Daher hat sich Mardi für die manuelle Übernahme der Altdaten entschieden. Diese Vorgehensweise der Datenübernahme ist mit einem hohen Zeitaufwand verbunden und birgt Risiken der fehlerhaften Datenübernahme. Dagegen besteht der Vorteil, gleichzeitig mit der Dateneingabe fehlerhafte bzw. nicht mehr aktuelle Daten zu korrigieren.

Die eigentliche Handhabung der R/3-Software durch die Anwender wird in Form einer Unterweisung am Arbeitsplatz vermittelt. Im Personalbereich erfolgt diese Einführung durch die Mitarbeiterin, die auch die Customizing-Einstellungen durchgeführt hat. Zur besseren Ausführung der späteren Aufgaben der Anwender, hat diese Mitarbeiterin zusätzlich eine Anwenderdokumentation erstellt, die die Anwendertätigkeiten in der HR-Komponente unterstützen soll. Zusätzliche externe Seminare für die Anwender des R/3-Systems sind nicht vorgesehen.

Nach Abschluß der Customizing-Einstellungen und der vorbereitenden Maßnahmen für den Produktivbetrieb, ist für den Jahresanfang 1998 der Umstieg von MIS und DATEV auf das R/3-System vorgesehen (Big Bang).

8.0 Schlußbetrachtung

Die Zielsetzung[262] dieser Diplomarbeit bestand zum einen darin, mit dem theoretischen Teil einem betriebswirtschaftlich orientierten Leser, der noch nicht mit der Software SAP R/3 bzw. der Anwendungskomponente 'Personalwirtschaft' in Berührung gekommen war, ein grundlegendes Verständnis für diese Software zu vermitteln. Zum anderen sollte dem Leser im Praxisteil das zuvor vermittelte theoretische Wissen anhand einer SAP R/3-Einführung in einem mittelständischen Unternehmen verdeutlicht werden.

Bei der Gestaltung des theoretischen Teils dieser Arbeit traten mehrere Schwierigkeiten auf, die im Vorfeld nicht absehbar waren.

Ein Problem zeigte sich hinsichtlich der Komplexität der Software. Auf Grund der umfangreichen Funktionalität der einzelnen Komponenten des Personalwirtschaftsmoduls war es schwierig, einen detaillierten Gesamteinblick zu vermitteln, ohne daß das Volumen der Diplomarbeit überhand nahm. Die Beschreibung der Funktionalitäten mußte daher auf ein Mindestmaß beschränkt werden.

Zudem stellten die u.a. der Diplomarbeit zugrunde liegenden Online-Dokumentationen der einzelnen personalwirtschaftlichen Komponenten ein weiteres Problem zum Erreichen des Ziels dar. Vielfach waren diese Dokumentationen veraltet oder überhaupt nicht im System vorhanden. Infolgedessen mußten teilweise die Beschreibungen der Funktionalitäten, hauptsächlich die der Personalplanungskomponenten, anhand von SAP-fremder Literatur oder mittels Ausprobieren im R/3-System verfaßt werden. Erschwerend kam hinzu, daß die Online-Dokumentationen zum großen Teil sehr mißverständlich geschrieben waren. Oftmals kam es zu einer Konfrontation mit Begriffen, deren Bedeutungen von denen der betriebswirtschaftlichen Sichtweisen abwichen.

Darüber hinaus enthielten diese Online-Dokumentationen, die mehr als eintausend Seiten allein für den Personalbereich umfaßten, einer Fülle von SAP-eigenen Begriffen. Dadurch war die Gefahr gegeben, daß schnell der Überblick verloren ging und somit oft die Zusammenhänge der einzelnen Funktionsweisen nicht mehr erkannt werden konnten. Auch der Zugriff auf die

---

[262] Vgl.: Kapitel 1.2 Zieldefinition und inhaltlicher Aufbau

verfügbaren System-Hilfen, wie z.B. das Glossar oder die Cursor-Positionshilfe, war für die Systembedienung nur bedingt geeignet. Wurde ein Begriff im SAP-Glossar nachgeschlagen, ließ diese Definition oftmals mehr Fragen aufkommen, die nicht beantwortet wurden. Ein Anwender, der zum ersten Mal mit dem SAP R/3-System arbeitet, kann demzufolge ebenso überfordert werden. Auch mit dieser Diplomarbeit konnten die angesprochenen Probleme nicht vollständig gelöst werden. Obwohl versucht wurde, die Funktionsbeschreibungen der Komponenten möglichst verständlich zu verfassen, konnte auch hier nicht völlig auf die SAP-eigenen Begriffe verzichtet werden. Mit einem eigenen Glossar und umfangreichen Bildschirmausdrucken wurde allerdings versucht, die Komplexität des Systems zu relativieren, um somit das bessere Verständnis des Lesers zu fördern. Damit dem Leser bzw. Anwender das Verständnis für die Funktionalität der Software in Zukunft besser vermittelt werden kann, sollten die Dokumentationen des SAP R/3-Systems aktueller und vor allem verständlicher verfaßt werden.

Aufbauend auf dem theoretischen Teil der Diplomarbeit, sollte mit dem Praxisbezug das bereits vermittelte theoretische Wissen untermauert werden. Die Schwierigkeiten, die sich bereits im theoretischen Abschnitt ergaben, waren auch Problempunkte des Praxisteils. Eine allgemeine Einführung in die SAP R/3-Software wurde durch das Unternehmen nicht unterstützt und zwang deshalb zum autodidaktischen Lernen mit Hilfe des Systems und der Online-Dokumentationen. Darüber hinaus war die passiv beobachtende Betrachtungsweise nicht der ideale Ausgangspunkt, weil dadurch das Problem entstand, auf die Informationen der Projektteilnehmer angewiesen zu sein. Hinzu kam, daß der Projektstart bereits zwei Monate vor dem Anlauf dieser Diplomarbeit terminiert wurde. Deshalb konnte der Praxisteil nicht, wie zunächst vorgesehen, auf den eigenen Erfahrungen aufbauen, sondern lediglich auf den Berichten der Projektteilnehmer. Diesen dargestellten Problemen der praktischen Ausarbeitung der Diplomarbeit hätte entgegnet werden können, indem von Anfang an eine aktive Beteiligung am Projekt ermöglicht worden wäre. Außerdem wäre eine grundlegende Einführung in die Software von Vorteil gewesen.

Wenngleich diese Probleme zu anfänglichen Schwierigkeiten geführt haben, konnte die Zielsetzung der Diplomarbeit dennoch erfüllt werden. Dem Ziel, eine grundlegende betriebswirtschaftliche Einführung in die Anwendungskomponente 'Personalwirtschaft' zu geben, konnte entsprochen werden.

Versicherung

Wir versichern, daß wir die vorstehende Arbeit selbständig angefertigt und uns fremder Hilfe nicht bedient haben. Alle Stellen, die wörtlich oder sinngemäß veröffentlichtem oder nicht veröffentlichtem Schrifttum entnommen sind, haben wir als solche kenntlich gemacht.

Bielefeld, 02. Oktober 1997

(Martina Gänßler)   (Dirk Pankow)

Quellenverzeichnis

I. Bücher

Arbeitsgemeinschaft arbeitsorientierte Forschung und Schulung (AFOS)
SAP, Arbeit, Management - Durch systematische Arbeitsgestaltung zum Projekterfolg
Braunschweig/Wiesbaden 1996

Bellgardt, Prof. Dr. Peter (Hrsg.)
EDV-Einsatz im Personalwesen
Heidelberg 1990

Berthel, Jürgen
Personalmanagement - Grundzug für Konzeptionen betrieblicher Personalarbeit
4. Auflage, Stuttgart 1995

Bisani, Fritz
Personalwesen und Personalführung
4. Auflage, Wiesbaden 1995

Brenner, Walter; Keller, Gerhard (Hrsg.)
Business Reengineering mit Standardsoftware
Frankfurt/Main 1995

Buck-Emden, Rüdiger; Galimow, Jürgen
Die Client / Server-Technologie des Systems SAP R/3 - Basis für betriebswirtschaftliche Standardanwendungen
2. Auflage, Bonn 1995

Bühner, Rolf
Personalmanagement
Landsberg/Lech 1994

CDI
SAP R/3 Einführung - Grundlagen, Anwendungen, Bedienung
Haar 1996

Engels, Andreas; Gresch, Jürgen; Nottenkämper, Norbert
SAP R/3 Kompakt – Einführung und Arbeitsbuch für die Praxis
München 1996

Gaugler, Eduard; Weber, Wolfgang (Hrsg.)
Handbuch des Personalwesens
2. Auflage, Stuttgart 1992

Halbach, Dr. Günter; Paland, Norbert; Schwedes, Dr. Rolf; Wlotzke, Prof. Dr. Otfried
Übersicht über das Arbeitsrecht
5. Auflage, Bonn 1994

Hammer, Michael; Champy, James
Business Reengineering – Die Radikalkur für das Unternehmen
Frankfurt/Main 1995

Heinecke, Dr. Albert
EDV-gestützte Personalwirtschaft
München 1994

Hentze, Joachim
Personalwirtschaftslehre 1
3. Auflage, Stuttgart 1986

Hentze, Joachim
Personalwirtschaftslehre 2
5. Auflage, Stuttgart 1991

Küttner, Dr. Wolfdieter (Hrsg.)
Personalbuch 1997
4. Auflage, München 1997

Maess, Kerstin; Maess, Thomas (Hrsg.)
Das Personal-Jahrbuch ´97 - Wegweiser für zeitgemäße Personalarbeit
3. Auflage, Kriftel/Taunus 1997

SAP AG
Funktionen im Detail – Personalwirtschaft
Walldorf 1995

Sauer, Mechthild
Outplacement-Beratung
Wiesbaden 1991

Schneider, Prof. Dr. Hans-Jochen
Lexikon der Informatik und Datenverarbeitung
3. Auflage, München/Wien 1991

Sellien, Dr. Dr. h.c. Reinhold; Sellien, Dr. Helmut
Gabler Wirtschafts-Lexikon, Band 5
12. Auflage, Wiesbaden 1988

Stahlknecht, Prof. Dr. Peter
Einführung in die Wirtschaftsinformatik
5. Auflage, Berlin/Heidelberg 1991

Steckler, Prof. Dr. Brunhilde
Kompendium Arbeitsrecht und Sozialversicherung
4. Auflage, Ludwigshafen 1996

Tinnefeld, Dr. Marie-Theres; Tubies, Dr. jur. Helga
Datenschutzrecht
2. Auflage, München 1989

Wenzel, Paul (Hrsg.)
Geschäftsprozeßoptimierung mit SAP-R/3
Braunschweig/Wiesbaden 1995

Wenzel, Paul (Hrsg.)
Betriebswirtschaftliche Anwendungen des integrierten Systems SAP R/3
2. Auflage, Braunschweig/Wiesbaden 1996

Will, Liane; Hienger, Christiane; Straßenburg, Frank; Himmer, Rocco
Administration des SAP-Systems R/3: Leitfaden zur Systembetreuung
und –optimierung
2. Auflage, Bonn 1997

II. Gesetze, Richtlinien, Verordnungen und Gerichtsentscheidungen

Arbeitsförderungsgesetz (AFG)
Beck-Texte - Arbeitsgesetze (5006), 49. Auflage, München 1996

Arbeitszeitgesetz (ArbZG)
Beck-Texte - Arbeitsgesetze (5006), 49. Auflage, München 1996

Betriebsverfassungsgesetz (BetrVG)
Beck-Texte - Arbeitsgesetze (5006), 49. Auflage, München 1996

Bundesdatenschutzgesetz (BDSG)
Bundesbeauftragter für den Datenschutz: Bundesdatenschutzgesetz - Text und Erläuterung, Bonn 1996

Bundesverfassungsgericht-Entscheidung
vom 15.12.1983 zu Art. 2 Abs. 1 Grundgesetz („Volkszählungsurteil")

Einkommensteuergesetz (EStG)
Beck-Texte - Einkommensteuerrecht (5542), 11. Auflage, München 1997

Grundgesetz (GG)
Beck-Texte - Arbeitsgesetze (5006), 49. Auflage, München 1996

Handelsgesetzbuch (HGB)
Beck-Texte - Handelsgesetzbuch (5002), 30. Auflage, München 1997

Jugendarbeitsschutzgesetz (JarbSchG)
Beck-Texte - Arbeitsgesetze (5006), 49. Auflage, München 1996

Kündigungsschutzgesetz (KSchG)
Beck-Texte – Arbeitsgesetze (5006), 49. Auflage, München 1996

Lohnsteuerrichtlinien (LStR)
Beck-Texte – Lohnsteuerrecht (5540), 4. Auflage, München 1996

Mutterschutzgesetz (MuSchG)
Beck-Texte – Arbeitsgesetze (5006), 49. Auflage, München 1996

Verordnung über Sicherheit und Gesundheitsschutz bei der Arbeit an Bildschirmgeräten (BildscharbV)
Bundesministerium für Arbeit und Sozialordnung: Arbeitsplatz - Neue Regelungen für Sicherheit und Gesundheitsschutz, Bonn 1997

III. Zeitschriften, Broschüren und Geschäftsberichte

DATEV
    Die Genossenschaft der Steuerberater
    Nürnberg 1996

Personalführung
    Juli 1997

SAP AG
    SAP R/3-Vorgehensmodell
    Walldorf 1996

SAP AG
    System R/3 Personalwirtschaft (HR)
    Walldorf 1996

SAP AG
    System R/3
    Walldorf 1996

SAP AG
    Geschäftsbericht 1996
    Walldorf 1997

Mardi GmbH
    Unternehmensbroschüre
    Bielefeld 1996

Mardi GmbH
    Geschäftsbericht 1996
    Bielefeld 1997

IV. Sonstige Quellen

SAP AG
    CeBIT '96 (CD)
    Walldorf 1996

SAP AG
    CeBIT '97 (CD)
    Walldorf 1997

SAP AG
    Visual R/3 - Personalwirtschaft (CD)
    Walldorf 1996

SAP AG
    Online-Dokumentation, Einführung in das R/3-System
    Walldorf 1996

SAP AG
    Online-Dokumentation, Glossar
    Walldorf 1996

SAP AG
    Online-Dokumentation, PA-Personaladministration
    Walldorf 1996

SAP AG
    Online-Dokumentation, PA-Arbeitsabläufe des Leistungslohns
    Walldorf 1996

SAP AG Online-Dokumentation, PA-Arbeitsabläufe der Zeitwirtschaft Walldorf 1996
SAP AG Online-Dokumentation, PA-Personalbeschaffung Walldorf 1996
SAP AG Online-Dokumentation, PA-Reisekosten Walldorf 1996
SAP AG Online-Dokumentation, PD-Personaleinsatzplanung Walldorf 1996
SAP AG Online-Dokumentation, PD-Organisation und Planung Walldorf 1996
SAP AG Online-Dokumentation, PD-Personalkostenplanung Walldorf 1996
SAP AG Online-Dokumentation, PD-Veranstaltungsmanagement Walldorf 1996
SAP AG Online-Dokumentation, PP-Kapazitätsplanung Walldorf 1996

Anhang – Inhaltsverzeichnis (siehe Band 2)

Anhang – Inhaltsverzeichnis (Band 2)

Aufteilung des weltweiten Umsatzes

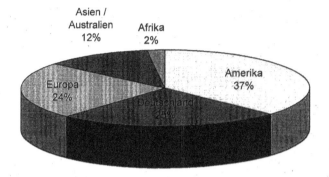

Quelle: SAP AG: Geschäftsbericht 1996, a.a.O., S. 91;
Eigene Darstellung

SAP-Installationen weltweit nach Branchen

Branche	Anteil in %
Automobil	3
Bauwesen	5
Chemie	10
Dienstleistungen	3
Erdöl und Gas	3
Groß- und Einzelhandel	8
Hochtechnologie / Elektrik	12
Holz und Papier	2
Kommunikation / Medien	4
Konsumgüter - Food	6
Konsumgüter - Non-Food	3
Maschinenbau	4
Metall	5
Pharmazie	2
Software, Beratung	7
sonstige	17
Verkehr / Tourismus	2
Versorgungsunternehmen	4

Quelle: SAP AG: CeBIT '96 (CD), a.a.O.;
Eigene Darstellung

Schnittstellen der Personalwirtschaftskomponente
(Beispiele)

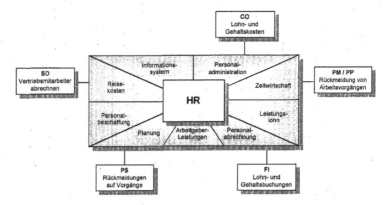

Quelle: SAP AG: Funktionen im Detail..., a.a.O. S. 1-4;
Eigene Darstellung

Menüstruktur

Arbeitsgebiete:

Arbeitsgebiet Personal

Menüeinträge:

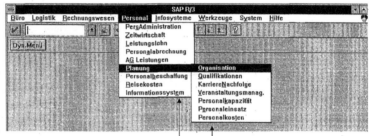

Menüeinträge

Anwendung für die Dateneingabe und -bearbeitung:

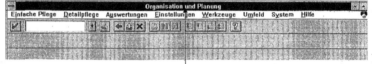

Anwendungsbereich 'Organisation und Planung'

Quelle: Bildschirmausdruck des SAP R/3-Systems

Modistruktur

Modus öffnen:

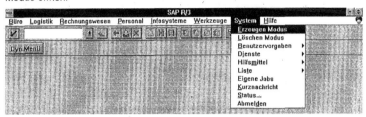

Arbeiten mit mehreren Modi:

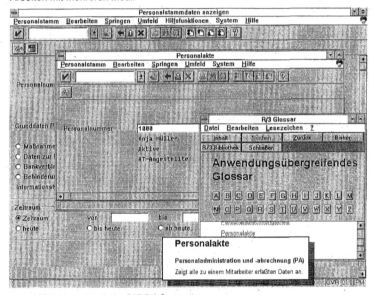

Quelle: Bildschirmausdruck des SAP R/3-Systems

SAP R/3-Hilfesystem

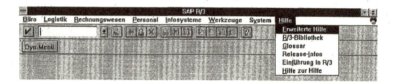

R/3-Bibliothek:

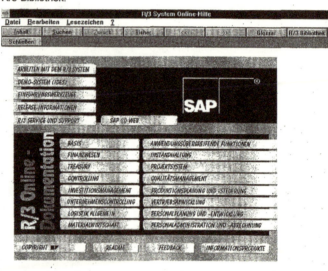

Glossar:

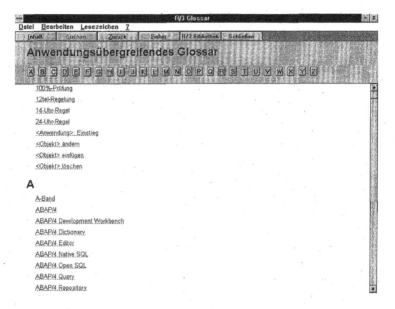

Einführung in R/3:

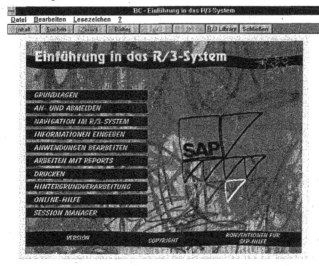

Hilfe zur Hilfe:

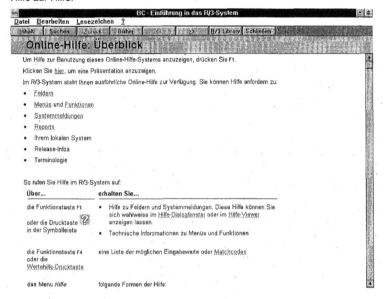

Um Hilfe zur Benutzung dieses Online-Hilfe-Systems anzuzeigen, drücken Sie F1.

Klicken Sie hier, um eine Präsentation anzuzeigen.

Im R/3-System steht Ihnen ausführliche Online-Hilfe zur Verfügung. Sie können Hilfe anfordern zu:

- Feldern
- Menüs und Funktionen
- Systemmeldungen
- Reports
- Ihrem lokalen System
- Release-Infos
- Terminologie

So rufen Sie Hilfe im R/3-System auf:

Über...	erhalten Sie...
die Funktionstaste F1 oder die Drucktaste in der Symbolleiste	• Hilfe zu Feldern und Systemmeldungen. Diese Hilfe können Sie sich wahlweise im Hilfe-Dialogfenster oder im Hilfe-Viewer anzeigen lassen. • Technische Informationen zu Menüs und Funktionen
die Funktionstaste F4 oder die Wertehilfe-Drucktaste	eine Liste der möglichen Eingabewerte oder Matchcodes
das Menü Hilfe	folgende Formen der Hilfe:

Quelle: Bildschirmausdruck des SAP R/3-Systems

Überblick über die Funktionstasten der Symbolleiste

Symbole	Bedeutung
	Enter Bestätigung der Eingaben
	Sichern Sichern der Eingaben
	Zurück Zurück auf die vorhergehende Anwendungshierarchiestufe
	Beenden Beenden der aktuellen Anwendung
	Abbrechen Abbrechen der aktuellen Anwendung ohne Speichern
	Drucken Drucken der angezeigten Daten des Bildschirmbilds
	Suchen Suchen der benötigten Daten
	Weiter Suchen Erweiterte Suche der benötigten Daten
	Erste Seite Sprung zum Anfang der Information
	Letzte Seite Sprung zum Ende der Information
	Vorige Seite Sprung zur vorigen Seite der Information
	Nächste Seite Sprung zur nächsten Seite der Information
	Hilfe Hilfe zu der aktuellen Cursorposition

Quelle: SAP AG: Online-Dokumentation, Einführung in das R/3-System, Walldorf 1996;
Eigene Darstellung

Transaktionscodes

(Beispiele)

Anwendungsfunktion	Transaktionscode
Zeitdaten	
• Anzeigen	PA51
• Pflegen	PA61
• Zusatzdaten pflegen	PA62
• Schnellerfassung	PA71
Personalbeschaffung	
• Ersterfassung	PA10
• Anzeigen	PA20
• Pflegen	PA30
• Bewerbermaßnahmen	PA40
Personalstamm	
• Personalakte	PA10
• Anzeigen	PA20
• Pflegen	PA30
• Personalmaßnahmen	PA40
• Schnellerfassung Maßnahmen	PA42
• Schnellerfassung	PA70
Personalabrechnung	PC00

Quelle: SAP R/3-System;
Eigene Darstellung

Dynamisches Menü

Aufruf des dynamischen Menüs:

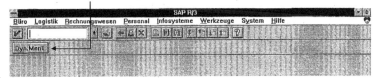

Dynamisches Menü:

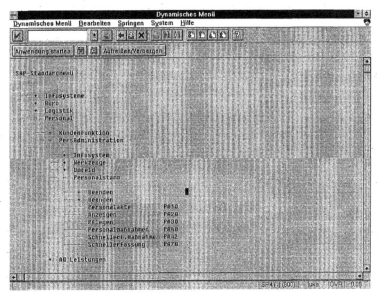

Quelle: Bildschirmausruck des SAP R/3-Systems

Fehlermeldungen in der Statusleiste

Fehlermeldung	Bedeutung
S-Meldung (Success)	Mitteilung für die erfolgreiche Ausführung einer Funktion Beispiel: „S: Erfolgreiche Buchung einer Rechnung."
I-Meldung (Information)	Besonders wichtige Informationen werden dem Anwender vor Ausführen einer Funktion im Dialogfenster angezeigt. Beispiel: „I: Daten werden verloren gehen. Möchten Sie das aktuelle Bild trotzdem verlassen?"
W-Meldung (Warning)	Warnung vor einer möglichen Fehlereingabe. Eine Speicherung der fehlerhaften Eingaben ist jedoch möglich. Beispiel: „W: Bitte Eingabeparameter überprüfen."
E-Meldung (Error)	Warnung vor einer möglichen Fehlereingabe. Eine Speicherung der fehlerhaften Eingaben ist nicht möglich. Beispiel: „E: Name oder Kennwort nicht korrekt (Bitte Anmeldung wiederholen)"
A-Meldung (Abend)	Abbruch der laufenden Anwendung durch R/3.

Quelle: CDI: a.a.O., S. 61;
Eigene Darstellung

Abmeldebild

Abmeldung vom System:

per Menüleiste

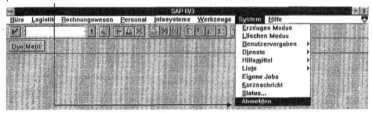

oder

per Eingabe im Eingabefeld

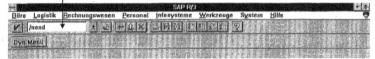

Abmeldebild:

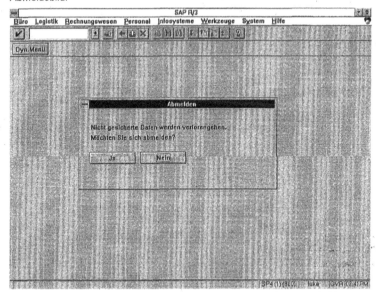

Quelle: Bildschirmausdruck des SAP R/3-Systems

Durchsetzungsmöglichkeiten des Betriebsrates

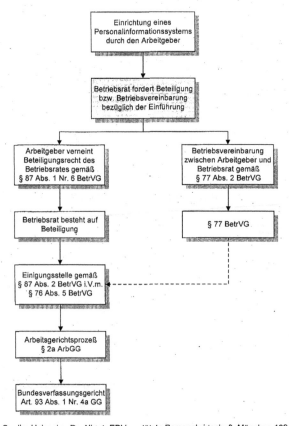

Quelle: Heinecke, Dr. Albert: EDV-gestützte Personalwirtschaft, München 1994, S. 193;
         Eigene Darstellung

Menüpfade der Bildschirmausdrucke im 3. Kapitel

Symbolbedeutung: Anzeigen

 Enter

 Ausführen

Grafik

Abb.	Menüpfade/ Aktivitäten
3-1	**Personalstammsatz**: Personal ⇒ Personaladministration ⇒ Personalstamm ⇒ Anzeigen ⇒ *<Infotyp auswählen>* ⇒
3-3	**Schnellerfassung der Maßnahme Einstellung**: Personal ⇒ Personaladministration ⇒ Schnellerfassung Maßnahmen ⇒ *<Einstellung auswählen>* ⇒
3-5	**Positiverfassung**: Personal ⇒ Zeitwirtschaft ⇒ Zeitdaten ⇒ Anzeigen
3-7	**Prämienlohnschein**: Personal ⇒ Leistungslohn ⇒ Lohnscheine ⇒ Erfassen ⇒ *<Personalnummer eingeben>* ⇒ ⇒*<Lohnscheintyp auswählen>* ⇒ ⇒ Vollbild
3-9	**Abrechnungskreise**: Personal ⇒ Personalabrechnung ⇒ Ländergruppierung ⇒ Weiter ⇒ Abrechnungskreis D2 ⇒ Weiter
3-10	**Umfang der Arbeitgeberleistungen**: Personal ⇒ AGLeistungen ⇒ Anmeldung
3-12	**Profilvergleich**: Personal ⇒ Planung ⇒ Qualifikationen ⇒ Qualifikationen ⇒ Profilvergleich ⇒ *<Nr. der Person eingeben>* ⇒

Abb.	Menüpfade/ Aktivitäten
3-13	**Laufbahnmodell:** Personal $\Rightarrow$ Planung $\Rightarrow$ KarriereNachfolge $\Rightarrow$ KarriereNachfolge $\Rightarrow$ Nachfolgeplanung $\Rightarrow$ *<Planvariante eingeben>* $\Rightarrow$ $\Rightarrow$ *<Planstelle eingeben>* $\Rightarrow$ **Hitliste anzeigen** $\Rightarrow$ Nachfolgeplan $\Rightarrow$ $\Rightarrow$ Laufbahnmodell $\Rightarrow$ **Detail<->Übersicht**
3-14	**Nachfolgeplanung:** Personal $\Rightarrow$ Planung $\Rightarrow$ KarriereNachfolge $\Rightarrow$ KarriereNachfolge $\Rightarrow$ Nachfolgeplanung $\Rightarrow$ *<Planvariante eingeben>* $\Rightarrow$ *<Planstelle eingeben>* $\Rightarrow$ **Hitliste anzeigen**
3-15	**Anlegen einer Veranstaltung:** Personal $\Rightarrow$ Planung $\Rightarrow$ Veranstaltungsmang. $\Rightarrow$ Veranstaltungen $\Rightarrow$ Termine $\Rightarrow$ Anzeigen $\Rightarrow$ *<Veranstaltung eingeben>* $\Rightarrow$ **Datenbild**
3-16	**Anlegen eines Auftrags:** Personal $\Rightarrow$ Planung $\Rightarrow$ Personalkapazität $\Rightarrow$ Auftrag $\Rightarrow$ Anlegen
3-17	**Grafische Plantafel:** Personal $\Rightarrow$ Planung $\Rightarrow$ Personalkapazität $\Rightarrow$ Personalkapazität $\Rightarrow$ Kapazitätsplanung $\Rightarrow$ **Auftragsliste** $\Rightarrow$ *<Auftrag ankreuzen>* $\Rightarrow$ **Plantafel**
3-19	**Einstiegsbild der Einsatzplanung:** Personal $\Rightarrow$ Planung $\Rightarrow$ Personaleinsatz $\Rightarrow$ Personaleinsatz $\Rightarrow$ $\Rightarrow$ Personaleinsatzplanung
3-20	**Sollarbeitsplan mit Bedarfsabgleich:** Personal $\Rightarrow$ Planung $\Rightarrow$ Personaleinsatz $\Rightarrow$ Personaleinsatz $\Rightarrow$ $\Rightarrow$ Personaleinsatzplanung $\Rightarrow$ *<Organisationseinheit eingeben>* $\Rightarrow$ **Sollplan bearbeiten**
3-22	**Präsentationsgrafik der Personalkosten:** Personal $\Rightarrow$ Planung $\Rightarrow$ Personalkosten $\Rightarrow$ Planung $\Rightarrow$ Anlegen $\Rightarrow$ Basisbezüge $\Rightarrow$ *<Planungsvariante eingeben>* $\Rightarrow$ *<Organisationseinheit eingeben>* $\Rightarrow$ *<Währung eingeben>* $\Rightarrow$ $\Rightarrow$ *<Kostenobjekt auswählen>* $\Rightarrow$

Abb.	Menüpfade/ Aktivitäten
3-23	**Ersterfassung der Grunddaten:** Personal ⇒ Personalbeschaffung ⇒ Bewerberstamm ⇒ Ersterfassung
3-24	**Erfassung der Zusatzdaten:** Personal ⇒ Personalbeschaffung ⇒ Bewerberstamm ⇒ Bewerbermaßnahmen ⇒ *\<Bewerbernummer eingeben>* ⇒ < *'Zusatzdaten erfassen' ankreuzen>* ⇒ 🗹
3-26	**Rahmendaten einer Reise:** Personal ⇒ Reisekosten ⇒ Erfassungsart ⇒ Belegerfassung ⇒ *\<Personalnummer eingeben>* ⇒ *\<Reiseschema eingeben>* ⇒ 🔲 ⇒ *\<Reise auswählen>* ⇒ 🔲 ⇒ Springen ⇒ Rahmendaten
3-28	**Nationalitätenauswertung für die Personalabteilung:** Personal ⇒ Informationssystem ⇒ *\<Organisationseinheit eingeben>* ⇒ Starten ⇒ Bearbeiten ⇒ Alles markieren ⇒ *\<Teilgebiet 'Personalbestand' auswählen >* ⇒ *\<Anwendungsfunktion 'Nationalitäten auswählen und doppelt anklicken>*

Quelle: SAP R/3-System;
Eigene Darstellung

Infotyp 'Organisatorische Zuordnung'

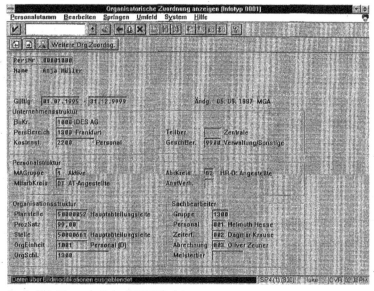

Quelle: Bildschirmausdruck des SAP R/3-Systems

Personalakte

Einstiegsbild der Personalakte

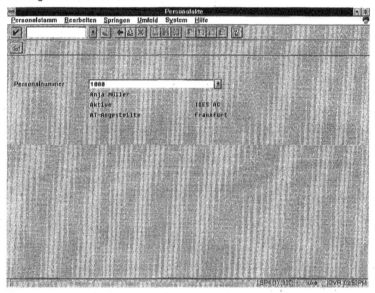

Erste 'Seite' der Personalakte

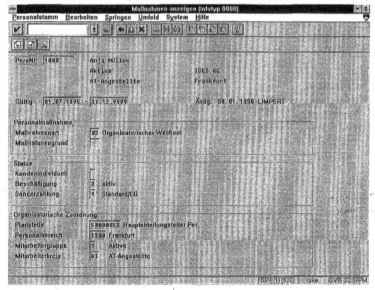

Quelle: Bildschirmausdrucke des SAP R/3-Systems

Infotyp 'Werksärztlicher Dienst'

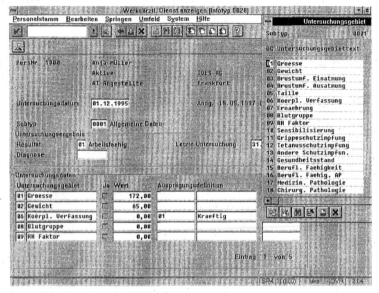

Quelle: Bildschirmausdruck des SAP R/3-Systems

Infotyp 'Wehr/Zivildienst'

Quelle: Bildschirmausdruck des SAP R/3-Systems

Monatsarbeitszeitplan

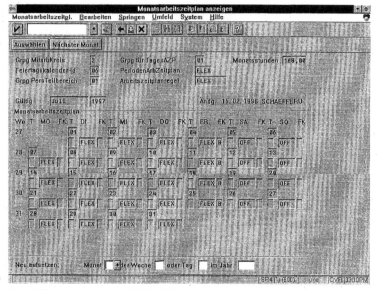

Quelle: Bildschirmausdruck des SAP R/3-Systems

Entgeltnachweis

```
                          Entgeltnachweise
Liste  Bearbeiten  Springen  System  Hilfe


Entgeltabrechnung für R Juli 1995
IDES AG Frankfurt                        Datum 27.09.1997  Seite  1

Ihr Sachbearbeiter ist Herr Oliver Zeuner
                                         Personalnr.....      1000
                                         Geburtsdatum...  05.09.1960
                                         Eintritt.......  01.01.1995
                                         Kostenstelle..:  2200
                                         Abteilung.....

     Frau                                Urlaubskonto
     Anja Müller                         Rest Vorjahr..     30,00
     Gartenstr. 46                       Anspruch......     30,00
                                         Rest..........     60,00
     76031 Karlsruhe


Bezüge/Abzüge              TG/Std.   DM        Monat  Jahressummen

AT-Gehalt                                    8.890,00
Vermögensb.AG-Anteil                            78,00-

STEUER-/SV-BRUTTO
Gesamtbrutto                                 8.968,00   38.491,20

GESETZLICHE ABZÜGE
PKW-Wert gw.Vorteil                            663,00
PKW-KM  gw.Vorteil        20,00   5,00         104,00
Steuer-Brutto                     10.354,00            48.193,20
SV-Brutto KV/PV                   11.700,00            81.900,00
SV-Brutto RV/AV                   15.600,00            91.278,40

Summe Lohnsteuer                             2.480,16   7.909,79
lfd. Solzuschlag                               186,01     593,19
Summe Kirchensteuer                            223,21     711,86
Krankenversicherung                            391,95   2.743,65
Rentenversicherung                             725,40   4.244,44
Arbeitslosenversicherung                       253,50   1.483,25
Pflegeversicherung                              58,50     409,50

Gesetzliches Netto                           4.678,52

PERSÖNLICHE BE-/ABZÜGE
VB Bausparen          AFZ                        72,00-    504,00-
Aufrollungsdifferenz                             1,10-
fällige Zinsen                                  66,07-

=====================================================
Ueberweisung                                 4.538,69
23984899 Vereinsbank München 12345688
VB Ueberweisung                                 72,00-
Badenia Bausparkasse GmbH
        /1234567891


Steuerklasse / Kinder   1 /           Kirchensteuer   EU /
Freibetrag Jahr/Monat  20484,00 / 1.707,00 Steuer-/SV-Tage  30 /30
RV-Nr./SV-Kennzeichen  54050960MS22 / 1211 Krankenkasse    AOK/BR
```

Quelle: Bildschirmausdruck des SAP R/3-Systems

Stellenbeschreibung

```
┌─────────────────────────────────────────────────────────────┐
│                    Planstellenbeschreibung                    │
│ Liste  Bearbeiten  Springen  Sicht  System  Hilfe            │
│ [✓] [        ] [±][⌐][←][⇧][×] [▣][▦][▥] [▣][▣][▣][▣] [?]      │
│ [Aufreißen/verbergen] [▼] [▲] [✱ Überschrift] [▦][▣][ﬆ]       │
│ Planvariante : 01  Aktueller Plan       Statusvektor:  12   Auswertungszeitrau │
│                                                               │
│                                                               │
│  Planstelle                                                   │
│  Abteilungsleiter Personaladm. (D)                            │
│  Genehmigte Stunden pro Monat    173,60                       │
│                                                               │
│  organisatorische Einbindung                                  │
│  Personaladministration (D)                                   │
│                                                               │
│  Inhaber                         Besetzungsprozentsatz        │
│  Alexander Rickes                       100,00 %              │
│                                                               │
│  Über- und Unterstellung                                      │
│  berichtet (L) an            Hauptabteilungsleiter Personal (D)│
│  ist Linien-Vorgesetzter v   Sachbearbeiter Personaladm. (D)  │
│  ist Linien-Vorgesetzter v   Sekretärin Personaladm. (D)      │
│                                                               │
│  Anforderungsprofil der Planstelle    Priorität  Ausprägung  Erfahrung │
│  Mündliche,schriftliche Ausdruckfähigkeit   1        7        │
│  Führungsqualifikation                      1        9        5│
│  Business Administration Degree             1        8        │
│  Belastbarkeit und Ausdauer                 2        8        │
│  Knowledge on Unions & Bargaining Units     4        8        2│
│                                                               │
│  Aufgabenprofil der Planstelle                    Typ         │
│  Zusatzdaten erfassen                    0,00 %   Standardaufgabe │
│  Bewerber zurückstellen                  0,00 %   Standardaufgabe │
│  Arbeitsvertrag bearbeiten               0,00 %   Standardaufgabe │
│  Bewerber für eine Vakanz ablehnen       0,00 %   Standardaufgabe │
│  Bewerberdaten ändern                    0,00 %   Standardaufgabe │
│                                          0,00 %   Standardaufgabe │
│  Entscheidung Abwesenheitsgenehmigung    0,00 %   Standardaufgabe │
│  Abwesenheitsmitteilung genehmigen       0,00 %   Standardaufgabe │
│  Entscheidung bezügl. Interview treffen  0,00 %   Standardaufgabe │
│  Vakanzzuordnung anlegen                 0,00 %   Standardaufgabe │
│  Bewerber ablehnen                       0,00 %   Standardaufgabe │
│  Text anzeigen                           0,00 %   Standardaufgabe │
│  Bewerbervorgang Anlegen (Dialog)        0,00 %   Standardaufgabe │
│  Anlegen Bewerbermaßnahme                0,00 %   Standardaufgabe │
│  Bewerberstatus ändern auf eingestellt   0,00 %   Standardaufgabe │
│  Pflegen Vorgang                         0,00 %   Standardaufgabe │
│  Interviewtermin anlegen                 0,00 %   Standardaufgabe │
│  Realisierung der operativen Planung     0,00 %   Aufgabe     │
│  Operatives Controlling                  0,00 %   Aufgabe     │
│  Abweichungsanalysen durchführen         0,00 %   Aufgabe     │
│  Korrekturmaßnahmen einleiten            0,00 %   Aufgabe     │
│  Mitarbeiterführung                      0,00 %   Aufgabe     │
│  Mitarbeitereinsatz und -steuerung       0,00 %   Aufgabe     │
│  Mitarbeiterbetreuung                    0,00 %   Aufgabe     │
│  Operative Planung                       0,00 %   Aufgabe     │
│  Operative Aufgaben                      0,00 %   Aufgabe     │
└─────────────────────────────────────────────────────────────┘
```

Quelle: Bildschirmausdrucke des SAP R/3-Systems

Datenfluß des MIS

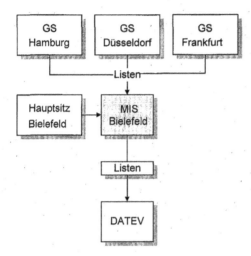

Quelle: Mardi GmbH, Bielefeld;
Eigene Darstellung

Datenfluß der DATEV

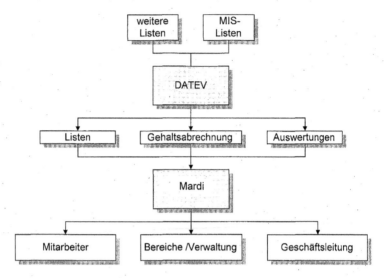

Quelle: Mardi GmbH, Bielefeld;
         Eigene Darstellung

Überblick der Geschäftsprozesse im Personalbereich

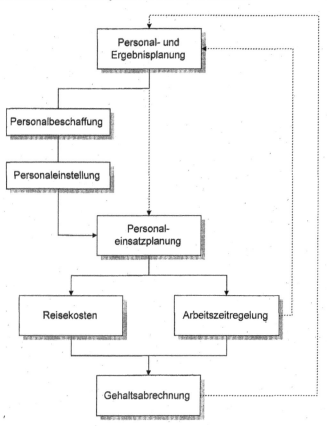

Quelle: Mardi GmbH, Bielefeld;
Eigene Darstellung

Personal- und Ergebnisplanung

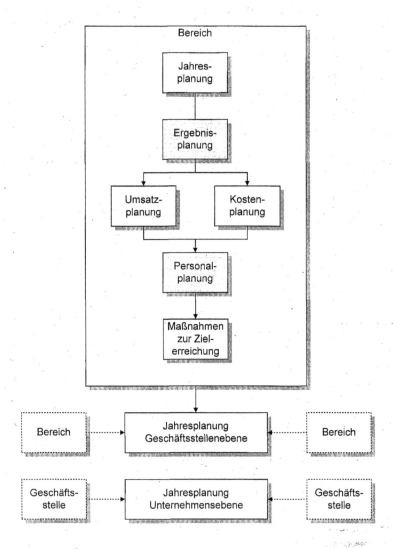

Quelle: Mardi GmbH, Bielefeld;
Eigene Darstellung

Personaleinsatzplanung

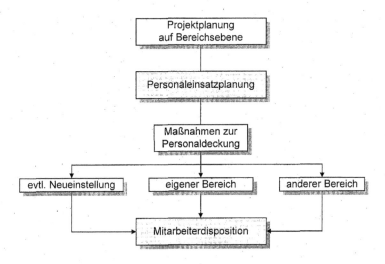

Quelle: Mardi GmbH, Bielefeld;
        Eigene Darstellung

Personalbeschaffung

Quelle: Mardi GmbH, Bielefeld;
Eigene Darstellung

Personaleinstellung

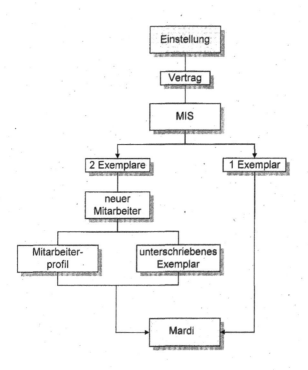

Quelle: Mardi GmbH, Bielefeld;
Eigene Darstellung

Arbeitszeitregelung

Monatliche Aktivitäten:

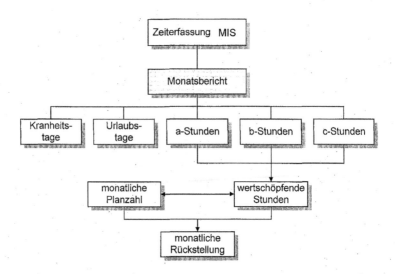

Aktivitäten am Jahresende:

Quelle: Mardi GmbH, Bielefeld;
        Eigene Darstellung

Formular Monatsbericht

Monatsbericht

Mitarbeiter Nr.: 1920   Name: Hans Mustermann   Monat/Jahr: 9/97

Projekt-Nr.	KD-Auft.-Nr.	Code	1	2	3	4	5	6	7	8	9	10	11	12	13	14	15	16	17	18	19	20	21	22	23	24	25	26	27	28	29	30	31	Summe
		a																																	
		b																																	
		a																																	
		b																																	
		a																																	
		b																																	
		a																																	
		b																																	
		a																																	
		b																																	
		a																																	
		b																																	

sonstige wertschöpfende Tätigkeiten   c

Urlaub (Tg)

Krankheit (Tg)

Code: a: zu fakturierende Tätigkeiten   001 Festpreis   002 nach Aufwand   003 Einarbeitung   005 Fahrtzeit berechnet

b: wertschöpfende Tätigkeiten (ohne Code) mit Projektbezug

c: sonstige wertschöpfende Tätigkeiten (ohne Code) ohne Projektbezug

Bemerkung:

Summe a

Summe b

Summe c

Gesamtsumme

Unterschrift:

Reisekosten

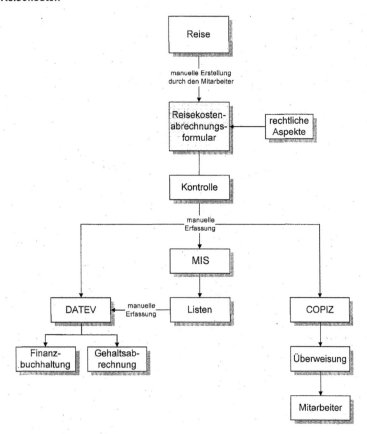

Quelle: Mardi GmbH, Bielefeld;
Eigene Darstellung

Reisekostenabrechnungs-Formular

Reisekostenabrechnung (Inland)

Kunde : <Kundenname>
Projekt Nr. : <i.d.R. 4-stellig>
Bezeichnung : <Bezeichnung für das Projekt>

Mitarbeiter Nr. : <4-stellig>
Name : <Name des Mitarbeiters>

Blatt: <Nr.>
Monat: <mm/jj>

Tag	Reiseweg		Kilometer (km)				Abwesenheit			Spesen					Abordnung			Übernachtung	Nebenkosten	Bemerkungen zu Nebenkosten
	von ·	nach	(Fahrten mit dem Privat-Pkw) < 3 Mon oder Dienstzeit	Abordnung < 2 Jahre	> 2 Jahre		von	bis	Dauer	< 3 Monate					Abordnung		> 2 Jahre	(abzügl. 9,- DM falls nicht exclusive Fruhst.)		
Übertrag																				MWSt.

Summe:

Spesen-Betrag
Übernachtung
Nebenkosten
km * 0,60 DM
Gesamt-Betrag

zu versteuernde Beträge:

km-Betrag (< 3 Mon: 0,08l < 2 J: 0,25l > 2 J: 0,60l je in DM/km)
Spesen (Abordnung)
Übernachtung (Abordnung > 2 Jahre)
Gesamt-Betrag (individuell vom Mitarbeiter zu versteuern)

Spesen (Pauschalversteuerung)
5,00 | 10,00 | 20,00 | 4,00
(pvko)   Anteil steuerfreie Sp.

Unterschrift

Bemerkungen: [ ] : NICHT vom Mitarbeiter auszufüllen!

Spesenordnung für Angestellte - gültig ab 01.04.1997

	Dauer der Abwesenheit in Stunden	Spesen	Fahrtkosten	Übernachtung
Tätigkeiten beim Kunden mit täglicher Rückkehr in den ersten 3 Monaten	8 - 14 Stunden 14 - 24 Stunden	15,-- DM (steuerfrei) 20,-- DM (steuerfrei)	1) 0,60 DM/km (davon 0,52DM/ km steuerfrei) 2) nach Beleg	----
Tätigkeiten beim Kunden ohne tägliche Rückkehr in den ersten 3 Monaten	8 - 14 Stunden 14 - 24 Stunden 24 Stunden	20,-- DM (steuerfrei) 40,-- DM (steuerfrei) 50,-- DM (steuerfrei)	1) 0,60 DM/km (davon 0,52DM/ km steuerfrei) 2) nach Beleg	nach Beleg
Tätigkeiten beim Kunden mit täglicher Rückkehr nach 3 Monaten (Abordnung)		15,-- DM (steuerpflichtig)	1) 0,60 DM/km (davon 0,35DM /km steuerfrei bei Fahrten zw. Wohnung und Arbeitsstätte/ 0,52 DM/km steuerfrei bei Fahrten zw. regelmäßigen Arbeitsstätten (Dienstfahrten)) 2) nach Beleg	----
Tätigkeiten beim Kunden ohne tägliche Rückkehr nach 3 Monaten (Abordnung)		85,-- DM (steuerpflichtig)	1) 0,60 DM/km (davon 0,35DM /km steuerfrei bei Fahrten zw. Wohnung und Arbeitsstätte/ 0,52 DM/km steuerfrei bei Fahrten zw. Regelmäßigen Arbeitsstätten (Dienstfahrten)) 2) nach Beleg	nach Beleg
Tätigkeiten beim Kunden mit täglicher Rückkehr nach 2 Jahren		15,-- DM (steuerpflichtig)	1) 0,60 DM/km (steuerpflicht.) 2) nach Beleg	----
Tätigkeiten beim Kunden ohne tägliche Rückkehr nach 2 Jahren		85,-- DM (steuerpflichtig)	1) 0,60 DM/km (steuerpflicht.) 2) nach Beleg	individuelle Regel.

Quelle: Mardi GmbH, Bielefeld

Gehaltsabrechnung

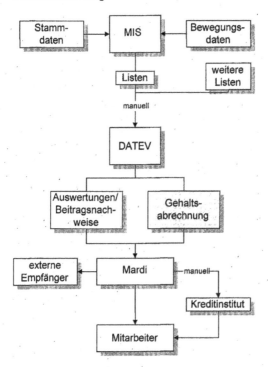

Quelle: Mardi GmbH, Bielefeld;
Eigene Darstellung

Diplom.de

Wissensquellen gewinnbringend nutzen

Qualität, Praxisrelevanz und Aktualität zeichnen unsere Studien aus. Wir bieten Ihnen im Auftrag unserer Autorinnen und Autoren Wirtschafts-studien und wissenschaftliche Abschlussarbeiten – Dissertationen, Diplomarbeiten, Magisterarbeiten, Staatsexamensarbeiten und Studien-arbeiten zum Kauf. Sie wurden an deutschen Universitäten, Fachhoch-schulen, Akademien oder vergleichbaren Institutionen der Europäischen Union geschrieben. Der Notendurchschnitt liegt bei 1,5.

Wettbewerbsvorteile verschaffen – Vergleichen Sie den Preis unserer Studien mit den Honoraren externer Berater. Um dieses Wissen selbst zusammenzutragen, müssten Sie viel Zeit und Geld aufbringen.

http://www.diplom.de bietet Ihnen unser vollständiges Lieferprogramm mit mehreren tausend Studien im Internet. Neben dem Online-Katalog und der Online-Suchmaschine für Ihre Recherche steht Ihnen auch eine Online-Bestellfunktion zur Verfügung. Inhaltliche Zusammenfassungen und Inhaltsverzeichnisse zu jeder Studie sind im Internet einsehbar.

Individueller Service – Gerne senden wir Ihnen auch unseren Papier-katalog zu. Bitte fordern Sie Ihr individuelles Exemplar bei uns an. Für Fragen, Anregungen und individuelle Anfragen stehen wir Ihnen gerne zur Verfügung. Wir freuen uns auf eine gute Zusammenarbeit.

Ihr Team der Diplomarbeiten Agentur

Diplomica GmbH
Hermannstal 119k
22119 Hamburg

Fon: 040 / 655 99 20
Fax: 040 / 655 99 222

agentur@diplom.de
www.diplom.de